**PEDAGOGIA
DOS SONHOS POSSÍVEIS**

PEDAGOGIA DOS SONHOS POSSÍVEIS

3ª edição

Paz & Terra

Rio de Janeiro | São Paulo
2020

Copyright © 2014, Editora Villa das Letras

Direitos de edição da obra em língua portuguesa no Brasil adquiridos pela EDITORA PAZ E TERRA. Todos os direitos reservados. Nenhuma parte desta obra pode ser apropriada e estocada em sistema de bancos de dados ou processo similar, em qualquer forma ou meio, seja eletrônico, de fotocópia, gravação etc., sem a permissão do detentor do copyright.

2001 – 1ª edição Fundação Editora Unesp
2014 – 1ª edição Paz e Terra

Editora Paz e Terra Ltda.
Rua do Paraíso, 139, 10º andar, conjunto 101 – Paraíso
São Paulo, SP – 04103000
http://www.record.com.br

Texto revisto pelo novo Acordo Ortográfico da Língua Portuguesa.

Seja um leitor preferenciar Record.
Cadastre-se em www.record.com.br e receba informações sobre nossos lançamentos e nossas promoções.

Atendimento e venda direta ao leitor:
sac@record.com.br

CIP-BRASIL. CATALOGAÇÃO NA PUBLICAÇÃO
SINDICATO NACIONAL DOS EDITORES DE LIVROS, RJ

F934p
3ª ed.

Freire, Paulo (1921-1997)
Pedagogia dos sonhos possíveis / Paulo Freire; organização Ana Maria Araújo Freire.
– 3ª ed. – Rio de Janeiro / São Paulo:
Paz e Terra, 2020.
400 p.: il.; 21 cm.

ISBN 978-85-7753-300-8

1. 1. Freire, Paulo, 1921-1997 – Opiniões sobre ações sociais. 2. Educação – Filosofia. 3. Mudança social. 4. Educação – Aspectos sociais. 5. Educação popular. I. Freire, Ana Maria Araújo, 1933-. II. Título.

CDD: 370.115
CDU: 37.014.53

14-09028

A todas e a todos que se permitem,
como Paulo, *sonhar*.

Nita
Ana Maria Araújo Freire

Sumário

APRESENTAÇÃO
Ana Maria Araújo Freire   11

PREFÁCIO
Pedagogia dos sonhos possíveis: a arte de tornar possível o impossível
Ana Lúcia Souza de Freitas   39

PARTE I — DEPOIMENTOS E ENSAIOS

Impossível existir sem *sonhos*   49

Sobre o ato cognoscente   57

A história como possibilidade   67

Sobre o conhecimento relacional   71

Educação, empoderamento e libertação   73

Algumas reflexões em torno da utopia   77

A galinha pedrês e os filhos do capitão Temístocles   79

PARTE II — DIÁLOGOS E CONFERÊNCIAS

Educando o educador: um diálogo crítico com
Paulo Freire   85

Uma conversa com alunos   125

Alfabetização na perspectiva da educação
popular   149

Alfabetização: leitura do mundo, leitura da
palavra   167

Discussões em torno da pós-modernidade   197

Mudar é difícil, mas é possível   201

Alfabetização em ciências   233

PARTE III — ENTREVISTAS

Confissões de um educador   245

A construção da escola democrática na rede
pública de ensino   253

Pedagogia do oprimido trinta anos depois   259

"Eu gostaria de morrer deixando uma
mensagem de luta"   269

Crítico, radical e otimista   289

Não se pode *ser* sem rebeldia   309

Opressão, classe e gênero   323

PARTE IV — CARTAS

Amar é um ato de libertação   341

Saudades do Recife   343

Dolores, sempre Dolores   345

Um relatório impressionista   347

Não há universalidade sem localidade   363

Esta é uma carta de puro querer bem   365

Myrian "dorme profundamente"   367

POSFÁCIO
Olgair Gomes Garcia   369

PARTE V — BIBLIOGRAFIA

BIBLIOGRAFIA DE PAULO FREIRE   377

BIBLIOGRAFIA CITADA   393

Apresentação

"Daí que, à linguagem da possibilidade, que comporta a utopia como *sonho possível,* prefiram o discurso neoliberal, pragmático, segundo o qual devemos nos adequar aos fatos como estão se dando, como se não pudessem dar-se de outra forma, como se não devêssemos lutar, precisamente porque mulheres e homens, para que se dessem de outra maneira."

(Paulo Freire, *Pedagogia da esperança,* 1992, p. 90-1)

"Sonhar não é apenas um ato político necessário, mas também uma conotação da forma histórico-social de estar sendo de mulheres e homens. Faz parte da natureza humana que, dentro da história, se acha em permanente processo de tornar-se... Não há mudança sem *sonho* como não há *sonho* sem esperança...

A compreensão da história como *possibilidade* e não *determinismo...* seria ininteligível sem o *sonho,* assim como a concepção *determinista* se sente incompatível com ele e, por isso, o nega."

(Paulo Freire, *ibidem ,* 1992, p. 91-2)

"O *sonho pela humanização*, cuja concretização é sempre processo, é sempre devir, passa pela ruptura das amarras reais, concretas, de ordem econômica, política, social, ideológica etc., que nos estão condenando à desumanização. O *sonho* é assim uma exigência ou uma condição que se vem fazendo permanente na história que fazemos e que nos faz e refaz."

(Ibidem, p. 99)

"Quanto mais me deixe seduzir pela aceitação da morte da história tanto mais admito que a impossibilidade do amanhã diferente implica a eternidade do hoje neoliberal que aí está, e a permanência do hoje mata em mim a possibilidade de *sonhar*. Desproblematizando o tempo, a chamada morte da história decreta o imobilismo que nega o ser humano."

(Paulo Freire, *Pedagogia da autonomia*, 1997, p. 130)

"O risco só tem sentido quando o corro por uma razão valiosa, um ideal, um *sonho* mais além do risco mesmo."

(Paulo Freire, *À sombra desta mangueira*, 2000, p. 57)

"Quando penso em minha Terra, penso sobretudo no *sonho possível*, mas nada fácil, da invenção democrática de nossa sociedade."

(Ibidem, p. 32)

"Jamais pude pensar a prática educativa... intocada pela questão dos valores, portanto da ética, pela questão dos *sonhos* e da utopia, quer dizer, das opções políticas, pela questão do conhecimento e da boniteza, isto é, da gnosiologia e da estética."

(Paulo Freire, *Pedagogia da indignação*, 2000, p. 89)

Comemorando a data na qual Paulo teria feito os seus oitenta anos de vida, vida como *existência* plena e fértil, como uma experiência complexa, profunda e rica que foi a sua de estar *com* outros e outras e *com* o mundo, marcada como a de muito poucas pessoas pela dignidade, coerência e amorosidade, organizei e entreguei ao público um novo livro, *Pedagogia dos sonhos possíveis*, com textos dele, dentro da então "Série Paulo Freire", da Editora Unesp.

Esta obra é, pois, o resultado de meu empenho, por um lado, para satisfazer o interesse constante de leitores e leitoras de Paulo para ouvir a sua voz, ler a sua palavra, preocupados com a educação humanista-libertadora criada e desenvolvida por ele, e, por outro, para perenizar, socializando o mais possível com os seus *ditos* e seus *feitos* o seu *ser* sempre esperançoso, o seu jeito de *ser gente,* demonstrados por sua crença nos *sonhos possíveis* ou nos que os façamos *possíveis* através da luta. Tenho a intenção, portanto, de perenizar o seu *existenciar-se* profundamente marcado por uma preocupação ético-político-antropológica pelos seres humanos, indistintamente.

Falo da *existência* como Paulo a concebeu, como a experiência humana que abriu aos homens e às mulheres a consciência da compreensão de sua presença interferidora no mundo, após ter interferido, na prática, nele; as possibilidades de falarmos e escrevermos expressando os nossos *pensares* mais elaborados e sistematizados; de manifestarmos, de diferentes maneiras, as nossas *emoções* mais genuínas. *Pensares* e *sentires* indicotomizavelmente gerados em nosso corpo, que se tornou assim *corpo consciente*. *Existência* que por sua natureza nos abre as possibilidades, portanto, de podermos, inclusive, refletir sobre ela mesma, sobre esta nossa habilidade de, falando e pensando, agirmos intencionalmente fazendo práxis, registrando conscientemente nossas ações e sendo capazes de lutar pelas transformações das sociedades injustas, revelando a *boniteza* da vida. Sobre sua peculiaridade absolutamente humana de, sabendo o que somos e o que queremos e sentimos, podermos transformar o mundo. Do mundo que viria ou que virá, dependendo de nossas conquistas. A *existência* ou o *existenciar-se* ético-político-pedagógico de Paulo identificado, assim, com os *sonhos,* com a *utopia* de um mundo melhor, mais justo. Nesse *existenciar-se* radicalmente ético ele nos ofereceu uma teoria política que nos possibilita tornarmo-nos conscientes de nosso papel como sujeitos éticos da história, portanto capazes de viabilizarmos, se quisermos, por ações culturais movidas pelos *sonhos,* a *utopia libertadora.*

A *existência* humana é que permite, portanto, a denúncia e o anúncio, a indignação e o amor, o conflito e o consenso, o diálogo ou sua negação com a verticalidade de poder. Grandeza ética se antagonizando com as mazelas antiéticas, as transgressões da *ética universal dos seres humanos,* como ele dizia. É exatamente a partir dessas contradições que nascem os *sonhos coletivamente sonhados,* que temos as possibilidades de superação das condições de vida a que estamos submetidos como simples objetos para tornarmo-nos também sujeitos, *Seres Mais.* A epistemologia de Paulo nos convence e convida, sobretudo a nós educadores e educadoras, a pensar e optar, a aderir e agir projetando ininterruptamente a concretização dos *sonhos possíveis,* cuja natureza é tanto ética quanto política. Precisamos acreditar que podemos fazer possíveis os *sonhos aparentemente impossíveis,* desde que vivamos esse *existenciar-se,* verdadeiramente. São eles, os *sonhos* e o *existenciar-se,* que nos "permitem" irmos nos fazendo sempre seres da luta pela libertação, *Seres Mais.*

O título do livro que ora apresento está justificado, acredito, ou melhor, irá se justificando durante leitura do mesmo, desde esta "Apresentação" até a última palavra do mesmo, ou melhor dizendo, da palavra de Paulo. Ele é composto de diversos trabalhos de Paulo, como sempre denunciando os sofrimentos dos(as) oprimidos(as), dos(as) perseguidos(as), dos(as) explorados(as), dos(as) excluídos(as), dos(as) esfarrapados(as) do mundo, mas anunciando, também como sempre, as promessas de dias melhores se não ficarmos na passiva e mera espera vã. Convida-nos a *sonhar,* a *ousar* e a *lutar.* A sonharmos *sonhos possíveis.* A ousarmos para fazer *possíveis* os *sonhos impossíveis* de hoje. A lutarmos

PEDAGOGIA DOS SONHOS POSSÍVEIS | 15

sempre para a concretização dos *sonhos* de transformação para um mundo melhor, mais justo.

Completados 13 anos de sua 1a edição, este livro volta ao público numa publicação da Editora Paz e Terra, com algumas mudanças com relação ao de 2001.

As quatro partes que compõem o livro apresentam, cada uma, sete trabalhos, na maioria inéditos (ou inéditos no Brasil), agrupados em "Depoimentos e ensaios", "Diálogos e conferências", "Entrevistas" e "Cartas".

Procurei manter dentro de cada grupo a ordem cronológica na qual foram escritos, com exceção do primeiro texto e da última carta. Aquele, por ter sido o último pensar sistematizado de Paulo, demonstrando preocupação até seu último instante de vida com as injustiças, solidarizando-se com os sem-teto que lutam pelo *sonho possível* de morar com dignidade; esta, não só pela beleza estética, mas sobretudo pelo seu teor ético da denúncia contra o regime militar, no ano em que, de Norte a Sul, estamos condenando/relembrando os 50 anos do nefasto Golpe civil-militar, no Brasil. Impedido de "gritar" ao mundo por fato político tão grave, hediondo, o assassinato de Myrian, que atingiu a Paulo tão de perto, sua denúncia teve que ser contida e restrita – a Operação Condor caçava os "inimigos da Pátria" onde quer que estivessem. Nesta Carta ele não brada, chora por ela com um "amigo de todas as horas".

Constam da Parte I, "Depoimentos e ensaios": o acima mencionado, publicado na Austrália e renomeado por mim como "Impossível existir sem *sonhos*", que endossa muitas das ações dos militantes dos sem-teto do mundo e a própria leitura de mundo do MST; "Sobre o ato cognoscente", que tem um valor histórico enorme, mesmo que incompleto, pois neste escrito inédito Paulo "ensaia" o que dirá pouco tempo depois na *Pedagogia do oprimido* e em alguns textos que compõem a *Ação cultural para a liberdade*. Seguem-se "A história como possibilidade", de 1993 (nunca soubemos se foi publicado em Portugal ou não); "Sobre o conhecimento relacional", um parecer sobre a dissertação de uma estudante norte-americana, inédito; "Algumas reflexões em torno da utopia", inédito e sem data; e "A galinha pedrês e os filhos do capitão Temístocles", escrito em 1989 e já publicado, anteriormente, pela Prefeitura de São Paulo.

Nesta edição retirei um ensaio desta Parte I, "Educando o educador", o alocando, mais adequadamente, na Parte II. No seu lugar introduzi um texto, também inédito e sem data, sucinto e contundente — "Educação, empoderamento e libertação" — que além de muito belo serve, sobretudo, para dirimir dúvidas e equívocos com relação à aceitação ou não, por parte de Paulo, do conceito de *empowerment*, surgido nos EUA e traduzido no Brasil por empoderamento.

Cito um exemplo de um estudioso de meu marido, que inadvertida e ingenuamente, asseverou que empoderamento é "Conceito central teórico e prático de Freire, presente pela primeira vez em *Medo e ousadia*, escrito em parceria com Ira Shor (1986)[1]."

---

1. Guareschi, Pedrinho. in *Dicionário Paulo Freire*, Danilo Streck, Euclides Redin e Jaime José Zitkoski (org.), 2ª ed., Belo Horizonte: Autêntica, 2010, p. 147 a 148.

Ora, este conceito jamais foi usado por Paulo em nenhum de seus livros individuais, sem exceção. O leitor o encontrará apenas nesta mencionada obra *Medo e ousadia* e no *Alfabetização: leitura do mundo, leitura da palavra*, em coautoria com Donaldo Macedo, ambos livro-falados, com parceiros que são, não coincidentemente, norte-americanos, pois este é um conceito que preocupava sobremaneira os intelectuais dos EUA. E foram eles dois que trouxeram para a cena das discussões o conceito de *empowerment,* e não Paulo, que aos dois proclamou sua recusa ao conceito, comumente usado pelos academicistas de lá, de empoderamento. Creio que este texto que constará desta publicação vai contribuir, substantivamente, para o esclarecimento necessário. Para não pairar mais dúvidas sobre a inadequação de relacionar empoderamento, conceito que caracteriza a supremacia dos indivíduos no sistema capitalista, de uns sobre os outros, verticalmente, em detrimento da relevância das classes sociais do socialismo democrático – não a social-democracia – *sonhado* por Paulo.

Na Parte II, "Diálogos e conferências", os(as) leitores(as) encontrarão: "Educando o educador: um diálogo crítico com Paulo Freire", com Jim Fraser e Donaldo Macedo, realizado em 1996, em São Paulo, e publicado em Nova York em 1997, migrada da Parte I, que ficará no lugar da conferência "Direitos humanos e educação libertadora", de 1988, cedido pela Editora Paz e Terra para publicação em outro livro;[2] "Uma conversa com alunos", um belo diálogo com adolescentes da Escola Vera Cruz, de São Paulo; "Alfabetização na perspectiva da educação popular", inédita em versão escrita; "Alfabetização: leitura do mundo, leitura da palavra", rico diálogo com Márcio D'Olne Campos; "Discussões em torno da pós-modernidade", tema que Paulo teria falado em Penang, em 1993, caso tivéssemos ido à Malásia para o encontro que discutiu o seu legado teórico; "Mudar é difícil mas é possível", tema-afirmação que Paulo não cansou de fazer nos seus últimos tempos de vida, incentivando-nos à esperança como projeto utópico de vida, como um dos mais importantes *sonhos possíveis*; e "Alfabetização em ciências", um importante diálogo com Adriano Nogueira.

Na Parte III, "Entrevistas", dentre as muitas concedidas por Paulo, selecionei para este livro seis delas publicadas em revistas: "Confissões de um educador", à revista *Elle*; "A construção da escola democrática na rede pública de ensino", também com título diferente da que lhe tinha dado o jornal *Giz*; "*Pedagogia do oprimido* trinta anos depois", a Dagmar Zibas, uma das antigas secretárias de meu marido, representando a Fundação Carlos Chagas; "Eu gostaria de morrer deixando uma mensagem de luta", a Rosa María Torres, educadora equatoriana; "Crítico, radical e otimista", a Neidson Rodrigues; "Não se pode *ser* sem rebeldia", a

---

2. *Direitos humanos e educação libertadora*: a gestão democrática da SMED/SP (1989-1991), organização de Ana Maria Araújo Freire e Erasto Fortes Mendonça.

Ana Cecília Sucupira; e, finalmente, a também rebatizada "Opressão, classe e gênero", a Donaldo Macedo, publicada em livro, organizado por Peter McLaren e outros *Paulo Freire: poder, desejos e memórias da libertação.*

A Parte IV, "Cartas", traz correspondências inéditas, de fundo político, que vão do lirismo poético humanista de Paulo à sua revolta "bem comportada", como dizia, diante dos atos autoritários e perversos dos dominadores/opressores sobre os dominados/oprimidos. São denúncias dos "anos de ferro" decorrentes dos golpes civil-militares no Brasil e no Chile, escritas do exílio, do "contexto de empréstimo", como dizia. Nelas Paulo mostra a sua indignação, a sua rebeldia como, na verdade, poucas vezes expressou sobre esses governos que precisaram, para nos manter fieis à Doutrina de Segurança Nacional, isto é, aos ideais do imperialismo ianque, que se dizia encarnar a essência do "mundo ocidental e cristão", de condenar, raptar, exilar, torturar, matar e fazer desaparecer corpos mutilados para calar a voz dos que lutavam por uma sociedade menos opressora e menos perversa. Paulo mesmo foi uma das milhares de vítimas e manifesta, nestas cartas, estes fatos — as agruras e as atrocidades praticadas pelos "donos da verdade" —, veementemente, mas metaforicamente, com seu jeito comedido, sábio e prudente. Essas cartas são, enfim, canto de dor e esperança, de saudades e de trabalho, de quem foi obrigado a viver quase dezesseis anos afastado de tudo que lhe era grato: sua mãe, sua cultura e seus parentes e amigos dos "velhos tempos" no Recife, do seu "contexto de origem".

Os sete títulos das cartas foram tirados de frases ou dos temas nelas tratados: "Amar é um ato de libertação", para Paulo Cavalcanti; "Saudades do Recife", para Dorany Sampaio; "Dolores, sempre Dolores", para Lourdes Moraes ao saber da morte de Dolores Coelho, companheiras dele no trabalho do Sesi-PE; "Um relatório impressionista", para Marcela, Sérgio e José Fiori, narrando e analisando criticamente a extensa viagem que fez no ano de 1973 em grande parte do território norte-americano a serviço do Conselho Mundial das Igrejas É um relatório avaliativo de seu trabalho de educador naquele órgão, mencionado na *Pedagogia da esperança* (p.150-8). Nesta carta há uma acurada constatação, quase uma "adivinhação", uma antecipação do pensamento ideológico do neoliberalismo dos anos 1980. Nela Paulo diz textualmente: "Nos Estados Unidos, ideologicamente, *se decretou a morte das ideologias*". Na sequência: "Não há universalidade sem localidade", para Heloísa Bezerra, assistente social, também antiga companheira de trabalho no Sesi-PE; "Esta é uma carta de puro querer bem", novamente para Sérgio e Marcela; e "Myrian 'dorme profundamente'", que retrata a sensibilidade de um homem que nunca precisou fazer alaridos, gritar, blasfemar ou fazer lamúrias inúteis para dizer de sua dor. Esse acalanto de ternura carrega em seu bojo a amorosidade de Paulo e sua impotência diante do fato cruel e consumado a distância ao nos pedir para, como ele, fazermos o necessário silêncio para que Myrian pudesse dormir em paz, mesmo que em seu leito de morte.

Por fim, convidei duas grandes amigas minhas, Ana Lúcia Souza de Freitas e Olgair Garcia, autênticas freireanas, para escreverem, respectivamente, o Prefácio e o Posfácio do livro.

Ana Lúcia fez um texto bonito e densamente teórico, familiarizada que está em sua práxis com os temas tratados/propostos pela compreensão de educação de Paulo, tendo recriado-os para seus contextos de trabalho tanto na Secretaria Municipal de Educação de Porto Alegre (SMED/POA) como na sua docência na Universidade La Salle, Unisalle, e nos de pesquisadora do Projeto Sonho Possível, também na Unisalle. Sem ser idealista, mas por sua ousadia epistemológica, coloca-se sem medos e receios, como uma *sonhadora* autêntica, *como* e *com* Paulo, acreditando assim na possibilidade de os homens e de as mulheres fazerem o possível para que o "impossível",[3] ou o que apenas nos aparece assim, sejam *sonhos possíveis*.

Olgair, sobre quem um dia Paulo, dedicando um de seus livros a ela, escreveu: "... a professora como a com quem sonho", encerra o livro com um belo texto, partindo da amizade entre nós três e da sua práxis na Rede Municipal de Ensino de São Paulo, mostrando-nos a face difícil do cotidiano da escola pública que ela quer crítica e de qualidade, *como* e *com* Paulo. Expõe-nos as dificuldades de assumirmo-nos como seres em *busca da coerência* diante de nossa *ontológica incompletude*, quase nunca aceita por nós, seres humanos em geral.

---

3. "A vocação histórica não é sina, mas possibilidade. E não há possibilidade que não se exponha à sua negação, à impossibilidade. E vice-versa, *a coisa hoje impossível pode vir a ser possível um dia*". (Freire, Paulo. *À sombra desta mangueira*. 3ª ed. São Paulo: Olho d'Água, 2000, p. 82, grifo meu).

A Carlos Nuñez Hurtado,[4] um mexicano de nascimento e irmão de alma e grande amigo de Paulo que se fez meu também, pedi que escrevesse a orelha deste volume. Carlos Nunez era arquiteto por formação e educador por opção. Ele escreveu, com sua peculiar sensibilidade, um belíssimo texto carregado do sentimento mais puro da amizade e de admiração que nutriu, desde que conheceu a Paulo, por ele: "Paulo respirava e exalava humanidade", disse com amorosidade.

Preciso ainda informar que acrescentei *mulheres* ao então tratamento machista de Paulo quando isso cabia, desde que ele próprio já havia feito esta solicitação às casas editoras, na *Pedagogia da esperança.*

Hoje, 2014, ao analisarmos a conjuntura mundial, podemos constatar uma melhora enorme da situação de penúria que vem caracterizando a maior parte de nossa população. Na minha Apresentação de 2001, afirmei que, sem quase nenhuma dificuldade, sem sequer sermos cientistas políticos ou economistas — os demiurgos da globalização! —, o acirramento, há anos denunciado por Paulo, das contradições

---

4. Carlos Nuñez Hurtado foi o fundador do Instituto Mexicano para el Desarrollo Comunitario (IMDEC), em Guadalajara, México, tendo apoiado programas e projetos de educação popular, em seu país e em outros da América Latina. Trabalhou, nos anos 1980, na Nicarágua, como integrante da Red de Educación Popular Alforja. Depois foi Presidente do Conselho de Educação de Adultos da América Latina (CEAAL) e criador e coordenador da Cátedra Paulo Freire do Instituto Tecnológico y de Estudios Superiores de Occidente (ITESO), da Universidade Jesuita em Guadalajara, México, até quase os últimos dias de sua vida.

que redundam no estado de injustiça de todos os níveis e graus e que são cada dia maiores, ditadas e acirradas pela globalização da economia, estava "na ordem do dia" de nossa vida político-social.

Dizia: esta forma pós-moderna de controlar o destino do mundo e de todas as pessoas, que concentra as rendas nacionais nas mãos de poucas pessoas e países, distribui, magnanimamente, como necessidade de sua manutenção, uma política de endividamento, de negação das soberanias nacionais, de misérias de toda sorte. Fome, doenças, múltiplas penúrias que vêm fragilizando mais e mais a maioria da população da África e da América Latina e também segmentos significativos dentro das próprias sociedades do Norte todo-poderoso. Nós, brasileiros e brasileiras, cada dia, rigorosamente falando, tão destituídos quanto nossos pares latino-americanos, embora menos do que os e as de nossos países irmãos do continente africano. Sentindo-nos e sabendo-nos como nunca subtraídos perversamente em nossas condições e possibilidades de ser, de ter, de desejar, de querer e de poder.

As notícias mais em voga na mídia brasileira, atualmente, são os crimes de corrupção de toda espécie, sobretudo oriundos da sociedade política. Uns corroendo os cofres públicos, ou melhor dizendo, a dignidade do povo brasileiro, porque nestes deveria estar devidamente respeitado e guardado, se aqueles fossem sérios e éticos, o resultado do nosso trabalho obtido com o suor, senão com o sangue desse povo. Entretanto, boquiabertos constatamos que, mesmo quando sofrem sindicâncias, terminam apenas sendo apontados neles ou nelas alguns indícios de "faltas perdoáveis", e não a comprovação dos crimes que realmente cometeram — e continuam cínica e despudoradamente cometendo, certos de suas prerrogativas. Os subterfúgios legais encontrados pelos advogados — quase sempre enriquecidos exatamente pelas defesas do indefensável, em nome "do direito de defesa do cidadão", com vistas grossas do pachorrento Poder Judiciário, que se prende às "letras da lei" ultrapassadas no sentido da verdadeira ética de nossos tempos históricos — na verdade estão perpetuando a impunidade dos que podem e têm. Outros, escondendo-se em cargos públicos para prevaricar livremente, mentem para seus eleitores; desdenham da opinião pública; matam sem piedade quando lhes apetece e/ou interessa; constroem e vendem prédios condenados a cair pela precariedade com que foram projetados e feitos; fazem tráfico de drogas, de meninos atletas ou de meninas exploradas sexualmente, usando-os para locupletarem-se ilícita e vergonhosamente. Esses comportamentos profundamente imorais e ilegítimos vêm contribuindo, sem dúvida nenhuma, para o aumento da generalizada e insuportável criminalidade no país.

Por crimes na maioria das vezes muito menores amontoam-se homens nos presídios, como se eles não tivessem corpo e alma, como se nada fossem; na verdade, como coisas que se devem eliminar mutuamente nos motins ou por profissionais cruéis e inescrupulosos a mando, às vezes, de autoridades que só veem crimes nas pessoas que lotam esses presídios, os das camadas populares. Os cidadãos não confiam mais nas polícias e delas têm medo. Seus componentes, por outro lado, denunciam e nos fazem ver a realidade inóspita na qual trabalham e vivem pela falta de uma necessária e séria política de segurança para a população. Parte desta espantada, indignada e impotente população assiste a tudo isso tornando-se incrédula da vida e dos outros e outras; não vislumbra possibilidades de plenamente *existenciar-se*. Outra parte aproveita a "onda" e navega, injustificadamente, no mar de lama dos desmandos, dos descalabros e do desgoverno num vale-tudo, num "defenda-se quem e como puder", numa usurpação sem constrangimentos dos direitos alheios que nos afoga, como nunca, como povo e como nação.

Nosso patrimônio público a duras penas construído por séculos de história de tenacidade e bravura desse povo tão criativo quanto trabalhador, está sendo entregue, sem escrúpulos nem pruridos, à iniciativa privada, regido pelo distorcido conceito neoliberal de que esta tem todas as condições de gerenciamento, em todas as instâncias da produção, distribuição e serviços, que a esfera pública não tem. Constatamos indignadamente, das políticas agrícolas e agrárias — incluindo-se nestas o financiamento para os transgênicos produzidos pelos futuros "donos" de todas as sementes alimentícias do planeta e a deficiente distribuição das terras para cultivo, a reforma agrária, tão indispensável quanto urgente — às políticas do setor energético, a falta de visão politicamente estratégica dessas e de outras políticas públicas por parte de nosso governo "aliado e afinado"; na verdade, submetido aos ditames do poder global, malvado e necessariamente alheio aos cruciais, atuais e dramáticos problemas sociais, econômico-financeiros e ambientais da nação brasileira.

As propostas nascidas no bojo dos movimentos sociais que traduzem a voz da maioria do povo, realisticamente elaboradas a partir de nossa concretude econômica, social e histórica, são desdenhadas, ridicularizadas e abandonadas pelos "donos do poder", quando não perseguidos(as) os(as) seus(suas) defensores(as), acusados(as) de estarem tendo "comportamento político", como se um ser político, ao exercer o seu direito de verdadeira cidadania, *fosse* prerrogativa da elite no poder. O exemplo mais contundente é o contra o Movimento dos Trabalhadores Rurais Sem-Terra (MST). Suas ações e propostas para um desenvolvimento sustentado de base social humanista, que acreditam no *sonho* de democratizar o país, que pretendem mais além do que uma simples "doação" de terras aos que a ocupam — eles querem, sobretudo, inserir-se como cidadãos no setor produtivo e cultural nacional –, são menosprezadas e seus militantes perseguidos sanguinariamente. Permitem-se, os dominantes, sem culpa, determinar que os direitos civis e políticos dos *assentados* ou acampados possam até ser "arranhados". Enquanto isso, as cidades assistem aos miseráveis morrerem nas filas de hospitais, viverem nas ruas, esmaecerem-se de *fome* e serem excluídos das escolas.[5]

Ao reler quase toda a obra de Paulo, ao mesmo tempo em que analisava e organizava os diferentes textos deste livro, em 2000, percebi que ele vinha nos convidando, sim, a nos indignarmos,[6] indicando-nos para alcançarmos a estratégia — a democracia — de irmos superando esta

---

5. Os déficits de matrículas para as escolas infantis e creches, em todo o país, continuam, em 2014, realidade absolutamente aviltante e injusta para com as camadas populares que delas precisam.

6. Respondendo a este apelo de meu marido, organizei, com trabalhos dele, o livro *Pedagogia da indignação*. São Paulo: Paz e Terra, 2014.

instância afetivo-política, projetando *sonhos de mudança*. Já nos convidava, já vinha nos fazendo ver que deveríamos ir incorporando à indignação e ao amor os *sonhos éticos e políticos* como uma necessidade humana mais radical quando precisamos enfrentar, como agora, os difíceis problemas da sociedade.

O que digo é que, não deixando de nos indignar e amar, mas a partir desse sentimento de indignação mesmo — porque pouco ou quase nada está sendo ouvido da voz de nossa indignação pelos dominantes acerca de nossos clamores —, devemos nutrir os *sonhos* que quase sempre podemos fazer possíveis para continuarmos sendo de fato e nos sentindo como homens e mulheres sujeitos da história. De *existência* verdadeira. Para não deixarmos que a indignação se esvaia completamente, que o espanto desalentador, a desesperança desestabilizadora ou o cinismo adaptador tomem conta de nós, atendi aos "apelos" de Paulo, que, já "adivinhando", na verdade entendendo as sinalizações dessas inadmissíveis condições atuais do mundo e em especial de nosso país, falava e mostrava, nos diversos ensaios e discursos, a importância dos *sonhos utópicos*.

Por mais contraditório que isso possa parecer, precisamos, urgentemente, pois, reavivar em nós mesmos a nossa *capacidade ontológica de sonhar*, de projetar para um futuro mais próximo possível dias de paz, equidade e solidariedade. Reativar em nossos *corpos conscientes* as possibilidades de sonharmos o sonho *utópico* que Paulo há anos já vinha nos convidando a sonhar — o *sonho possível* —, o que nos possibilita resgatar em nós todos e todas a nossa humanidade mais autêntica, roubada por esses e essas que nos exploram e mutilam. Pelos que minam as nossas esperanças de tornarmos a nossa uma sociedade séria e justa como merecemos.

Para isso precisamos, *como* e *com* Paulo, acreditar que "Do alvoroço da alma faz parte também a dor da ruptura do sonho, da utopia",[7] como ele em algum tempo de sua vida sentiu, e hoje sentimos profundamente quase todos nós brasileiros e brasileiras. Mas, que, contraditoriamente, dos "sonhos rasgados, mas não desfeitos",[8] podemos fazer renascer em nós a esperança de uma nova sociedade. Assim, nós que temos compromisso com um mundo melhor, que sentimos hoje mais do que nunca que nossos *sonhos* estão sendo *"rasgados"*, que, mais uma vez, procuremos *em* e *com* Paulo refazer socialmente os *sonhos possíveis* de transformação, pois sabemos que só aparentemente eles foram *"desfeitos"*, pois *sonhar* é destino dado. Isto é, estamos irremediável e felizmente "condenados" todos e todas que se *existenciaram,* que se fizeram por milênios de séculos seres humanos, homens e mulheres, *a sonhar. A sonhar* os sonhos humanizadores. *A sonhar* os sonhos ético-políticos. O *sonho possível* pedagogicizado precisa ser socializado: *Pedagogia dos sonhos possíveis.*

São Paulo, 19 de agosto de 2001
São Paulo, 13 de março de 2014

Nita
Ana Maria Araújo Freire

---

7. Freire, Paulo. *Pedagogia da esperança.* São Paulo: Paz e Terra, 1992, p. 33
8. Ibidem, p. 35.

Em 2001, quando *Pedagogia dos sonhos possíveis* ainda estava no prelo, para que a edição não saísse desatualizada ou incompleta depois do 11 de Setembro, fez-se necessária a inclusão de um *Post Scriptum*.

Esta apresentação tão recentemente escrita, quando a *Pedagogia dos sonhos possíveis* já estava no prelo, pode parecer à primeira vista desatualizada ou no mínimo incompleta depois do dia 11 de Setembro. Diante do espanto que nos tomou a todos e a todas a detonação do World Trade Center, em Nova York e suas consequências desesperadoras para todo o mundo; diante das inquietações que já vinham sendo acirradas com a instauração de um "mundo globalizado", que vem servindo apenas a alguns homens e algumas mulheres na ânsia de se locupletarem de todas as formas, níveis e graus, me perguntei seriamente: o que escrevi ainda é válido? Que mundo é esse que estamos construindo? Estamos perdendo a esperança de dias melhores ou este atentado à vida e à paz deve ser compreendido, contraditoriamente, como o início da possibilidade de entendimento e de projetos de um mundo no qual o *diálogo da tolerância e da diferença* nos encaminhará para um tempo/espaço de mais harmonia, justiça e tranquilidade?

Atônita nesse clima de incompreensão e terrorismo ao mesmo tempo, refleti: devo em nome do trágico contexto mundial de guerra esquecer ou minimizar a dramaticidade do vivido no nosso cotidiano brasileiro? Este que, infelizmente, vem se agudizando nas últimas décadas justamente pelo irracionalismo dos propósitos imperialistas que "justificaram" estas ações ignóbeis? Assim negando a dualidade, a divisão dos problemas em departamentos estanques e fechados, "o que aconteceu lá" é um problema do fundamentalismo religioso ou "é a vingança aos que semearam a discórdia", optei em não mudar o que já estava escrito em 19 de agosto de 2001. Permanece assim a Apresentação original, mas uma coisa acrescento, uma advertência para nossas reflexões: ou nos identificamos com uma ética libertadora, assim humanista; com as utopias onde cabem as diferenças, expurgando-nos e expurgando da sociedade planetária as discriminações e nos solidarizarmos na construção social dos *sonhos possíveis* da tolerância democrática verdadeiramente autêntica ou marcharemos a passos largos e rápidos para a autodestruição total dos seres humanos.

São Paulo, 15 de outubro de 2001

Outro *Post Scriptum* se faz necessário, em 2014, diante da contradição das mudanças profundas e da permanência inquietadora deste quadro descrito por mim, em 2001.

A tragédia de Nova York ceifou cerca de 3 mil pessoas, no próprio dia 11 de Setembro, enquanto as Torres Gêmeas queimavam-se e desmoronavam. Infelizmente, muitas vidas continuaram, sobretudo, por causa da poeira que tomou conta de toda a cidade, por muito tempo, dias e anos, a se perder. Uma dessas vítimas, que não quero, e não posso deixar de registrar aqui, antes quero homenagear — estendendo minha homenagem e compaixão a todos e todas que, como ela, morreram diante do estado de intolerância reinante no mundo — é a minha nora Elsie Hasche, que faleceu em 8 de janeiro de 2014. Após todos estes anos se tratando dos problemas pulmonares que a afetaram, tragicamente desde então, e ter estado hospitalizada, por 10 meses e 5 dias, entre a vida e a morte, respirando através de máquinas e se submetendo aos mais cruéis procedimentos médicos, sofrendo mansamente, sem se queixar ou lamuriar, em hospitais da cidade que a viu nascer, em 1958, ela *partiu* serenamente. A ela o meu preito de amor, gratidão e querer bem pela amizade e solidariedade que teve para com toda a nossa família, pelo amor que deu ao meu filho Eduardo Hasche e pelo neto André, que deles nasceu.

Mortes como a dela e de uma centena de outros nova-iorquinos, sobretudo dos bombeiros que acudiram aos que visitavam ou trabalhavam nos prédios, que em minutos arderam em chamas, espantando o mundo, não deram "nenhum recado" para os que comandam o mundo pensassem no horror e insanidade da violência recíproca, da barbárie dos terrorismos praticada pelos interesses e ideologias antagônicas, sobre os atentados sangrentos que se generalizavam — não gratuitos, mas atos de vingança, que, ultrapassado o ódio, fanatiza e cega os seus seguidores —, assim, em se pensar em políticas que não fossem as de retaliação e de intolerância.

O que estamos presenciando, verdadeiramente sem podermos fazer nada, nos tempos da globalização, do "mundo sem fronteiras", é que nunca foi tão difícil andarilhar pelo mundo, seja por qual motivo seja. As autoridades constituídas, sobretudo as no Norte "civilizado", desconfiam e fiscalizam o corpo inteiro do outro à procura de algo para o condenar como terrorista. Não houve preocupação com o que acontecia no dia a dia dos habitantes comuns deste planeta, assim, nada se fez para estabilizar as relações internacionais, os conflitos gerados pelas diferenças de raça, religião e pelas *leituras de mundo* diversas, gerando o clima de condenação *a priori*, sobretudo dos muçulmanos e dos árabes, indiscriminadamente. Das perseguições pela cor e ideologia (direita ou esquerda) a política de segurança, hoje, impõe a discriminação de raça e de religião.

Antes, o próprio governo dos EUA se deu e seus aliados endossaram a "licença" para imporem, malvadamente, o seu poder de mando sobre todo o mundo. Invadiram países e o local onde vivia Osama Bin Laden e sua família, executando-o, sob a mira a distância do presidente Obama e de sua ministra da Defesa, Hilary Clinton, e jogando seu corpo ao mar, contrariando todos os acordos internacionais de clemência para com os presos ou mortos "pelo inimigo".

Continuou sua dominação imperialista, desvelando para si próprio, para ter mais poder ainda sobre todos os demais, segredos de Estado de muitos países e pessoas que só a coragem humanista de um jovem lúcido e corajoso norte-americano Edward Snowden, a serviço do governo de seu país, nos fez conhecer.

Tudo isso nos revela um mundo sem rumos, sem ética, sem coragem de enfrentar seus próprios problemas.

Volto a fazer as mesmas perguntas:

"Que mundo é esse que estamos construindo? Estamos perdendo a esperança de dias melhores ou este atentado à vida e à paz deve ser compreendido, contraditoriamente, como o início da possibilidade de entendimento e de projetos de um mundo no qual o *diálogo da tolerância e da diferença* nos encaminhará para um tempo/espaço de mais harmonia, justiça e tranquilidade?"

A primeira resposta me diz que o *sonho possível*, mesmo que difícil, tremendamente difícil do diálogo, não está sendo considerado pelos donos do poder.

No Brasil avançamos muito nesta década: as marchas que tomaram conta de todo o nosso país mostraram que nosso povo está conscientizando-se mais e mais de seus direitos e deveres. Numa dessas marchas de junho de 2013, nas ruas de São Paulo, no meio de cerca de 3 milhões de pessoas, uma placa empunhada com orgulho por um jovem do povo me chamou a atenção e me comoveu: "Mamãe, estou atrasado para o jantar, estou trabalhando para mudar o Brasil".

Nessa luta popular, mesmo que se dizendo um movimento apolítico, era clara a intenção mais profunda, mesmo que não percebida conscientemente, pelos organizadores, da natureza política das *marchas* que tomaram os quatro cantos do Brasil.

Para mim, este momento único entre nós, é, sobretudo, um dos resultados do trabalho de conscientização de Paulo Feire, meu marido, iniciado nos anos 1950/1960, no Recife, através do Movimento de Cultura Popular (MCP). Liderado por ele e Germano Coelho, entre outros progressistas de Pernambuco, intelectuais, professores, sacerdotes, estudantes e trabalhadores; os ideais de autonomia e libertação tiveram sua atualização em seus escritos de 1997, falando sobre as marchas, conclamando a que o povo as fizesse como necessidade para a transformação social de nosso país, se dirigindo aos sem-terra do MST:

(...) E que bom seria para a ampliação e a consolidação de nossa democracia, sobretudo para sua autenticidade, se outras marchas se seguissem à sua. Marcha dos desempregados, dos injustiçados, dos que protestam contra a impunidade, dos que clamam contra a violência, contra a mentira e o desrespeito à coisa pública. A marcha dos sem-teto, dos sem-escola, dos sem-hospital, dos renegados. A marcha esperançosa dos que sabem que mudar é possível".[9]

Ainda dentro das positividades conquistadas pela sociedade brasileira, não poderia deixar de mencionar, entre outras, a diminuição da pobreza e do número de miseráveis; a diminuição do número dos que morrem ao nascer ou até os 2 anos de vida; o atual esforço de oferecer mais médicos por habitante do país; o crescimento dos matriculados em nível superior e dos formados em cursos técnicos médios e universitários.

Na lista das negatividades devo registrar o aumento da corrupção endêmica, podemos assim afirmar, corroendo o patrimônio público e desesperançando a população trabalhadora de nosso país. Tribunais repletos de juízes prepotentes, vaidosos e exibicionistas, que preferem "aparecer" nos programas de TV com suas vestes negras como sinal de poder supremo do que em julgar com decoro e decência, escolhendo "a dedo" as suas vítimas. Ministros de Estado que usufruem, sem

---

9. Freire, Paulo. *Pedagogia da indignação e outros escritos*. São Paulo: Paz e Terra, Unesp, 2000, p. 70.

constrangimento do que é público como se fosse de sua propriedade particular. Funcionários públicos de várias instâncias e níveis, que deveriam fiscalizar, ao invés estão se locupletando do dinheiro com o qual se poderia abrir e melhorar as escolas, formar adequadamente os(as) professores(as) e aumentar os seus salários; urbanizar bairros, que na verdade são um amontoado de barracos sem nenhuma condição de salubridade; de construir uma rede de saneamento básico e de fornecimento de água potável etc.

Apesar de muitas e importantes "positividades", tenho que lamentar acima de tudo, com indignação e luto, que no país de Paulo Freire, o Patrono da Educação Brasileira, que ficou conhecido, admirado e respeitado em todo o mundo pelo seu trabalho teórico e sua luta concreta, prática, contra o analfabetismo, tenha, neste ano de 2014, que admitir, oficialmente que, em 2012, no 2º ano do governo Dilma Rousseff, "a taxa de analfabetismo da população com 15 anos ou mais parou de cair e teve leve alta. Em 2011, era de 8,6%. Chegou a 8,7%, em 2012". Além da alta taxa e de um percentual muito elevado para um das maiores economias do mundo, ficou, infelizmente, "mais longe de cumprir a meta firmada na ONU de 6,7% até 2015"(Dados da Pesquisa Nacional por Amostra de Domicílios, PNAD, 2012).

Concluo esta nova revisão do que eu tinha a dizer nesta Apresentação sobre a concretização dos *sonhos possíveis sonhados por Paulo*, que a aquisição da *leitura da palavra* para uma *leitura de mundo* consciente, crítica, como direito humano fundamental, mobilizadora da cidadania, que pudesse viabilizar o *sonho maior da democratização ética e política* de nossa sociedade, pode estar ameaçada.

No calor da temperatura paulistana deste inusitado verão e de minha indignação por todos os *sonhos possíveis* não cumpridos, vivendo um momento de desesperança, sem, contudo, perder definitivamente esperança.

Nita
Ana Maria Araújo Freire,
em 9 de fevereiro de 2014

Prefácio
Pedagogia dos sonhos possíveis:
A ARTE DE TORNAR POSSÍVEL O IMPOSSÍVEL

Pedagogia dos sonhos possíveis é, sem dúvida, uma forma contundente de expressar a *potência pedagógica* que Paulo Freire nos proporciona com sua vida e obra. Paulo Reglus Neves Freire — que completaria oitenta anos de existência nesse início de novo milênio — deixou-nos importante legado que mantém viva sua presença na luta daqueles e daquelas que continuam acreditando nas possibilidades de a educação, apesar de seus limites, *tornar possível* o *impossível*, concebendo este um desafio à prática da educação popular. Paulo Freire é testemunho dessa possibilidade ao exercer uma prática fundada na necessária abertura ao outro; prática em que o diálogo se faz exigência epistemológica para uma vivência socialmente comprometida, cuja reflexão, coletivamente partilhada, faz-se geradora de múltiplas autorias.

Tendo se referido a si mesmo como um *andarilho do óbvio*, Paulo Freire problematiza nosso pensamento acerca da própria obviedade, considerando que "nem sempre o óbvio é tão óbvio quanto a gente pensa que ele é".[10] Parto

---

10. Freire, Paulo. Educação. O sonho possível. In: Brandão, Carlos Rodrigues. (org.) *O educador*: vida e morte. 3. ed. Rio de Janeiro: Graal, 1983. p. 92.

desse entendimento para me permitir destacar algumas *obviedades* proporcionadas pela leitura de Paulo Freire em razão das quais podemos vislumbrar as bases de uma pedagogia que orienta a vivência cotidiana da *práxis educativa libertadora*: a *Pedagogia dos sonhos possíveis*.

Educação: o sonho possível foi a reflexão proposta por Paulo Freire à *quase multidão* de educadores que participou de seu primeiro grande encontro no Brasil, depois de dezesseis anos de exílio.[11] Disposto a "pensar alto" algumas questões que o inquietavam em torno da compreensão da educação como um ato de conhecimento e de suas implicações à natureza política da prática educativa, Freire tematiza o lugar dos *sonhos possíveis* na prática de uma *concepção libertadora da educação*. Demarca com essa expressão a natureza utópica da prática educativa libertadora, "utópica no sentido de que é esta uma prática que vive a unidade dialética, dinâmica, entre a denúncia e o anúncio, entre a denúncia de uma sociedade injusta e espoliadora e o anúncio do sonho possível de uma sociedade que pelo menos seja menos espoliadora".[12]

Dessa reflexão decorrem alguns entendimentos que merecem ser destacados. Vale dizer que o *sonho possível* não se trata de uma idealização ingênua, mas emerge justamente da reflexão crítica acerca das condições sociais de opressão cuja percepção não se faz determinista, mas compreende a realidade como mutável a partir da participação dos sujeitos que a constituem, sendo igualmente por ela constituídos. Desse

---

11. Trata-se do III Encontro Nacional de Supervisores de Educação, realizado em Goiânia, entre 20 e 25 de outubro de 1980.
12. Freire, Paulo. Educação. O sonho possível. op. cit., p. 100.

modo, incluir-se na luta por *sonhos possíveis* implica assumir um duplo compromisso: o compromisso com a denúncia da realidade excludente e o anúncio de possibilidades de sua democratização, bem como o compromisso com a criação de condições sociais de concretização de tais possibilidades. Enfim, trata-se de assumir como um desafio decorrente da prática educativa libertadora o que Freire denominou *inédito-viável*, termo presente desde os seus primeiros escritos.

Ana Maria Araújo Freire, em longa e explicativa nota da obra *Pedagogia da esperança*, enfatiza a importância da compreensão do *inédito-viável* para a assunção da *história como possibilidade*, em oposição à visão fatalista da realidade. Tal perspectiva, própria da consciência crítica, compreende a historicidade construindo-se a partir do enfrentamento das *situações-limite* que se apresentam na vida social e pessoal, considerando que os homens e as mulheres assumem atitudes diversas frente às "situações-limite: ou as percebem como um obstáculo que não podem transpor, ou como algo que não querem transpor ou ainda como algo que sabem que existe e que precisa ser rompido e então se empenham na sua superação".[13]

O *inédito-viável* é uma proposta prática de superação, pelo menos em parte, dos aspectos opressores percebidos na realidade. O risco de assumir a luta pelo *inédito-viável* é uma decorrência da natureza utópica, própria da consciência crítica, que faz do ato de sonhar coletivamente um

---

13. Freire, Ana Maria Araújo, Notas. In: Freire, Paulo, *Pedagogia da esperança*: um reencontro com a Pedagogia do oprimido, Rio de Janeiro: Paz e Terra, 1992, p. 205.

movimento transformador, uma vez que "quando os seres conscientes querem, refletem e agem para derrubar as *situações-limites...* o *inédito-viável* não é mais ele mesmo, mas a concretização dele no que ele tinha antes de inviável".[14] A consciência crítica não apenas se predispõe à mudança, mas assume a luta pela construção do *inédito-viável*, ou seja: "algo que o sonho utópico sabe que existe mas que só será conseguido pela práxis libertadora... uma coisa inédita, ainda não claramente conhecida e vivida, mas sonhada".[15]

Sonhar é imaginar horizontes de possibilidade; sonhar coletivamente é assumir a luta pela construção das condições de possibilidade. A capacidade de sonhar coletivamente, quando assumida na opção pela vivência da radicalidade de um sonho comum, constitui atitude de formação que orienta-se não apenas por acreditar que as *situações-limite* podem ser modificadas, mas, fundamentalmente, por acreditar que essa mudança se constrói constante e coletivamente no exercício crítico de desvelamento dos *temas-problemas* sociais que as condicionam. O ato de sonhar coletivamente, na dialeticidade da denúncia e do anúncio e na assunção do compromisso com a construção dessa superação, carrega em si um importante potencial (trans)formador que produz e é produzido pelo *inédito-viável*, visto que o impossível se faz transitório na medida em que assumimos coletivamente a autoria dos *sonhos possíveis*.

Vale reiterar a *obviedade* de que o *inédito-viável* não ocorre ao acaso nem se constrói individualmente, bem

---

14. Ibidem, p. 207.
15. Ibidem, p. 206.

como o fato de que a criação do *inédito-viável* representa uma alternativa que se situa no campo das possibilidades e não das certezas, pois o critério "da possibilidade ou impossibilidade de nossos sonhos é um critério histórico-social e não individual".[16] Esse é o entendimento de Freire ao compreender a *história como possibilidade* e o *inédito-viável* como uma alternativa construída coletivamente a partir da vivência crítica do sonho almejado. Sonhar coletivamente, na perspectiva da construção do *inédito-viável*, é, pois, um princípio que expressa possibilidades práticas da intencionalidade da *Pedagogia dos sonhos possíveis*.

Compreendida desse modo, a *Pedagogia dos sonhos possíveis* é também uma *Pedagogia da conscientização*, considerando que Freire ratificou seu entendimento acerca da atualidade desta, "contra toda a força do discurso fatalista neoliberal... como um esforço de conhecimento crítico dos obstáculos".[17] Trata-se de uma pedagogia que encerra em si a possibilidade de superar as práticas tradicionalmente instituídas e usualmente inquestionadas, ao orientar a constituição de uma atitude crítica de formação que concebe a distância entre o sonhado e o realizado como um espaço a ser ocupado pelo ato criador, considerando que assumir coletivamente esse espaço de criação abre possibilidades para que se consolidem propostas transformadoras e *ineditamente-viáveis*.

Não menos importante é a "advertência" de Freire aos educadores e educadoras comprometidos com uma edu-

---

16. Freire, Paulo. Educação. O sonho possível. op. cit., p. 99.

17. *Pedagogia da autonomia*: saberes necessários à prática educativa. São Paulo: Paz e Terra, 1996. p. 60.

cação libertadora: "ai daqueles e daquelas, entre nós, que pararem com a sua capacidade de sonhar, de inventar a sua coragem de denunciar e anunciar".[18] Sonhar coletivamente é, pois, um desafio que se coloca a todos(as) que lutam pela *reinvenção* da educação, na perspectiva de sua democratização, na escola e em outros espaços educativos. É considerando tais *obviedades* constituídas não apenas no estudo da obra de Freire, mas também no compromisso efetivo — e afetivo com práticas sociais que a recriam, que tenho o prazer de sublinhar a relevância da tematização proposta por Nita — Ana Maria Araújo Freire — ao organizar este volume intitulado *Pedagogia dos sonhos possíveis*. Sua proposta se faz relevante por desafiar a elaboração de novas sínteses teóricas e práticas em torno da obra de Paulo Freire, reiterando um de seus princípios fundamentais, o de que *mudar é difícil, mas é possível e urgente*. Especialmente, não poderia deixar de agradecer ao carinhoso convite de Nita para prefaciar esta *Pedagogia dos sonhos possíveis*, provocando-me à atualidade desta reflexão, bem como permitindo-me ampliar interlocuções que mobilizam práticas *inédito-viáveis*.

A leitura dos trabalhos que se apresentam neste volume, tematizando a *Pedagogia dos sonhos possíveis*, é uma importante contribuição para potencializar a atualidade da educação popular como referência à prática educativa que se integra a um movimento social mais amplo, ao assumir a tarefa política de *tornar possível* o *impossível* como um desafio à esquerda no país e no mundo, tal como propõe Marta Harnecker: "Para a esquerda, a política deve consis-

---

18. Freire, Paulo. Educação. O sonho possível. op cit., p. 101.

tir, então, na arte de descobrir as potencialidades existentes na situação concreta de hoje para tornar possível amanhã o que no presente parece impossível."[19] Contudo, essa *militância pedagógica* não prescinde da luta pelo direito ao exercício da *boniteza* do ato educativo, tão valorizada por Freire, ao argumentar em torno da necessária recuperação da esperança, da alegria de aprender, da curiosidade, da imaginação criadora e do gosto de ensinar, entre outros saberes que demarcam a *inteireza* do educador na vivência de sua opção em favor de uma *Pedagogia dos sonhos possíveis*. É o que nos proporciona a leitura desta obra que Nita apresenta ao exercício de nossa *curiosidade epistemológica*.

Com o desejo de uma boa leitura, espero que esta possa nos instigar, de diferentes modos, a dar continuidade ao movimento coletivo de reflexão-ação e registros sistemáticos acerca dos *sonhos possíveis* que vêm se constituindo no enfrentamento cotidiano dos desafios da prática. Não como uma homenagem saudosista a Paulo Freire, mas como expressão do compromisso político, epistemológico e estético com a vivência de uma educação libertadora. Finalmente, que possamos seguir aprendendo, juntamente com Nita, a transformar a dor de nossas perdas em movimento fertilizador da luta pela construção de condições sociais favoráveis à viabilização de *sonhos possíveis*.

Ana Lúcia Souza de Freitas
Porto Alegre, julho de 2001

---

19. Harnecker, Marta. *Tornar possível o impossível*: a esquerda no limiar do século XXI. São Paulo: Paz e Terra, 2000. p. 337.

PARTE I

Depoimentos e ensaios

Impossível existir sem *sonhos**

Como educadores progressistas, creio que temos a responsabilidade ética de revelar situações de opressão. Acredito que seja nosso dever criar meios de compreensão de realidades políticas e históricas que deem origem a possibilidades de mudança. Penso que seja nosso papel desenvolver métodos de trabalho que permitam aos oprimidos(as), pouco a pouco, revelarem sua própria realidade.

A esta altura da história, parece que nos cabem certas responsabilidades. Recentemente, forças reacionárias lograram sucesso em proclamar o desaparecimento das ideologias e o surgimento de uma nova história, desprovida de classes sociais e, portanto, sem interesses antagônicos nem luta de classes. Ao mesmo tempo, preconizam que não há necessidade de se continuar falando de sonhos, utopia ou justiça social. Contudo, para mim, *é impossível existir sem sonhos*. Como é que podemos aceitar esses discursos neoliberais que vêm sendo apregoados como verdadeiros

---

* Este texto foi originalmente publicado na Austrália, com o título "Contribuir para a história e revelar a opressão", no *Dulwich Center Journal,* n. 3, p. 37-9, 1999. Tradução de Klauss Brandini Gerhardt. O depoimento foi colhido na casa de Nita e Paulo Freire em São Paulo, no dia 24 de abril de 1997. Estavam presentes David Denborough e Cheryl White, que trabalham numa organização de assistência aos Sem-teto, além de Walter Varanda, brasileiros [AMAF].

e manter vivos os nossos *sonhos*? Uma maneira de fazê-lo, creio eu, é despertar a consciência política dos educadores.

As doutrinas neoliberais procuram limitar a educação à prática tecnológica. Atualmente, não se entende mais educação como formação, mas apenas como treinamento. Creio que devamos continuar criando formas alternativas de trabalho. Se implantada de maneira crítica, a prática educacional pode fazer uma contribuição inestimável à luta política. A prática educacional não é o único caminho à transformação social necessária à conquista dos direitos humanos, contudo acredito que, sem ela, jamais haverá transformação social. A educação consegue dar às pessoas maior clareza para "lerem o mundo", e essa clareza abre a possibilidade de intervenção política. É essa clareza que lançará um desafio ao fatalismo neoliberal.

A linguagem dos neoliberais fala da necessidade do desemprego, da pobreza, da desigualdade. Penso que seja de nosso dever lutar contra essas formas fatalistas e mecânicas de compreender história. Enquanto as pessoas atribuírem a fome ou a pobreza que as destroem ao destino, à fatalidade ou a Deus, pouca chance haverá de promover ações coletivas. Da mesma forma, se nos deixarmos levar pelo engodo dos discursos econômicos neoliberais, que afirmam ser inevitáveis as realidades da falta de moradia ou da pobreza, então as oportunidades de mudança tornam-se invisíveis e o nosso papel enquanto fomentadores de mudança passa a se ocultar. Em minha visão, "ser" no mundo significa transformar e retransformar o mundo, e não adaptar-se a ele. Como seres humanos, não resta dúvida de que nossas principais responsabilidades consistem em intervir na realidade e manter nossa esperança. Enquanto educadores progressistas, devemos nos comprometer com essas responsabilidades. Temos de nos esforçar para criar um contexto em que as pessoas possam questionar as percepções fatalistas das circunstâncias nas quais se encontram, de modo que todos possamos cumprir nosso papel como participantes ativos da história.

Rumo a uma "pedagogia do desejo"

Tomemos, por exemplo, o trabalho com as pessoas que vivem nas ruas. Cerco-me de cautela ao falar de casos específicos, uma vez que cada contexto é diferente do outro, e não acredito em abordagens prescritivas. Em cada situação, para desenvolver alternativas de trabalho, teríamos de ir até as pessoas para discutir juntos o que precisa ser feito em seu contexto. No entanto, em todos os contextos, nas ações e em maneiras de falar, interesso-me por encontrar formas de criar um contexto em que as pessoas que vivem nas ruas possam reconstruir seus anseios e seus desejos — desejo de recomeçar, ou de começar a ser de maneiras diferentes. Interesso-me pela criação de uma *pedagogia do desejo*.

Como educadores progressistas, uma de nossas maiores tarefas parece dizer respeito a como gerar nas pessoas *sonhos políticos, anseios políticos, desejos políticos*. A mim, como educador, é impossível construir os anseios do outro ou da outra. Essa tarefa cabe a ele ou a ela, não a mim. De que modo podemos encontrar alternativas de trabalho que propiciem um contexto favorável para que isso ocorra?

Ao buscar desenvolver uma pedagogia do desejo, estou interessado em explorar possibilidades que tornem claro que estar nas ruas não é um evento "natural", mas sim um evento social, histórico, político, econômico. Estou interessado em explorar os motivos de se estar nas ruas. Esse tipo de investigação nos levará a algumas descobertas. Pode-se descobrir que as pessoas não moram nas ruas porque querem. Ou ainda, elas podem perceber que realmente querem ficar nas ruas, mas então passam a engajar-se em outro questionamento, procurando descobrir por que querem as coisas assim, buscando as origens de tal desejo.

Nesse tipo de busca, de procura por razões, preparamonos, e aos outros, para superar uma compreensão fatalista de nossas situações, de nossos contextos. Superar um entendimento fatalista da história necessariamente significa descobrir o papel da consciência, da subjetividade na história. Superar compreensões fatalistas de "ser" na rua é sinônimo de sondar as razões sociais, políticas e históricas de "ser nas ruas" — contra as quais podemos, dessa forma, lutar, coletiva e conscientemente.

Além da caridade

Faz-se necessário estabelecer uma importante distinção entre esse processo e caridade. Na campanha contra a fome lançada pelo sociólogo Herbert de Souza, o Betinho, tem-se dado assistência na forma de alimentos a algumas pessoas carentes. Contudo, somente no Brasil há 33 milhões de pessoas que passam fome. Absolutamente não há possibilidade de que somente iniciativas de caridade solucionem o problema da fome. Para resolver esse problema, precisamos entender as relações entre fome e produção de alimentos, produção de alimentos e reforma agrária, reforma agrária e reações contrárias a ela, fome e política econômica, fome e violência e fome enquanto violência, fome e democracia. Teremos de perceber que a vitória sobre a miséria e a fome é uma luta política em prol de uma profunda transformação nas estruturas da sociedade.

Por esse motivo, precisamos abordar problemas de uma maneira que convide as pessoas a compreenderem a relação entre o problema e outros fatores, como a política da opressão. Creio que seja isso que a campanha contra a fome esteja fazendo. Fazer da fome uma presença chocante, constrangedora e revoltante entre nós. Não tenho dúvidas de que Betinho jamais pretendeu organizar apenas uma campanha de caridade. A campanha tem dado assistência de uma forma que alimenta a curiosidade dos "assistidos". Isso parece crucial. Gradativamente, tem-lhes viabilizado aceitarem-se como sujeitos da história, mediante seu envolvimento na luta política. Cabe a nós fazer a história e sermos feitos e refeitos por ela. Somente fazendo a história de maneira diferente é que poderemos colocar um ponto final na fome.

Reconhecer o trabalho de base e imaginar o futuro

Como sujeitos capazes de promover mudança, às vezes não percebemos as mudanças que estão ocorrendo. Às vezes não nos damos conta do trabalho de base que fazemos visando a despertar a consciência revolucionária. Às vezes deixamos de reconhecer a importância desse trabalho e o potencial de mudança que a partir dele pode se desenvolver. Por exemplo, basta olharmos para o avanço dos movimentos populares ao longo dos anos 1980 e no início dos anos 1990, uma década que muitos davam como perdida. Olhem para os avanços neste país conquistados pelos sem-terra. Vivenciaram muitas vitórias na luta pelos direitos à terra, trabalhando a terra em regime de cooperativa e criando assentamentos. Esse movimento, que atualmente conta com enorme apoio popular, tem uma longa história. Sua popularidade aumentou enormemente nos últimos dez anos, mas suas origens remontam a um passado distante na história brasileira. Uma de suas muitas origens são os quilombos formados há centenas de anos por negros brasileiros de origem africana que resistiram à escravidão. Os quilombos eram locais em que os escravos negros do Brasil se refugiavam, vivendo em comunidade, com base na solidariedade. Os escravos que organizaram essa resistência criaram cidades praticamente autossustentadas e, ao fazê-lo, criaram um país alternativo e simbólico. Lutaram contra o Estado branco há centenas de anos. Manifestavam o desejo do brasileiro pela vida e pela liberdade, atualmente sintetizado, de formas fantásticas, pelo Movimento dos Trabalhadores Rurais Sem-Terra (MST).

É difícil imaginar que rumos o MST irá tomar. Os sem-terra contam com uma consciência política bastante forte. Conhecem seu projeto. Estão começando a convidar os desempregados a se unirem a eles na luta. Sabem o que precisa ser feito — hoje ou no futuro. Tenho certeza de que também sabem o que será necessário para envolver as pessoas que vivem nas ruas. Sabem que a reforma agrária irá, se não de imediato, ao menos em dez anos, contar com o envolvimento das pessoas que moram nas ruas das cidades.

Há cerca de três ou quatro anos, tive a oportunidade de dar uma aula de conclusão a um grupo de jovens educadores populares em uma fazenda que fora reivindicada com sucesso pelo MST. No dia seguinte, os educadores iriam se separar e partir para os diferentes assentamentos nos quais fora dividida a fazenda. Em certo momento, um moço que trabalhava com alfabetização e tinha voz bastante ativa no movimento falou a nós todos. Em seu discurso, disse: "Durante um dos primeiros momentos de nossa luta, tivemos de cortar, com a força que conseguimos com nossa união, o arame farpado que cercava esta fazenda. Cortamos e entramos. Porém, após entrarmos, nos demos conta de que, no processo do rompimento das barreiras físicas, também cortávamos outras correntes, outras cercas. Cortávamos os grilhões do analfabetismo, da ignorância e do fatalismo. Nossa ignorância faz a felicidade dos proprietários de terra, da mesma forma que o nosso aprendizado, nossa leitura, a melhora em nossa memória e os avanços que conquistamos no campo da cultura fazem esses mesmos proprietários tremerem de medo. Sabemos agora que não basta que a terra seja transformada em centros de produção econômica para todos nós, mas também em centros de cultura. De aprendizado."

Hoje parece possível que os sem-terra sejam capazes de promover mudanças reais e de transformar este país sem violência. Parece-me uma época de enormes possibilidades.

Os educadores e educadoras progressistas do passado cumpriram seu papel em nos trazer até este ponto, em nos revelar práticas de opressão e injustiça. Ainda temos papéis cruciais a desempenhar. Precisamos vislumbrar nosso trabalho com base em uma noção de perspectiva e história. Nossa luta de hoje não significa que necessariamente conquistaremos mudanças, mas sem que haja essa luta, hoje, talvez as gerações futuras tenham de lutar muito mais. A história não termina em nós: ela segue adiante.

Sobre o ato cognoscente*

Santiago, 1967

Encontramo-nos, neste momento, educadores de alguns países latino-americanos, reunidos para uma busca em comum.

A intenção do organismo patrocinador deste encontro, que deve coincidir com a dos que aqui se acham, é a de realizar um ato cognoscente.

Daí que se imponha a todos quantos nesta atitude estejam ou que a ela se inclinem a delimitação do objeto cognoscível sobre que exerceremos o ato cognoscente.

Esta exigência primeira nos coloca a necessidade indeclinável de que o ato, para o qual mais do que nos estamos preparando porque nele já nos sentimos inseridos, não se reduza a um mero "passear" os olhos descomprometidos, pouco ou ingenuamente curiosos sobre o que será o objeto de nossa incidência reflexiva. Um "passear" os olhos acriticamente, como se fosse o objeto de nossa análise

---

* As ideias deste texto inacabado foram, como o leitor pode verificar, posteriormente retrabalhadas em *Pedagogia do oprimido*, obra iniciada nesse mesmo ano de 1967, no Chile, e em *Ação cultural para a liberdade e outros escritos*, de 1969, em Cambridge, Mass., EUA. [AMAF]

algo sobre que apenas devêssemos "blá-blá-blear" e que, por isso mesmo, não fosse capaz de provocar em nós uma curiosidade penetrante e inquieta.

Porque é um ato cognoscente, desde o momento mesmo em que buscamos a delimitação de seu objeto, o que teremos de aqui realizar é a "ad-miração" do que, num momento dado, sendo objeto "admirável", se fará o objeto *ad-mirado* e, assim, incidência cognoscível de nossa cognoscibilidade.

Isso implica que o verdadeiro ato cognoscente põe o sujeito numa posição perceptiva frente a "ad-miráveis" de natureza diferente da de quem não consegue a transformação qualitativa do "ad-mirável" em "ad-mirado".

A fundamental mudança qualitativa reside em que, no primeiro caso, o objeto que permanece ao nível de "ad-mirável" se presentifica à percepção do sujeito mais como algo de que ele se dá conta, enquanto no segundo, delimitado o objeto como "ad-mirado", o sujeito cognoscente penetra ou se adentra cada vez mais no *ontos* do objeto.

Na primeira hipótese, o sujeito terá do "ad-mirável" uma pura opinião; na segunda, um conhecimento. O dar-se conta do "ad-mirável" é *doxa*; o penetrar no "ad-mirado" e alcançar o seu *ontos* é *logos*.

Coloca-se, contudo, uma outra mudança de caráter qualitativo na passagem do "ad-mirável" em "ad-mirado". É que o objeto, já agora "ad-mirado" ou em processo de ad-miração, se faz mediatizador da "ad-miração" de sujeitos que sobre ele incidem sua reflexão. Dessa forma, penetrando-o, percebendo-o e "apercebendo-o", os sujeitos cognoscentes, ao alcançarem sua intelegibilidade, estabelecem sua comunicabilidade.

É que, sem realidade cognoscível — "ad-mirada" ou em processo de "ad-miração" — mediatizadora de sujeitos cognoscentes, em torno da qual se estabeleça o conhecimento dialogicamente compartido, como diria [Eduard] Nicol, não haveria intelegibilidade nem, portanto, comunicabilidade.

No exercício cognoscente que vimos tentando, parece-nos que a primeira operação séria que se nos impõe é a percepção crítica da estrutura linguística que foi oferecida à nossa análise: "O rol da educação como um dos meios prioritários no processo da mutação cultural."

Que fazemos, agora, para atender à necessidade de nos pôr frente ao objeto "ad-mirado" para conhecê-lo? Ou, ainda, qual será o objeto sobre o qual incidiremos nossa "ad-miração", nosso ato cognoscente?

Indiscutivelmente, estamos diante de uma estrutura linguística em que os significantes significam, necessariamente, em função da posição que ocupam na estrutura contextual.

Mas, porque são significantes significados, isto é, porque, enquanto significados são signos em interelação, são linguagem-pensamento referido ao mundo.

Será, então, a partir da percepção da mensagem posta no pensamento-linguagem, indiscutivelmente representado na estrutura linguística proposta, que iremos delimitar o objeto que se deve dar à nossa cognoscibilidade, neste momento.

Desde um ponto de vista ingênuo ou crítico, poderemos afirmar a existência indubitável de um tema ou de temas fundamentais, objeto de nossa cognoscibilidade, na proposição apresentada.

A diferença entre uma e outra das duas posições está em como o sujeito cognoscente se aproxima à estrutura linguística para apreender, no pensamento-linguagem referido ao mundo, a temática cognoscível.

Enquanto a tendência da consciência desarmada ou ingênua seria expor um ou outro dos ângulos destacáveis no contexto linguístico, sem estabelecer a relação dialética entre o destacável no contexto linguístico e a realidade, a consciência crítica tenderá à apreensão do "ad-mirado" através da "abstração e da generalização dos signos linguísticos."

A primeira, na melhor das hipóteses, se satisfaria com uma análise puramente gramatical da proposição; a segunda parte de que só lhe será possível a percepção dos signos deste texto, na medida em que perceba o contexto real, a situação concreta, objetiva, em que se dá o fenômeno a que as palavras se referem.

Daí que a consciência ingênua, sendo abstrata, não faça abstração, enquanto a crítica, inserindo-se concretamente na realidade, abstraia para conhecer.

Isso significa, exatamente, que a abstração que faz a consciência crítica para conhecer não implica nenhuma ruptura com as situações objetivas, mas, pelo contrário, uma aproximação a elas.

A abstração, nesse sentido, é a operação pela qual o sujeito, num ato verdadeiramente cognoscente, como que retira o fato, o dado concreto do contexto real onde se dá e, no contexto teórico, submete-o à sua "ad-miração". Aí, então, exerce sobre o dado a sua cognoscibilidade, transformando-o de objeto "ad-mirável" em objeto "admirado". Na verdade, o que ocorre agora, no contexto teórico, é a "re-ad-miração" da "ad-miração" anterior que fez o sujeito quando em relação direta com o empírico se encontrava.

Se a "ad-miração" do real que, implicando um *afastamento* que dele faz o sujeito para, objetivando-o, transformá-lo e conhecê-lo e, assim, *com* ele ficar, a "re-ad-miração" da "ad-miração", que se dá no contexto teórico, implica não só o reconhecer o conhecimento anterior, mas o conhecer porque conheço.

Agora bem, não há dúvida de que, todos os que, neste momento e neste espaço estamos, nos encontramos em um contexto teórico no sentido exato da palavra. Aqui nos cabe, como vem cabendo desde que se iniciou este seminário e até mesmo antes, quando era preparado, realizar o esforço sério de "re-ad-miração". Mas que "re-ad-mirar"? Que, afinal, teremos de trazer ante nós, ante nossa inquieta curiosidade de saber? Que "ad-mirável" se fará aqui um "ad-mirado", de tal forma que nele mais penetremos, mais nos adentremos e, quanto mais o façamos, mais saibamos que havemos sempre que recomeçar?

"O rol da educação como um dos meios prioritários no processo da mutação cultural", eis o texto cuja significação jamais dicotomizada da realidade em que estamos há de trazer até nós o objeto de nossa reflexão.

Ainda que o texto se apresente, na sua significação total, um tanto senão categoricamente afirmativo, parece-nos fora de dúvida que a questão fundamental que se nos revela como "ad-mirado" para nós é a discussão entre educação e mutação cultural.

O que temos que "re-ad-mirar" agora é a educação mesma como um *fazer* dos homens e das mulheres, por isto mesmo, um *quefazer* que se dá no domínio da cultura e da história.

Como todo ato "re-ad-mirativo" implica a percepção da percepção anterior de um mesmo ato, de que resulta ou não um câmbio do comportamento como parte da percepção a ele associado, tentemos, como é válido na situação teórica em que estamos, re-ver o *quefazer* educativo como se dá ou como se vem dando entre nós.

Desta re-visão, desta "re-ad-miração", observaremos:

a) se a educação vem sendo mesmo um dos meios prioritários do processo da mutação cultural, ou se, pelo contrário, vem sendo um eficiente instrumento de manutenção do *status quo*;

b) se a educação pode vir a ser, realmente, fator de transformação no sentido da libertação dos homens e das mulheres;

c) e como poderá erigir-se nessa força de transformação cultural se ela é, ao mesmo tempo, expressão da cultura.

Se há algo que não tememos afirmar, nesse esforço "re-ad-mirativo", é que a mais simples, desde que não simplista ou ingênua ou preconcebida, mirada à educação como *quefazer* sistemático, entre nós, em qualquer de seus níveis, revela, nos seus mais mínimos pormenores, o sentido, nem sempre deliberado (o que para nossa análise não importa), do caráter da educação como instrumento de dominação.

As relações educadores-educandos, cuja contradição não se supera e de que resulta serem sempre os educadores os que educam e os educandos os que são educados; os primeiros, os que pensam; os segundos, os "pensados"; aqueles, os que disciplinam; esses, os disciplinados; os educadores, os que elegem o conteúdo programático; os educandos, como seres passivos, os que vão sendo *enchidos* por estes conteúdos. Os educadores, os sujeitos; os educandos, os objetos do processo.

Não são poucos os educadores, inclusive, que falam na finalidade adaptadora da educação, como se os homens, seres da práxis, portanto, seres da transformação, da re-criação, da re-invenção, devessem ficar amarrados a uma realidade que, por sua vez, tão inacabada quanto os homens e as mulheres, só *é* porque está *sendo*.

Falar em adaptar os homens e as mulheres a uma realidade que, por ser humana, só pode ser histórico-cultural, pois que, para os homens e as mulheres não há *aqui* que não seja *agora* também, é negar a própria continuidade da história e da cultura.

Que há, realmente, nesse *quefazer*, educativo, nas escolas primárias, nas médias, nas universitárias, em termos preponderantes, com aulas discursivas, que parecem mais cantigas de ninar, que possibilite os educandos a perceber-se percebendo?

Que dimensão libertadora pode existir em práticas que inibem a criatividade e conduzem o educando às repetições "burocratizadas" dos discursos nem sempre brilhantes dos "mestres"?

Como a criatividade, se proíbe o educando a correr o risco da aventura de criar?

Como conciliar o ato autenticamente cognoscente com os chamados "controles de leitura", que são antes o controle das pessoas? Controles que se fazem em nome, que ironia dolorosa, da necessidade de que os educandos estudem!

Como estimular o câmbio cultural se começa por considerar uma petulância do jovem pôr em tela de juízo as burocracias de todos os matizes?

Como pode essa educação instaurar-se como um instrumento de mutação cultural se para ela o fundamental é aprisionar o tempo?

Que rol poderá ter essa educação no sentido do câmbio se, produto de uma cultura de dominação, estimula e possibilita a introjeção da dominação, em vez de problematizar a própria cultura de que é produto?

Que sentido libertador pode ter um *quefazer* educativo que tem nas massas populares seres de menor de idade e que parte do *a priori* de que estas, como incapazes absolutas, devem ser guiadas? E, como não há nada que não tenha seu contrário, se as massas populares devem ser guiadas é porque há aqueles que as guiam.

Onde o esforço de mutação cultural nas assistencialistas campanhas de alfabetização que se perderam nas repetições mecânicas dos ba-be-bi-bo-bu e nas alienantes leituras de "Eva viu a uva", de "a asa é da ave"? Das cartilhas que perguntam se "Ada deu o dedo ao urubu" ou das que dizem aos homens e mulheres do povo que "é melhor um prato com alguns caroços de feijão dados com amor que um filé obtido pela luta"?

Onde o empenho de mudar em uma educação para a qual a busca do *Ser Mais* é subversão e a desumanização é a ordem que deve ser estabelecida?

[...]

A HISTÓRIA COMO POSSIBILIDADE[*]

Não é fácil arrolar, num fim de século, que é também de milênio, tocado e desafiado por guerras mundiais, por guerras locais de caráter quase mundial, por transformações radicais de natureza social, política, econômica, ideológica, ética, por revoluções na ciência, na tecnologia, pela superação de crenças, de mitos, pelo retorno à dúvida que põe em juízo a certeza demasiado certa da modernidade, não é fácil arrolar o que nos possa parecer fundamentalmente problemático a que mulheres e homens do século a iniciar-se em breve devam responder. É que os desafios deste fim de século se adentram no próximo.

Alguns pontos de indiscutível complexidade, que envolvem da política à epistemologia, podem ser inventariados.

a) Relações Norte-Sul. Enquanto centro de poder, o Norte se acostumou a perfilar o Sul. O Norte *norteia*.[20]

Uma das tarefas, nestas relações que o Sul se imporá, é a de, superando sua dependência, começar a *sulear*, deixando assim de ser sempre *norteado*.

---

[*] Este texto foi escrito por Paulo Freire a pedido da Radiotelevisão Portuguesa, em 16 de agosto de 1993. [AMAF]

20. A propósito da ideologia do nortear, ver Márcio Campos em nota de Ana Maria Araújo Freire, em *Pedagogia da esperança*, p. 218-21, n. 15. [AMAF]

O desequilíbrio entre Norte e Sul termina por afetar os interesses do próprio Norte e prejudicar o avanço da democracia.

b) A questão da fome no mundo — mais do que horrível realidade, retumbante pornografia.

c) A questão da violência, não só física direta, mas sub-reptícia, simbólica. Violência e fome, violência e interesses econômicos, violência e racismo, violência e sexismo.

d) O renascimento não só na Europa, mas no mundo, mais enfaticamente aqui, menos ali, da ameaça fascista, como se o mundo tivesse perdido a memória.

e) A estupefação das *esquerdas* ante a queda do chamado socialismo realista — para mim muito mais um ato de rebeldia, uma ode à liberdade, do que a morte do socialismo — e sua tendência:

1. a acreditar no discurso neoliberal, que fala da morte das *ideologias*, da *história*, das *classes sociais,* que fala da morte das utopias e do sonho, da inviabilidade do socialismo;

2. a, em vez de reconhecer que o mal da experiência socialista esteve na moldura autoritária, stalinista, com que ele foi imposto, enquanto o positivo do capitalismo está na moldura democrática em que se move, reativa o stalinismo, portanto a negatividade insuportável.

Na verdade, o papel hoje das esquerdas não é acreditar que já existem ou que devem continuar autoritárias, "religiosas", mas superar os seus erros históricos, filosóficos, políticos, epistemológicos, como, por exemplo, o de antagonizar socialismo e democracia.

f) Como problema filosófico, histórico, epistemológico, político, pedagógico, que tanto diz respeito à física moderna quanto à prática educativa, à teoria do conhecimento quanto à democracia, este fim de século repõe a questão da importância do papel da subjetividade. Tema, afinal, que sempre esteve presente nas preocupações humanas e que hoje revive superando certo mecanicismo de origem marxista — mas não de responsabilidade exclusiva de Marx, que reduzia a subjetividade a puro reflexo da objetividade, evitando, da mesma forma, repetir ingenuidades que absolutizavam aquela importância e de que resultava emprestar-se à subjetividade ou à consciência o rol de fazedora do mundo. Uma das funestas consequências daquela compreensão mecanicista da subjetividade era a inteligência igualmente mecanicista da História, de natureza determinista, em que o futuro era visto como inexorável, *virgem*, portanto, de qualquer *problematicidade*. É na *História* como *possibilidade* que a subjetividade, em relação dialético-contraditória com a objetividade, assume o papel do sujeito e não só de objeto das transformações do mundo.

O futuro deixa, então, de ser inexorável e passa a ser o que historicamente é: *problemático*.

São Paulo, 16 de agosto de 1993
Paulo Freire

Sobre o conhecimento relacional[*]

Também acredito na força das verdadeiras relações entre as pessoas para a soma de esforços no sentido da reinvenção das gentes e do mundo. E não há como negar que a experiência dessas relações envolve, de um lado, a *curiosidade* humana, centrada na própria prática relacional, de outro, a curiosidade alongando-se a outros campos. O envolvimento necessário da curiosidade humana gera, indiscutivelmente, achados que, no fundo, são ora objetos cognoscíveis em processo de desvelamento, ora o próprio *processo relacional*, que abre possibilidades aos sujeitos da relação da produção de *interconhecimentos*. O conhecimento relacional, no fundo, inter-relacional, "molhado" de intuições, adivinhações, desejos, aspirações, dúvidas, medo a que não falta, porém, razão também, tem qualidade diferente do conhecimento que se tem do objeto apreendido na sua substantividade pelo esforço da curiosidade epistemológica. Estou convencido, porém, de que a finalidade diferente deste conhecimento chamado *relacional*, em face, por exemplo, do que posso ter da *mesa* em que escrevo e de suas relações com objetos que compõem

---

[*] Parecer feito a pedido de Peter Park sobre a tese de doutorado de Lynne E. Richards, *A Theory of Relational Knowledge,* apresentada ao The Fielding Institute, Califórnia. [AMAF]

minha sala de trabalho com que e em que me ligo com as coisas, as pessoas, em que escrevo, leio, penso e falo não lhe nega o *status* de conhecimento. Finalmente, a curiosidade epistemológica com que Lynne Richards, tomando distância, dele se aproxima e de que resulta reconhecê-lo como *conhecimento*, o relacional, é projeto de indiscutível valor e importância.

São Paulo, 15 de setembro de 1996
Paulo Freire

Educação, empoderamento e libertação

A EDUCAÇÃO é simultaneamente uma certa teoria do conhecimento posta em prática, um ato político e um ato estético. Essas três dimensões estão sempre juntas, momentos simultâneos de teoria e prática, de arte e política. O ato de conhecer, ao mesmo tempo que cria e recria objetos, forma os estudantes que estão conhecendo.

Eu penso, então, que, se ao educador se tornarem cada vez mais claras essas características do ensinar, ele ou ela pode melhorar a eficácia do seu ato de ensinar, sua pedagogia. A clareza com relação à natureza política e artística da educação tornará o professor um melhor político e um melhor artista. Nós fazemos arte e política quando ajudamos na formação dos estudantes, saibamos disso ou não. Saber o que nós estamos de fato fazendo nos ajuda a fazer isso melhor.

Eu tentarei explicar minha compreensão de "empoderamento" como um empoderamento de classe social. Não individual, não comunitário, não meramente um empoderamento social, mas como um conceito de "empoderamento de classe social".

Essa afirmação pode correr o risco de estar ainda mais fora da compreensão dos norte-americanos e dos professores norte-americanos do que entre outros indivíduos de outras partes do mundo. Eles podem dizer que não entendem este homem, a mim. Eles podem afirmar veementemente que tal espécie de empoderamento nada tem a ver com eles. Por quê? Porque uma coisa é fazer uma análise de classe na América Latina e outra completamente diferente é fazer a mesma análise nos Estados Unidos. Numa sociedade enormemente complexa como a norte-americana é difícil fazer uma análise de classe. Isso não significa que a sociedade norte-americana não tenha classes sociais.

Há classes sociais lá, sim, mas não como na fronteira geográfica da poderosa realidade de classes sociais como nós temos na América Latina. Eu sempre digo que, ao fazer uma análise de classes nos Estados Unidos, os instrumentos marxistas em algum momento já foram válidos. Mas agora precisam ser refinados de modo que sejam úteis a uma sociedade tão complexa, repito, como a norte-americana.

Outra coisa que eu devo dizer é que, se meu entendimento de empoderamento tem a ver, exclusivamente, com classe social, eu não estou tentando reduzir tudo a classes, como fazem alguns marxistas mecanicistas, estreitos. Eu não quero fazer isso, eu não estou fazendo isso! Eu reconheço que essa preocupação que eu tenho com "classe" tem que ser recriada *para* e *nos* Estados Unidos.

A questão do empoderamento de classe social envolve como a classe trabalhadora, através de suas próprias experiências, de sua própria construção da cultura, se engaja para obter poder político. Isso faz do "empoderamento" muito mais do que um acontecimento, um evento, individual ou psicológico. Ele aponta para um processo político das classes dominadas que buscam sua própria liberdade da dominação, um longo processo histórico no qual a educação é apenas uma das suas faces.

A experiência de unir; de falar um discurso diferente e proibido; de descobrir que esse discurso diferente é proibido; de descobrir que esse discurso é válido, embora proibido; de ver que esse discurso é bonito, embora alguns digam que ele é feio, são experiências culturais e pertencem à cultura do povo dominado.

Quanto mais o povo dominado se mobiliza dentro de sua cultura, mais ele se une, cresce e *sonha* — *sonhar* é também parte da cultura — e está envolvido com o ato de conhecer. A fantasia, na verdade, antecipa o saber de amanhã. Eu não sei por que tanta gente faz pouco da fantasia no ato de conhecer. De qualquer maneira, todos esses atos constituem a cultura dominada que quer se libertar.

Algumas reflexões em torno da utopia[*]

Nunca falo da utopia como uma impossibilidade que, às vezes, pode dar certo. Menos ainda, jamais falo da utopia como refúgio dos que não atuam ou [como] inalcançável pronúncia de quem apenas devaneia. Falo da utopia, pelo contrário, como necessidade fundamental do ser humano. Faz parte de sua natureza, histórica e socialmente constituindo-se, que homens e mulheres não prescindam, em condições normais, do sonho e da utopia. As ideologias fatalistas são, por isso mesmo, negadoras das gentes, das mulheres e dos homens.

Seres programados para aprender[21] e que necessitam do *amanhã* como o peixe da água, mulheres e homens se tornam seres "roubados" se se lhes nega a condição de partícipes da produção do amanhã. Todo amanhã, porém, sobre que se pensa e para cuja realização se luta, implica necessariamente o sonho e a utopia. Não há amanhã sem projeto, sem sonho, sem utopia, sem esperança, sem o trabalho de criação e desenvolvimento de possibilidades

---

[*] Texto inédito de Paulo Freire, sem data. [AMAF]

21. Jacob, François. Naus sommes programmés mais pour apprendre. *Le Courrier*, Unesco, février, 1991. [N. do A.]

que viabilizem a sua concretização. É neste sentido que tenho dito em diferentes ocasiões que sou esperançoso não por teimosia, mas por imperativo existencial. É aí também que radica o ímpeto com que luto contra todo fatalismo. Não faço "ouvidos de mercador" ao discurso fatalista de educadores que em face dos obstáculos atuais ligados à globalização da economia reduzem a educação a pura técnica e proclamam a morte dos sonhos, da utopia. Se já não há classes sociais, portanto seus conflitos, se já não há ideologias, direita, esquerda, se o desenvolvimento não tem nada que ver com a política, mas com a ética, a do mercado, malvada e mesquinha, se a globalização da economia encurtou o mundo, se o mundo ficou mais ou menos igual, cabe à educação o puro *treino* ou *adestramento* dos educandos. Recuso esse pragmatismo reacionário tanto quanto o discurso acomodado que fala dos famintos brasileiros ou dos desempregados do mundo como "uma fatalidade" do fim do século.

O meu discurso em favor do sonho, da utopia, da liberdade, da democracia é o discurso de quem recusa a acomodação e não deixa morrer em si o gosto de *ser gente*, que o fatalismo deteriora.

Paulo Freire

A GALINHA PEDRÊS E OS FILHOS DO CAPITÃO TEMÍSTOCLES[*]

EU TINHA POSSIVELMENTE onze, doze anos, já sem pai, um pouco faminto, mas não tanto quanto os meninos deste país, deste continente. Lembro-me de uma manhã de domingo, uma manhã sem chuva. Estávamos, meus irmãos mais velhos e eu, no fundo do quintal, num gramado em que minha mãe plantava algumas roseiras para enfeitar a vida difícil. Eis que uma galinha pedrês se aproxima de nós distraída, acompanhando com seu pescoço ondulante os pulos de um gafanhoto incauto. Em certo momento, a galinha apanhou o gafanhoto. E nós apanhamos a galinha.

Pegamos a galinha num salto, sem haver um acerto prévio. A mediação de nossa ação era a fome dos três, era a razão de ser da prática, e, quando minha mãe ouviu os gritos da galinha e correu até nós no quintal, ela já não

---

[*] Publicado em "A criança e o adolescente de baixa renda nas metrópoles", folheto da Prefeitura Municipal de São Paulo, quando Paulo Freire foi secretário municipal de Educação no governo da prefeita Luiza Erundina de Souza, 1989-1992. O texto de Paulo Freire é apresentado nos seguintes termos: "Filho mais ilustre do capitão Temístocles, o educador Paulo Freire, conta uma história de sua infância, quando sua mãe esteve frente a frente com um dilema comum às famílias de baixa renda: optar entre a paz na consciência ou uma galinha ao molho pardo no estômago." [AMAF]

gritava porque entrava nos estertores. Nós havíamos estrangulado a galinha. E eu não esqueço que minha mãe, cristã, católica, séria, bem-comportada, com uma consciência ética bastante aguçada, agarrou a galinha pedrês nas mãos e deve ter dito a ela mesma: O que fazer? Devolver esta galinha ao proprietário pedindo desculpa pelo ato dos seus filhos, como possivelmente a sua consciência ética sugeriria, ou, pelo contrário, fazer com aquela galinha o lauto almoço que há tempo não tínhamos? Claro que ela nunca me disse isto, eu apenas traduzo a sua hesitação. De repente, sem dizer palavra, vira para o terraço e encaminha-se para a cozinha, com o corpo quente da galinha pedrês do vizinho. Uma ou duas horas depois comíamos uma excelente refeição.

No dia seguinte não há dúvida nenhuma que o dono sentiu falta da galinha e deve ter estrebuchado de raiva contra o ladrão.

Possivelmente ele jamais poderia ter pensado que junto dele, na casa do vizinho, estavam os autores do sumiço. Mas ele não podia fazer esta conjectura, porque os autores do sumiço eram os filhos do capitão Temístocles, meu pai, e os filhos do capitão Temístocles não podiam ser ladrões de galinha.

O meu vizinho não podia pensar que nós éramos os autores daquele furto porque a classe social a que nós pertencíamos não possibilitava que ele fizesse esta conjectura. No máximo, se ele viesse a descobrir que éramos nós os autores, o vizinho iria dar um riso discreto e dizer à minha mãe: não se preocupe, isto é trela das crianças. Se fossem, porém, meninos de um operário, teriam sido considerados delinquentes infantis. Na verdade, não erámos e nem fomos delinquentes, matamos a galinha pedrês do vizinho para comer. Tínhamos fome.

Inclusive, naquela época, eu não furtei dinheiro porque não houve chance, senão teria furtado. Mas açúcar de uma venda que tinha próxima da nossa casa eu quase canso de roubar. Descobri na infância que o açúcar era energético, e era meu corpo que ia aos torrões de açúcar bruto e não a minha mente, se eu posso fazer esta dicotomia inviável.

Penso nos meninos com fome, nos meninos traídos, nas meninas vilipendiadas nas ruas deste país, deste e de outros continentes. Meninos e meninas que estão inventando outro país. E nós, mais velhos, temos que ajudar essas meninas e esses meninos a refazer o Brasil. E é com esta convicção, é com este sonho que eu falo a vocês e que eu termino minha fala. Ajudemos estes meninos a reinventar o mundo.

PARTE II

Diálogos e conferências

Educando o educador: Um Diálogo Crítico com Paulo Freire*

Não consigo pensar em nenhum outro modo melhor de começar minha réplica que dizendo o quanto me sinto satisfeito pelo fato de que os eruditos, representados neste volume, tenham tido tempo para ocupar-se com minha obra de uma maneira crítica e ponderada. Não irei tentar responder a cada um deles pelo nome ou pelo capítulo. Antes, irei responder ao que percebo ser os temas mais importantes que emergem destes vários capítulos, estas diferentes ofertas ponderadas, de modo que, no final, possamos ter um diálogo crítico um com o outro em torno de algumas ideias diretivas representadas aqui. Logo, meu capítulo não será Paulo Freire envolvendo esta ou aquela pessoa, mas Paulo Freire ocupando-se dos temas principais que emergem neste importante volume. Portanto, organizei minhas notas em torno do que considero como os mais importantes temas e questões que atravessam todos estes capítulos.

---

* Publicado sob o título "A Response", in: Paulo Freire, James W. Fraser, Donaldo Macedo, Tanya McKinnon, Willian T. Stokes (Eds.) *Mentoring the Mentor* — a critical dialogue with Paulo Freire. Nova York: Peter Lang, 1997 (Counterpoints, 60). Este foi um diálogo mantido entre Paulo Freire, Donaldo Macedo e James W. Fraser, educadores norte-americanos, cujas vozes, tendo sido omitidas na publicação dos EUA, também as foram, nesta edição, em agosto de 1996, em São Paulo. Tradução de Élcio Fernandes. [AMAF]

A questão dos métodos: especificamente, será que meus "métodos" funcionam num contexto norte-americano?

Sempre que sou inquirido sobre esta questão dos métodos parece que minha preocupação central durante 35 anos foi trabalhar em um método para tornar possível um processo rápido e fácil de alfabetização. A questão implica que tenho sido visto como um especialista nas técnicas e métodos para tornar possível um modo muito mais fácil para que analfabetos aprendam a ler e a escrever. Certamente, se fosse deste modo, estou certo de que estaria muito feliz porque implicaria uma determinada contribuição — uma importante contribuição — que se poderia ter dado para facilitar que milhões de analfabetos e analfabetas pelo mundo se tornassem alfabetizados. A verdadeira questão, contudo, não é esta.

Certamente, não é possível para mim ou para você, ou não importa a quem, pensar e agir sobre os problemas da alfabetização, de ensinar sem basear-se em questões técnicas para o ensino da alfabetização. Elas são essenciais, pois sem as técnicas de ensino não realizamos a alfabetização. Contudo, para mim, a questão a me proporem é qual era o ponto central quando comecei a me interessar pelas técnicas para ensinar a alfabetização. Meu interesse inicial residia no processo de ler e escrever palavras. Mas para mim, desde o início, nunca foi possível separar a leitura das palavras da leitura do mundo. Segundo, também não era possível separar a leitura do mundo da escrita do mundo. Ou seja, linguagem — e isso é uma questão linguística — não pode ser entendida sem uma compreensão crítica da presença de seres humanos no mundo. A linguagem não é exclusivamente um meio de expressão das impressões que temos diante do mundo. A linguagem é também conhecimento em si. E a linguagem implica a inteligibilidade do mundo que não existe sem a comunicação. O que quero dizer é que é impossível ter acesso ao significado simplesmente através da leitura de palavras. Deve-se primeiramente ler o mundo no qual tais palavras existem. Uma das coisas que os seres humanos fizeram, à medida que começaram a conotar a realidade através de sua ação, à medida que começaram a tornar-se aptos a falar sobre a realidade, é que eles *agiram* sobre a realidade. Uma das coisas mais importantes que mulheres e homens fizeram foi entender e comunicar seu entendimento. Não há inteligibilidade da concretude da realidade humana sem comunicabilidade das coisas que entendemos. De outro modo, é apenas blá-blá-blá.

Logo, minha preocupação nunca foi a de trabalhar apenas nas técnicas que estivessem necessariamente implicadas em tornar possível escrever e ler. Minha preocupação não era necessariamente com as técnicas específicas que são necessárias à leitura, mas com a substantividade do processo que requer técnicas. É neste ponto que muita gente nos Estados Unidos e em outros lugares compreende mal minha obra. A técnica é sempre secundária e só é importante quando a serviço de algo mais amplo. Considerar a técnica primordial é perder o objetivo da educação.

A questão não são as técnicas em si mesmas — não que não sejam importantes —, mas a verdadeira questão é a compreensão da substantividade do processo que, por sua vez, requer múltiplas técnicas para atingir um objetivo particular. É o processo que leva à necessidade das técnicas que precisa ser entendido.

Então, o que me desafia não é tanto como facilitar a leitura de vários sons da linguagem, mas como desenvolver a capacidade que os seres humanos possuem para conhecer. O que é importante não é a habilidade para compreender a estrutura fonêmica da linguagem, mas para os professores e professoras entenderem como as estruturas da linguagem podem ser utilizadas no processo de criação de significado. Assim, temos um belo casamento entre teoria e métodos, mas a teoria sempre precede os métodos.

Por exemplo, uma das questões que me desafiaram com respeito ao processo de ensinar a escrever e a ler foi basicamente o inter-relacionamento entre homens e mulheres e seu meio ambiente imediato, no qual sua linguagem está sendo constituída enquanto se expande. Deste modo, para mim, o programa básico de leitura, ou programa de alfabetização, que eu teria a desenvolver com os camponeses teria que assumir, como um ponto de partida, a capacidade de conhecimento que estes camponeses tinham sobre seu contexto e o contexto do mundo e sua habilidade para expressar aquele conhecimento através de sua própria linguagem.

Eu teria de começar qualquer programa de alfabetização não a partir de minha própria linguagem de professor de classe média, mas utilizando a linguagem dos próprios estudantes como meios para o desenvolvimento da alfabetização. Este processo inicial de utilizar a linguagem dos próprios estudantes como um ponto de partida para o desenvolvimento da alfabetização não deve significar, contudo, que os estudantes não devessem eventualmente ser assimilados no discurso do professor. O objetivo da educação é o desenvolvimento de múltiplas alfabetizações e múltiplos discursos.

Estou falando sobre iniciar, mas não terminar com a alfabetização de estudantes. Acho que a questão fundamental é que o início da alfabetização e o "final" da alfabetização não são exclusivos, mas representam um processo. O problema é quando alguém superenfatiza o início de modo a romantizar a linguagem dos camponeses para mantê-los marginalizados naquela linguagem. Ao super-romantizar a linguagem dos estudantes de modo a desencorajá-los de adquirir múltiplos discursos, inclusive o discurso "padrão" da sociedade dominante na qual vivem, os professores arriscam-se a ficar presos a uma pedagogia do sentir-se bem que passa como progressiva. Se fizerem isso, os professores não estão envolvidos com seus alunos e alunas num processo mútuo de libertação.

A chave para o diálogo crítico: ouvir e conversar

Para continuar estas reflexões, quando comecei com os programas de alfabetização há 35 anos mais ou menos, eu já estava vivendo intensamente e vivenciando uma das virtudes necessárias de um educador democrático, que é preciso saber como ouvir, ou seja, saber como ouvir uma criança negra com a linguagem específica dele ou dela como a sintaxe específica dele ou dela, saber como ouvir o camponês negro analfabeto, saber como ouvir um aluno rico, saber como ouvir os assim chamados representantes de minorias, que são basicamente oprimidas. Se não aprendermos como ouvir essas vozes, na verdade não aprendemos realmente como falar. Apenas aqueles que ouvem, falam. Aqueles que não ouvem acabam apenas por gritar, vociferando a linguagem ao impor suas ideias. Aquele aluno que sabe ouvir implica um certo tratamento de silêncio e os momentos intermediários de silêncio. Aqueles que falam de modo democrático precisam silenciar-se para que se permita que a voz daqueles que devem ser ouvidos emerja. Eu vivi a experiência do discurso daqueles que ouvem e percebi que o trabalho educacional que deve seguir-se requeria tanto criatividade quanto humildade. É igualmente um tipo de trabalho que implica assumir riscos que aqueles e aquelas que foram silenciados não podem assumir.

Em outras palavras, nada disso faria sentido pedagógico se o(a) educador(a) não entende o poder do seu próprio discurso ao silenciar outros. Por esse motivo, esta compreensão do poder de silenciar implica o desenvolvimento da habilidade de ouvir as vozes silenciadas de modo a, então, começar a procurar modos — táticos, técnicos, metodológicos — que poderiam facilitar o processo de leitura do mundo silencioso, que está em íntima relação com o mundo vivido dos alunos(as). Tudo isso significa que o educador(a) deve estar imerso na experiência histórica e concreta dos(as) alunos(as), mas nunca imerso de forma paternalista de modo a começar a falar por eles mais do que verdadeiramente ouvi-los.

O desafio é nunca entrar paternalisticamente no mundo do oprimido para salvá-lo de si próprio. Igualmente o desafio é nunca querer romantizar o mundo do oprimido de modo que, como um processo de estar lá, mantenha o(a) oprimido(a) acorrentado a condições que foram romantizadas para que o(a) educador(a) mantenha sua posição de ser necessário ao oprimido, "servindo o oprimido", ou encarando-o(a) como um herói romântico.

Por exemplo, quarenta anos atrás, parte da minha geração — meus pares — no Brasil tinha um grande amor pelos oprimidos daquele tempo, um amor que também era tingido por uma romantização quanto ao oprimido. Como resultado, abandonaram suas cadeiras acadêmicas para ir morar nas favelas. No final, perdemos potencialmente acadêmicos muito bons e ganhamos favelados não tão bons. Eram turistas. Eles sabiam — e seus pobres vizinhos também — que eles poderiam sair a qualquer hora. Eles assumiram falar para os pobres sem ouvir o pobre. Esta é a questão que discuti na *Pedagogia do oprimido* quando critiquei os membros da classe média que partiram para a luta revolucionária sem antes aprender a ouvir aqueles em cujo nome a luta revolucionária deve ser empreendida.

O que eu posso e não posso oferecer a educadores em outros contextos

Acho que outra questão fundamental que representa a ansiedade de muitos educadores, não apenas quanto à minha obra, mas quanto à de outros pensadores, com respeito a Dewey, por exemplo, ou Montessori, ou Freinet, é o que muitíssimos educadores e educadoras esperam desses pensadores, é que iremos fornecer técnicas para salvar o mundo. Deve-se ser uma pessoa sobre-humana para ser capaz de prover a resposta pedagógica correta para todos os contextos. Na verdade, em meu caso, o que venho propondo, a partir de minhas convicções políticas, minhas convicções filosóficas, é um profundo respeito pela autonomia total do educador e da educadora. O que venho propondo é um profundo respeito pela identidade cultural dos alunos e das alunas — uma identidade cultural que implica respeito pela linguagem do outro, pela cor do outro, o gênero do outro, a classe do outro, a orientação sexual do outro, a capacidade intelectual do outro; que implica a habilidade para estimular a criatividade do outro. Mas estas coisas ocorrem em um contexto social e histórico e não no puro ar. Estas coisas ocorrem na história e eu, Paulo Freire, não sou o dono da história.

Compreendo a história como possibilidade. Eu luto e combato pelo respeito às pessoas que procedem do ponto de vista de ver a história como uma possibilidade que poderia também deixar de ser uma possibilidade. Por esta única razão, o educador que aceita minhas ideias e, então, amanhã encontrar dificuldades em que seus alunos(as) assumam respeito por si mesmos, não pode dizer que Freire está errado. Simplesmente ele ou ela deve dizer que não foi possível vivenciar verdadeiramente o necessário respeito no contexto particular. Acho que esta é a verdadeira origem, no sentido de que os educadores também romantizam minhas ideias sem internalizar um modo substantivo para entender e apreender o que significa ser freireano. Resumindo, muitos dos(as) educadores(as) que me utilizam de modo superficial como um meio para resolver seus problemas técnicos pedagogicamente são, em certo sentido, turistas freireanos. Eles quase se tornam fundamentalistas freireanos, e então o mundo torna-se fixo, eliminando-se a possibilidade de a história ser uma possibilidade. O que eu proponho é precisamente o oposto. A história é sempre uma possibilidade e não fixada ou predeterminada. Igualmente, o(a) educador(a) progressista deve estar sempre em mudança, continuamente reinventando-me e reinventando o que significa ser democrático em seu próprio contexto específico cultural e histórico.

Respondendo à raça, classe e gênero nos Estados Unidos

De acordo com o que vimos discutindo, acredito que poder-se-ia dizer que dirigi a questão que foi levantada muitas vezes quanto à minha obra, que minhas ideias "nunca se dirigem às especificidades de raça e gênero no contexto dos Estados Unidos". Possivelmente eu não poderia estabelecer os detalhes de raça e gênero no contexto dos Estados Unidos se eu mesmo não conhecia o contexto. O que ofereço é uma estrutura geral que requer um profundo respeito pelo outro no decorrer das linhas de raça e gênero. O que eu ofereço, ao evitar a universalização da opressão, é a possibilidade de o educador utilizar minhas discussões e teorizações sobre a opressão e aplicá-las a um contexto específico. Eu já disse isso muitas vezes e fico frustrado quando ouço ainda uma vez a reclamação. Também fico frustrado quando ouço a lamentação oposta, que "Freire é universalizador". Não sou universalizador. O que eu faço, de um modo despretensioso, é prover certos parâmetros para trabalhar com questões de opressão enquanto estas questões dizem respeito ao contexto pedagógico. Mas, possivelmente, eu não poderia dar-lhes receitas que basicamente resultam em prover um tipo de certeza de prova curricular de professor ou meios de ensinar num gueto negro nos Estados Unidos ou meios de ensinar nas novas comunidades "de cor" na Europa ou meios de ensinar em bairros étnicos em qualquer outro lugar. Seria desonesto de minha parte fazer aquilo sem conhecer o contexto. Então, preciso ser reinventado e recriado segundo as demandas — demandas pedagógicas e políticas — da situação específica.

Nos vários diálogos que tive com Donaldo Macedo, levantamos essas questões tão detalhadamente que não precisariam ser repetidas aqui. Ainda, embora eu possa correr o risco de repetir, eu gostaria de reiterar que, quando escrevi a *Pedagogia do oprimido*, tentei entender e analisar o fenômeno da opressão com respeito a suas tendências sociais, existenciais e individuais. Fazendo assim, não focalizo especificamente a opressão marcada por especificidades tais como a cor, gênero, raça e assim por diante. Então, eu estava mais preocupado com os oprimidos enquanto classe social. Mas isto, sob meu ponto de vista, não significa absolutamente que eu estivesse ignorando as muitas formas de opressão racial que sempre denunciei e contra as quais sempre lutei, mesmo enquanto criança.

Minha mãe costumava dizer-me, quando criança, que eu reagisse veementemente contra qualquer manifestação de discriminação racial. Através da minha vida atuei contra todas as formas de opressão racista, o que está em harmonia com meu desejo e necessidade de manter coerência na minha postura política. Eu não poderia escrever em defesa do oprimido sendo racista, assim como eu não poderia ser um machista.

Eu gostaria igualmente de dizer que tenho falado e escrito em abundância sobre a questão da raça em minha busca contínua de lutar contra qualquer forma de discriminação. Precisa-se ter em mente que meu trabalho não se limita à *Pedagogia do oprimido*. É exatamente em razão de minha crescente consciência durante os anos relativos às especificidades da opressão durante os limites da linguagem, raça, gênero e etnicidade que estive defendendo a tese fundamental da unidade na diversidade, de modo que os vários grupos oprimidos podem tornar-se mais efetivos em sua luta coletiva contra todas as formas de opressão. À medida que cada especificidade da opressão mantém-se dentro de sua situação histórica, e aceita o perfil que foi criado pelo opressor, torna-se muito mais difícil iniciar uma luta efetiva que conduzirá à vitória. Por exemplo, quando os opressores falam de "as minorias", ocultam o elemento básico da opressão no processo. O rótulo "minoria" falsifica a realidade se lembrarmo-nos de que as assim chamadas minorias realmente constituem a maioria, ao passo que os opressores representam a ideologia dominante de uma pequena minoria.

Permitindo-me também continuar a crescer e transformar-me em meus contextos

Reinventar Freire significa aceitar minha proposta de encarar a história como uma possibilidade. Desse modo, o assim chamado educador freireano, que se recusa a reinventar-me, está simultaneamente negando a história como uma possibilidade e procurando pela prova professoral, certeza de aplicações técnicas. Tal educador(a) precisa reavaliar sua postura diante da proposta teórica que vim fazendo durante os últimos 35 anos. Este assim chamado educador(a) freireano, se verdadeiramente deseja me entender, deve igualmente ultrapassar a leitura de *Pedagogia do oprimido*. Ele ou ela devem continuamente estar envolvidos na leitura das obras que realizei desde então, inclusive *Pedagogia da esperança, Alfabetização: leitura do mundo, leitura da palavra, Ação cultural para a liberdade, Educação na cidade*[22] e *Cartas a Cristina*. Parece-me que muitos escritores, que alegam serem freireanos, estão se referindo apenas a *Pedagogia do oprimido*, que foi publicado quase trinta anos atrás, como se esta fosse a primeira e última obra que escrevi. Meu pensamento veio evoluindo e tenho vindo constantemente aprendendo a partir de outros por todo o mundo, particularmente com respeito a questões de raça e gênero em outras sociedades. Como disse, para mim também a história é sempre uma possibilidade, nunca congelada.

---

22. Este livro está em processo de mudança e deverá ser publicado em 2014 com o título de *Direitos humanos e educação libertadora*: a gestão democrática da SMED/SP (1989-1991).

O mesmo aplica-se às minhas ideias. O minuto em que se congelam a história ou as ideias, também se eclipsa a possibilidade da criatividade e solapa a possibilidade do desenvolvimento de um projeto político.

Identidades múltiplas e estratificadas: povo como opressor e oprimido

Em primeiro lugar, essas questões de identidade múltiplas e estratificadas sempre me preocuparam e eu sempre pensei sobre elas. Em minha experiência política e pedagógica, confrontei-me com muitas situações de profunda ambiguidade. Por exemplo, pessoalmente, no começo de minha pesquisa inicial trabalhei com uma mulher que era analfabeta. Ela contou-me o quanto vinha sofrendo por ter que lutar contra seu marido e seu filho mais velho, porque queriam proibi-la de tornar-se alfabetizada. Seu marido e seu filho eram socialmente tão oprimidos quanto ela. Mas, no relacionamento direto com ela em casa, desenvolveram uma posição machista pela qual tornaram-se os opressores. Também encontrei muitos professores, alguns deles amigos, os quais, enquanto oprimidos pelo sistema político no qual operavam, eram, por sua vez, opressores de seus alunos. Poderíamos passar uma manhã inteira fazendo referência a essas contradições óbvias. O que me interessa agora, ao falar para os leitores provavelmente norte-americanos deste livro, é perguntar-me uma vez mais: o que fazer?

A primeira resposta que é mais ou menos fácil, mas que revelaria uma falta de motivação, em mim, de lutar, seria dizer: a realidade é exatamente como é. Este é o modo de ser dos seres humanos: "Desistamos"! Aquele seria o modo fácil de safar-se. Contudo, essa resposta fácil é algo que eu nunca poderia aceitar dentro das propostas teóricas e práticas que vim fazendo anos a fio.

Da mesma maneira, parece-me que a resposta a esta possibilidade concreta de ambiguidade implica uma crescente compreensão crítica dos seres humanos como seres inclusos que precisam saber de sua inconclusão. A consciência da incompletude nos seres humanos leva-nos a envolver-nos em um processo permanente de pesquisa. É precisamente esta busca constante que faz com que a esperança apareça. Na verdade, como é que eu posso possivelmente buscar sem esperança o que estou procurando? Mas esta incompletude como seres humanos também nos empurra rumo à ação e, assim, torna-nos seres com opções, seres que têm a possibilidade de decisões, seres que têm a possibilidade de ruptura e, finalmente, seres que têm a possibilidade de ser éticos. Por exemplo, se não nos tornarmos seres éticos, não saberemos o que significa ser ético, no que nos faltaria aquele ponto de referência. Um dos requisitos éticos que temos como seres históricos é a busca da coerência. É precisamente a falta de coerência histórica que explica o machismo do homem oprimido, que eu discutia, que proibia sua esposa oprimida de aprender a ler. Então, a questão de identidades complexas não é apenas técnica, ou política, ou pedagógica; é também uma questão ética.

E, se posso dizer isso, é à dimensão ética que os programas de formação de professores nos Estados Unidos e em outros países precisam estar atentos. É essencial criar uma situação na qual futuros professores e professoras possam envolver-se numa discussão significativa sobre a ética da educação. Não é apenas conhecendo uma teoria do oprimido com suas várias e múltiplas identidades; é necessário também saber como se posicionar — eticamente — cara a cara com as identidades múltiplas e estratificadas geradas pela história da opressão.

Os requisitos éticos para os professores

Um dos perigos deste tempo na história, ao qual se faz referência de diferentes modos em vários destes capítulos, é precisamente o perigo do entendimento, da compreensão estreita da ética que é a perspectiva do neoliberalismo. A ética para o neoliberal é algo que é reduzido simplesmente à ética do mercado. Por exemplo, como é possível que aceitemos o fato de que milhões de pessoas estejam desempregadas; será apenas uma fatalidade do final do século? Não se trata de uma fatalidade. Trata-se de um dos resultados da ética do mercado. Precisa ser compreendido que esta assim chamada fatalidade é também uma construção social informada pela ética do mercado. Deste modo, tornou-se necessário para os professores, especialmente professores críticos, destruir a construção social deste fatalismo, de modo a revelar a ideologia inerente que informa, configura e mantém uma ética da ganância. É por esta razão que nós, educadores democráticos, devemos lutar de modo a que se torne cada vez mais e mais claro que a educação representa *formação* e não *treinamento*. E não há nenhuma possibilidade de se obter formação humana fora da ética. Para mim, então, um dos requisitos do contexto histórico presente é que a formação ética dos professores deve acompanhar, deve ir de mãos dadas com a preparação profissional, científica e tecnológica de futuros professores e professoras de alfabetização. Os requisitos éticos estão se tornando cada vez mais críticos num mundo que está se tornando cada vez menos ético. Logo, nunca podemos resolver realmente o problema da formação do professor e da professora com simples propostas tecnicistas, que é o que todos estão me pedindo para dar. Presumo que algumas pessoas, alguns questionadores estão esperando que eu dê respostas simples de modo a abordar problemas engendrados por um contexto que requer comprometimento ético e não respostas técnicas. Contudo, em razão de em nossa formação como professores ser-nos negado o acesso ao diálogo sobre a natureza da ética, temos sido restringidos em nossa habilidade para confrontar e claramente abordar a especificidade de um contexto que em sua natureza é ético, porque não conhecemos a ética.

A ausência da atenção com a ética na formação dos educadores

Não é uma coincidência que o currículo na maioria dos programas profissionais — em nosso caso, formação de professores — frequentemente não inclua a oportunidade a futuros profissionais de envolver-se numa séria e profunda discussão sobre o que significa ser ético num mundo que está se tornando o mais profundamente aético, à medida que os seres humanos estão se tornando cada vez mais desumanizados pelas prioridades do mercado. Esta é uma de minhas lutas, de meus combates, ao trabalhar com aqueles e aquelas que ousam desafiar a fatalidade histórica imposta pelo pensamento neoliberalista. Desta maneira, torna-se fundamental que um biólogo discuta a natureza das formas de vida que ele ou ela está analisando, mas é igualmente fundamental para um e outro discutir igualmente solidariedade, ética, amor, dignidade, respeito pelos outros, a natureza da democracia. Essas questões que acabei de mencionar são consideradas pelos materialistas como expressões de um romantismo ou idealismo inoperante. Ouve-se frequentemente: "Eu também fui um idealista, você crescerá". Esse é um ponto de vista profundamente estreito que apenas fortalece as ideias dos neoliberais dirigidas pelo mercado que não querem a colocação de questões que possam intrometer-se no caminho de sua acumulação.

A necessidade de manter a clareza ética

Aqueles dentre nós que propõem a colocação de questões éticas no centro dos debates sobre educação frequentemente ouvem que somos brandos e "políticos". Os neoliberais consideram-se e são considerados por muitíssimos outros como pragmáticos apolíticos. Um dos resultados do novo pragmatismo do neoliberalismo está mais relacionado com o treinamento técnico científico dos educadores por negar uma formação mais abrangente, porque tal formação sempre exige uma compreensão crítica do papel de cada um no mundo. Logo, as propostas pragmáticas sempre provocam uma ruptura e uma desarticulação a partir do mundo no qual a especialização ou área de estudo é situada. Informação e conhecimento são, então, separados do contexto ético e social no qual esta informação ou conhecimento surge.

Assim, por ser desarticulado de seu mundo, você perde a possibilidade de desenvolver indicadores culturais que o capacitem a entender o mundo de modo a atuar sobre ele e a transformá-lo. Logo, a posição pragmática neoliberal atua agressivamente para provocar uma ruptura entre os seres humanos e seu mundo, enquanto advoga uma inacreditável articulação entre os seres humanos e o mercado. Em outras palavras, o foco da educação no mundo neoliberal transforma-se verdadeiramente em como se transformar num consumidor compulsivo, como se transformar em uma máquina eficiente de conhecimento, sem propor quaisquer questões éticas.

Quando se aceita um papel de ser uma simples máquina de conhecimento ao longo dos limites das necessidades do mercado que consideram alunos como simples consumidores de conhecimento, cai-se na armadilha, na verdadeira manipulação ideológica que nega a possibilidade de articular o mundo dele ou dela como um tema da história e não apenas como um objeto a ser consumido e descartado.

A menos que sejam muito cuidadosos e muito ponderados, os professores e professoras podem todos adotar com muita facilidade o papel de máquina de conhecimento. É como eu disse na *Pedagogia do oprimido*, eles tornam-se professores atuando a partir de uma "educação bancária", fazendo depósitos nas mentes de seus alunos e alunas. O que mantém uma pessoa, um professor vivo como um educador libertador é a clareza política para entender as manipulações ideológicas que desconfirmam os seres humanos enquanto tais. A clareza política que iria dizer-nos que é eticamente incorreto permitir que seres humanos sejam desumanizados de modo a que uns poucos possam enriquecer-se devido à ganância do mercado. A fim de desenvolver esta clareza política, tem-se que estar motivado e sustentado com uma convicção forte da história enquanto possibilidade. Tem-se que acreditar que se os homens e as mulheres criaram o feio mundo que estamos denunciando, então os homens e as mulheres podem criar um mundo que seja menos discriminatório e mais humano. Assim, o professor(a) que caiu na armadilha de um currículo mecanicista que requer que se ofereça cada vez mais conteúdo sem instrução básica precisa reverter-se à convicção dele(a), que determinará uma postura ética diante do currículo, de modo a inseri-lo no contexto. Outra coisa que precisamos dizer é que esta inserção não é um ato individual. Deve ocorrer numa discussão com outros professores e professoras que compartilham a mesma visão da radicalização democrática e sociedade humana.

Ética e o medo da ética

Devemos perguntar por que tão poucos programas de formação de professores incluem uma atenção séria para a questão da ética e por que um foco fundamental na ética tem tão pequena parte no diálogo educacional atual, enquanto estatísticas e métodos desempenham um papel tão amplo. Ou seja, hoje há um profundo medo de discutir a ética de qualquer modo.

Sem dúvida, parte do que nos mantém afastados do envolvimento ético é o medo da imposição. Penso basicamente muito sobre o que o medo pode ter a ver com a crença de que toda discussão ética representa uma forma de imposição doutrinária. Mas é mais desencorajador confrontar questões éticas e dialogar sobre elas à medida que isso também nos acusa como professores e profissionais que desfrutam de determinados privilégios. Devemos reexaminar e reavaliar nossas próprias posturas, que podem estar em contradição com aquilo de que dependemos enquanto parte de nossa identidade profissional. Logo, torna-se extremamente perigoso envolver-se em uma reflexão ética séria, pois nos obrigará a cometer o que Amílcar Cabral denomina como uma forma de "suicídio classista". Uma discussão da ética envolve um desejo de envolver-se em "suicídio classista e racial". Desgraçadamente muitos(as) educadores(as) progressistas que são bem intencionados frequentemente compreendem mal as exigências teóricas da noção de "suicídio classista" de Cabral, e acabam por cair numa aceitação cega do suicídio ou do martírio. Assim fazendo, eles "sofrem" num processo que mantém vivo seu privilégio através da romantização do outro. Esta posição está em contradição direta com a noção de Cabral. Cabral desafiou-nos a problematizar a ideologia dominante de modo a entendermos como combater a crueldade do colonialismo a fim de que uma democracia pudesse nascer do combate. Logo, cometer suicídio como um ato cego representaria uma forma de fatalismo que nega a crença cabralina na história enquanto possibilidade. Representa uma forma de individualismo implícito em "salvar minha alma" como um mártir em oposição a um comprometimento democrático para continuar o combate na história. E a noção cabralina de suicídio de classe nada tem a ver com o mero cruzamento de fronteira de um espaço geográfico para outro, cruzando do espaço opressor para o do oprimido. O suicídio classista não é uma questão de ser um turista em comunidades que sofrem. O suicídio classista é uma forma de páscoa; ele envolve a problematização de uma passagem através de um contexto cultural e ideológico. O que conta é o comprometimento com uma solidariedade significativa e duradoura com os oprimidos e as oprimidas.

As barreiras ao diálogo ético nos sistemas totalitários e "democráticos"

A questão verdadeiramente não é estar livre para falar sobre diálogo, mas para lutar pelo direito de participar de um diálogo vivo. Numa sociedade totalitária, às vezes é possível falar sobre educação progressista embora de um modo autoritário. Por exemplo, nunca esquecerei de quando, em 1971, participei na Europa de um encontro internacional no qual havia um professor da Universidade de Moscou. Um dos textos a serem discutidos no encontro era um texto de minha autoria no qual eu criticava as atitudes do que eu denominava "Herr Professors", a posição do professor que fala sobre diálogo, mas nega a prática do diálogo. Mas lembro-me de que o jovem professor de Moscou, nos debates, ficou furiosíssimo e disse apontando-me o dedo: "Sim, eu sou um 'Herr Professor'." Como se vê, ele sentiu-se violentado porque eu estava atacando seu senso de privilégio como um daqueles que poderiam oferecer o conhecimento para uma luta de libertação. Eu não escrevi o texto em função dele, mas era como se eu tivesse escrito por causa dele. Eu disse: "Ok, mas por causa disso você é um professor reacionário, um professor autoritário, e nada tem a ver com os ideais de que fala em seu país, você é uma distorção do socialismo." Naquele momento talvez, na Universidade de Moscou, ele falava sobre libertação do imperialismo, mas negava eticamente seu discurso sobre a libertação em sua prática. Assim, para ele, a questão era como diminuir a distância entre o que ele escreveu ou disse ou fez.

Esta distorção, esta distância ou incoerência entre os valores adotados e a prática da educação, acontece também nos Estados Unidos devido a noções do mercado e ao desejo de utilizar qualquer nível de expressão para manter e, de fato, nunca questionar o *status quo*; pode-se dizer igualmente que de algum modo a mesma coisa pode ocorrer em uma "sociedade democrática aberta" como numa sociedade totalitária na qual o professor adota cegamente um *slogan* vazio de "libertação e justiça" para todos, enquanto se violam constantemente os verdadeiros princípios destes verdadeiros clichês, à medida que operam cegamente através de estruturas totalitárias e inflexíveis em coisas tais como escolarização. Por exemplo, quantas vezes os professores de fato nos Estados Unidos pregam e ensinam sobre democracia, solidariedade, justiça e igualdade para todos, por um lado, enquanto, por outro, punem quaisquer alunos que se recusem a garantir sua submissão, violando assim o princípio do que ele está pregando ou ensinando?

Será que podemos imprimir um diálogo sem, no ato de imprimi-lo, imobilizar ou matar o diálogo?

Esta questão foi levantada pelos autores neste volume e é, de fato, central para o objetivo de *Mentoring the Mentor* [*Educando o educador*]. Será que os vários autores e editores desta obra estão tentando publicar um diálogo entre nós mesmos, preservando e destruindo simultaneamente o diálogo? Acho que não. Penso também que se preocupar com imobilizar o diálogo é falhar na compreensão de que a linguagem escrita tem a aparência, mas apenas a aparência, de tornar imóvel o dinamismo da oralidade. Na verdade, a linguagem escrita não torna nada imóvel, mas em certo sentido ela fixa a força da linguagem oral. É por isso que a leitura do texto escrito deveria ser a reinvenção do discurso oral. A armadilha de um linguista está em acreditar que as palavras escritas estão congeladas no tempo. Escrever fixa a força da oralidade no tempo, mas o leitor, envolvendo-se com esta força, está continuamente reinventando e redialogando, de modo que o texto permanece vivo e dinâmico.

Para mim, por exemplo, a questão, ao ler um texto dialógico, é como me tornar capaz para o diálogo com o escrito e assim aparentemente texto imobilizado; quando leio e releio os diálogos de Platão não me coloco diante dos diálogos platônicos como se eu estivesse diante de um objeto fossilizado. Considero seus diálogos como um discurso que está muitíssimo vivo e necessita ser reinventado e recriado. É o mesmo exercício quando leio qualquer texto escrito por autores ou quando ouço um amigo ou um colega com o qual eu poderia estar falando. Será o mesmo exercício quando outros lerem este volume.

Não posso conceber a possibilidade de que um diálogo escrito — só pelo fato de estar fixado no tempo — deixe de estar vivo ou perca o seu dinamismo. A tarefa e o desafio para nós, leitores, quando lidando com o aparentemente fixado e imobilizado diálogo, é reescrever aquele texto dialogando com seu autor através do texto escrito. Logo, a chave não é encarar o texto escrito como imobilizado e consequentemente como material datado ou morto. A chave é utilizar o texto como um veículo através do qual cada um pode dialogar potencialmente com o autor e com a incompletude potencial das ideias. Entendo muito bem que, embora sua força inicial possa estar fixada no tempo, é um documento histórico emergindo de um contexto histórico específico e que naquele mesmo momento é um documento que fornece a possibilidade de descobrir de novas maneiras em um tempo histórico diferente.

A noção de completude, na comunicação oral ou escrita, é em si mesma parte do problema

Quando afirmo que o texto escrito permanece dialógico, estou me mantendo verdadeiro para com sua historicidade. Mas até mesmo a noção de completude precisa ser problematizada. Um texto está completo em um determinado momento histórico no qual garante certezas. Quando se troca o momento, pode-se começar a ver sua incompletude. Então, o leitor tem a responsabilidade de envolver-se na incompletude. A incompletude do texto pode ser tão importante quanto a completude em um momento histórico determinado, pois é a incompletude que envolve o leitor num processo de reinvenção contínua do texto no contexto cultural e histórico próprio dele ou dela. O leitor pode abordar o texto como imobilizado ou aberto. Um texto excelente é um texto que pode transcender seu lugar e seu tempo. A noção de um texto imobilizado, em razão de sua falta de oralidade, é um equívoco da natureza da obra escrita. Assim, Platão, por exemplo, representa um verdadeiro exemplo de texto dialógico que não pode ser imobilizado no tempo e no espaço. Porque, se a obra de Platão fosse simplesmente um texto imobilizado do passado distante, as pessoas nem mesmo saberiam que Platão existira. De fato, Platão está sendo interpretado e reinterpretado enquanto nos movemos através dos séculos.

Não tenho nenhuma dúvida de que um texto, particular, quer esteja escrito em forma dialogal ou não, está condicionado por características especiais de tempo e espaço. As ideias discutidas por um texto são ideias carregadas com história e cultura. O que pode ocorrer, nesta instância, é que, enquanto se transporta esse texto para outra cultura ou cenário ou tempo, as ideias podem não corresponder ao desafio da nova historicidade, espaço e tempo. Para mim, o texto continua a ser, sem nenhuma dúvida, um discurso válido. Isto ocorre porque primeiramente o texto torna-me capaz de entender a relação entre as ideias expressas pelo texto e o tempo em que tais ideias foram expressas. Em segundo lugar, porque posso continuar a ser desafiado pelas ideias ainda que elas possam parecer antiquadas. Nesse sentido, a contínua reinvenção do texto significa que não há nada como imobilização de texto. Em outras palavras, os leitores contemporâneos representam também um texto e estão agora interagindo com as ideias que são aparentemente delineadas por uma história, um espaço e um tempo particulares. Mas é o leitor contemporâneo quem dá aquela mobilidade ao aparentemente texto imobilizado porque as ideias nunca são imobilizadas.

Qualquer tipo de educação que seja coerentemente progressista precisa discutir não apenas o texto mas a própria vida. A própria existência do "não ainda" significa que o texto nunca pode ser visto como algo que está paralisado. A compreensão da vida, como algo que é paralisado, é uma compreensão necrófila. Uma compreensão amorosa da vida é aquela que percebe a vida como um processo acontecendo e não algo que é determinado *a priori*. O texto não apenas fala de coisas da vida, mas tem ele próprio uma vida. Assim, minha posição diante do texto é a posição amorosa de alguém que recria tais textos recriando assim a vida neles. Poder-se-ia quase descrever muito da educação contemporânea como o oposto; de ter uma compreensão necrófila na qual o texto está imobilizado e morto.

O platônico Paul Shorey estava certo ao escrever: "Os melhores escritos são apenas lembretes dos discursos que são as verdadeiras crianças da mente." Note que ele não falou "os pais da mente" ou "os idosos da mente", mas "as crianças", a vívida e vigorosa primavera da mente. Se for o caso, então, não poderíamos possivelmente pensar no diálogo escrito de Platão como uma forma de morte, através da imobilização na forma escrita. Pelo contrário, como afirma Shorey:

> E assim nossa mensagem final a Lyusias e Homero ou para qualquer estadista ou orador é que se o escritor soubesse a verdade sobre as coisas sobre as quais falou e fosse capaz de defendê-la e fazer seu escrito parecer uma pobre coisa em contraste com sua palavra falada, então, ele merece uma denominação superior a autor, orador ou poeta.[23]

A forma escrita, capturando a força e a vida do momento dialógico, fornece a possibilidade de continuidade através da qual os leitores interagem, criam e recriam a força original em um espaço e tempo novos. Isto mostra-nos que, quando lemos Platão de forma mecânica, nosso entendimento deve ser igualmente mecânico. Se lemos Platão como uma palavra viva, então nosso entendimento pode ser vivo e pode continuar a crescer.

---

23. Shorey, Paul. *What Plato Said*. Chicago: University of Chicago Press, 1933, 1965, p. 158. [N. do A.]

Como sobreviver e prevalecer como um professor democrático/como construir um movimento

Acho que uma das grandes dificuldades que um professor que tenha uma perspectiva democrática pode ter é que ele ou ela pode encontrar-se sozinhos. É importante lembrar que não é a partir do que é feito apenas na sala de aula que ele ou ela será capaz de apoiar os alunos e as alunas na reconstrução da posição deles no mundo. É importante que saibamos que o tempo limitado da sala de aula representa apenas um momento da experiência social e individual total do aluno. O aluno acorda, tem sua primeira interação com seus pais. A socialização que ele ou ela recebe cotidianamente pode representar uma negação do entendimento humanístico da vida. Os alunos gastam grande parte do tempo diante da TV; estão envolvidos com ver, vivenciar muitas formas de extrema violência; eles vivenciam a discriminação racial, sexual, cultural e de gênero — durante o tempo todo — e vão para a escola. Na maioria dos casos as escolas repetem os padrões de socialização negativa com respeito à humanidade. Chegamos à questão importante. O que deve fazer um professor a fim de abrir-se, ele ou ela mesma, rumo à reconstrução do mundo num sentido democrático? O que fazer? Muitos daqueles com quem falo são estimulados por esses tipos de questões. Falei dos Estados Unidos, mas não apenas lá, da necessidade que temos enquanto professores em casos tais como os que descrevi para começar a desenvolver o que denomino o mapa ideológico da instituição.

O que significa isso? Desenvolver um mapa ideológico da instituição significa que eu tento juntar em meu departamento ou escola aqueles que concordam com minhas ideias democráticas. Preciso ter uma ideia concreta de quem são meus inimigos. Preciso saber com quem posso contar antes que possa mesmo começar a agir como um professor democrático. Quando tenho o mapa e sei que posso contar com a solidariedade de cinco professores, por exemplo, e, digamos, quinze alunos, então, posso tentar chamar para um primeiro encontro para discutir, de maneira muito informal, alguns passos prováveis a tomar rumo à democracia. É quando eu começaria a introduzir verdadeiramente algumas questões a respeito de minhas dúvidas, de minhas convicções, de meus *sonhos*. A partir desse encontro inicial podemos começar a explorar a possibilidade de estabelecer e continuar esse encontro e essa discussão iniciais. Num determinado momento, é possível que os cinco professores e os quinze estudantes possam, então, começar a organizar um plano de ação. Depois das primeiras experiências, talvez durante esse tempo possa ser viável conversar a respeito de nossos objetivos com alguns outros professores e professoras que não estão totalmente alicerçados numa visão negativa da humanidade. Talvez depois de algum tempo, em vez de cinco professores possamos ter doze professores. O que não me é possível é isolar o trabalho de indivíduos, particularmente aqueles que exigem trabalhar criticamente rumo ao estabelecimento de uma democracia. Em outras palavras, não se podem realizar individualmente as demandas e exigências do desenvolvimento de espaços pedagógicos que reagem à democracia "crítica e radical" como um indivíduo único. É impossível. É precisamente devido à natureza individualista de muitos professores, particularmente nos Estados Unidos, que depois de falhar em sua tentativa individualista com a democracia "crítica e radical" reclamam que algumas de minhas propostas são inaplicáveis no contexto norte-americano.

Por exemplo, quando Donaldo Macedo e eu estamos tendo um diálogo, ambos nos tornamos mais criativos. Em parte, isso ocorre devido ao nosso fundamento como sujeitos orais que não foram socializados apenas no texto escrito. O que seria verdadeiramente interessante e importante é se uma sociedade através do ensino, ao atingir o momento gráfico — a forma escrita —, não o transformasse de modo a burocratizá-lo. Em outras palavras, quando a sociedade que é essencialmente oral atinge o estágio da escrita, não deveria imobilizar a oralidade burocratizando-a. A oralidade exige solidariedade com o Outro. A oralidade é dialógica por sua própria natureza, à medida que não se pode realizá-la de modo individualista. Logo, o desafio para as escolas é não matar aqueles valores de solidariedade que conduzem ao espaço democrático, por meio de um processo que imobiliza a necessária natureza dialógica da oralidade através da apreensão individualista de ler e escrever. Isto é verdadeiramente fundamental. Os alunos que são extremamente familiarizados com a oralidade consequentemente nunca devem ser reduzidos a uma forma de pensamento que seja linear e individualista. Ironicamente as escolas fazem isso o tempo todo, reduzindo os alunos a uma forma de ler e pensar não oral e linear. E, assim, estas mesmas escolas ficam frustradas com a dificuldade de fazer com que estes mesmos estudantes se envolvam em formas dialógicas, porque tais formas exigem que eles sejam ressocializados naquilo que foi morto anteriormente. Toda essa dificuldade ocorre devido à natureza mecânica do que significa ler e escrever nas sociedades consumistas modernas.

Esse processo reproduz as forças antidemocráticas das assim chamadas escolas democráticas. Isto é muito importante pelo fato de que, ao imobilizar o texto escrito, negamos o inter-relacionamento próximo e íntimo entre a *leitura da palavra* e a *leitura do mundo*, algo que já discuti anteriormente. Se encararmos o texto escrito como fornecendo ambas as possibilidades, então a leitura do mundo não pode possivelmente ser fixada no tempo e no espaço, porque isso significaria negar sua historicidade, já que o mundo nunca é fixo. Está sempre mudando. Logo, há a contradição em pensar que o mundo torna-se a-histórico quando o escrevemos. Este é um modo fundamental no qual as escolas nos Estados Unidos mantêm e expandem um sistema antidemocrático — através do distanciamento dos estudantes — a partir de um mundo escrito, imobilizado e consequentemente desencorajando-os de pensar em si mesmos como atores da história. A linguagem é primeira e essencialmente oral. Não começamos com a escrita. A história não começa de uma forma escrita, mas com palavras e ações.

Qual o papel do educador ao apoiar o desenvolvimento de um professor democrático?

Esta questão do papel do educador na educação e a sua correlata, "Pode alguém ser um educador/guia sem ser um opressor?", são fundamentais. Em primeiro lugar, ao pensar radicalmente sobre a importância do(a) professor(a) na vida do(a) aluno(a), e ao pensar sobre tudo o que o(a) professor(a) representa, e não apenas no treinamento técnico e científico(a) do(a) aluno(a), não há dúvida de que o(a) professor(a) deveria ser um educador. Mas para o professor(a) tornar-se um educador é importante que ele ou ela desafie a liberdade criativa dos(as) alunos(as) e que estimule a construção da autonomia do(a) aluno(a). É necessário que o professor entenda que a prática autêntica do educador reside no fato de que o educador se recusa a assumir o controle da vida, dos sonhos e das aspirações dos(as) educandos(as), já que, fazendo isso, poderia com muita facilidade recair num tipo de educação paternalista.

A tarefa fundamental do educador e da educadora é uma tarefa libertadora. Não é para encorajar os objetivos do educador e as aspirações e os sonhos a serem reproduzidos nos educandos, os alunos, mas para originar a possibilidade de que os estudantes se tornem donos de sua própria história. É assim que eu entendo a necessidade que os professores têm de transcender sua tarefa meramente instrutiva e assumir a postura ética de um educador que acredita verdadeiramente na autonomia total, liberdade e desenvolvimento daqueles que ele ou ela educa.

O que o educador democrático precisa evitar é cair nas armadilhas liberais de encarar os alunos através da orientação de uma lente deficitária pela qual os sonhos e as aspirações do educador e seu conhecimento são simples e paternalisticamente transferidos para os estudantes como um processo através do qual o educador se clona. O estudante que é "clonado" não poderia possivelmente ser a imagem de seu educador ou sua educadora. No máximo ele ou ela seria uma pobre imitação de Paulo Freire ou qualquer educador.

Outro risco que o educando poderia correr é o de que o(a) educador(a) tente transformá-lo em um repetidor de seu trabalho. Um verdadeiro educador evitaria, a qualquer custo, transformar seus educandos(as) em indivíduos canalizados como objetos que, por sua vez, irão reproduzir a obra, objetivos e aspirações da tentativa científica do educador. Em outras palavras, a postura ética do educador é nunca usar — o que frequentemente é feito — o alunos(as) para maximizar a glória e as aspirações do(a) educador(a). Esta forma de educação não é unicamente exploradora; é fundamentalmente antidemocrática.

Reinventando Paulo Freire em um contexto norte-americano ou qualquer outro

A noção de reinventar Paulo Freire pode apenas implicar a reinvenção em conexão com a substantividade de minhas ideias. Isto porque, se não se entender a substantividade de minhas ideias, é impossível falar de reinvenção. Em meu caso particular, o que eu consideraria como substantividade de minhas ideias — mas não a totalidade de minhas ideias — é que precisamos respeitar o Outro. Meu respeito por outros representa a forma de substantividade em termos do que significa estar com o mundo. Respeito pelo outro implica, necessariamente, minha recusa em aceitar todo tipo de discriminação, minha oposição radical à discriminação racial, à discriminação de gênero, discriminação de classe e discriminação cultural, fora das quais eu não seria capaz de me entender. Outra substantividade de minhas ideias é minha compreensão da história como possibilidade, minha rejeição de qualquer compreensão fatalista ou visão determinista da história. Outro aspecto de minha substantividade é meu amor incondicional pela liberdade e minha certeza de que podemos nos tornar seres transformativos e não adaptativos, que podemos nos tornar seres dialógicos, que podemos também nos tornar seres com a capacidade para tomar decisões e que podemos também desenvolver a capacidade para a ruptura. Logo, por isso combato e luto contra qualquer sistema — social, econômico, político — que me proíba de *ser*, de perguntar, de discutir, de intervir, de ser um ser humano decente. Eu poderia posteriormente desenvolver essa descrição de substantividade que precisa, então, ser reinventada em termos de implementar esses compromissos num cenário histórico e cultural específico. Se se entender essas coisas que sublinhei como a substantividade de minhas ideias que não podem ser mudadas, posso, então, elaborar o que significa reinventar a substantividade de minhas ideias que acabei de discutir em diferentes momentos e condições.

A reinvenção exige de mim que reconheça que as condições econômicas, culturais, políticas e históricas de cada contexto apresentam novos requisitos metodológicos e táticos, de modo que é sempre necessário pesquisar a atualização da substantividade de ideias com qualquer nova situação. Em outras palavras, o modo como eu luto contra o machismo no Nordeste do Brasil possivelmente pode não ser o mesmo modo com o qual alguém devesse lutar contra o machismo na cidade de Nova York. Pode assumir uma forma diferente em termos táticos e técnicos, mas tem também que permanecer verdadeiro para a ideia substantiva de lutar contra o machismo como antiético e antidemocrático. É o que quero dizer com reinventar-me. As palavras "reinventar Paulo Freire" não representam meras palavras em termos de blá-blá-blá. É preciso compreender a substantividade das ideias que eu tenho proposto; logo, encarar o machismo como algo que é social e politicamente repugnante. Esta ideia, o compromisso de acabar com o machismo, precisa manter sua força em qualquer contexto através do qual sou reinventado, muito embora o contexto possa requerer várias técnicas para lutar contra o machismo.

Em consequência, não me sendo familiar, digamos, o contexto da cidade de Nova York, sua história, suas lutas, suas inter-relações entre homens e mulheres, sua cultura, seria ridículo de minha parte fornecer o que muitos norte-americanos frequentemente pedem com ansiedade: receitas em termos de técnicas e táticas para a ação. A única coisa que eu poderia oferecer é trabalhar com educadores norte-americanos de modo a capacitá-los a entender com maior profundidade o que significa lutar contra o sexismo, como um objeto substantivo de conhecimento. Desde que os(as) educadores(as) norte-americanos(as) que ousam ser educadores progressistas, que lutam contra, digamos, sexismo ou racismo ou outros ismos, têm a responsabilidade de analisar tanto a possibilidade quanto as limitações das ações dentro de seu próprio contexto, de modo a não sacrificar a força que originou a luta contra sexismo, racismo e outros ismos em primeiro lugar. Logo, como se pode ver, não é apenas impossível, mas uma tragédia reduzir minhas ideias substantivas a mera técnica.

Eu disse pela primeira vez nos Estados Unidos em 1971 ou 1972 que eu não seria transplantado, mas reinventado. Em 1974, quando escrevi *Cartas à Guiné Bissau*, expliquei o que queria dizer através de "ser reinventado", mas sempre percebo quão difícil é ser entendido com relação a este ponto. Por exemplo, não posso considerar a possibilidade de minha reinvenção através de uma prática autoritária. Contudo, o modo de ser um professor democrático em Cabo Verde não é necessariamente o mesmo de ser um professor democrático em Chicago. Reinventar um educador cabo-verdiano democrático em Chicago significa primeiramente manter um compromisso fundamental com ser democrático, mas em segundo lugar significa buscar o que significa ser democrático dadas as restrições e oportunidades do contexto específico. Como se pode ver, este é o problema da reinvenção.

Talvez o equívoco sobre o que significa reinventar seja causado pela imposição nos Estados Unidos de uma noção particular do que seja uma democracia. Como se vê, democracia num país de Terceiro Mundo não pode ter as mesmas características da democracia numa sociedade rica de Primeiro Mundo como a dos Estados Unidos. Precisa adotar o caráter e as necessidades sociais e culturais de um meio ambiente cultural particular. Assim, o que precisa ser mantido numa tática democrática é a substantividade da democracia, não as características superficiais da prática democrática.

Por outro lado, não quero com isto dizer que alguém devesse cair na armadilha de um relativismo cultural fácil; uma espécie de "tudo pode" porque a cultura o determina. Assim, se uma cultura for supersexista e, então, eu reclamo que a cultura seja racional para manter uma ideologia sexista, porque o sexismo é parte da cultura, isso vai contra minha adesão substantiva a princípios democráticos que deveriam informar meu ponto de vista, minhas aspirações, meus sonhos, de um "não ainda" que é radicalmente democrático.

Este conceito de reinvenção está se tornando muito claro para mim. O que estou dizendo é que uma das razões pelas quais muitos educadores progressistas e liberais nos Estados Unidos têm dificuldade para compreender os conceitos de Freire, o que significa ser reinventado, não é necessariamente porque sejam incapazes de entender o conceito. Talvez seja porque apenas absorveram a substância de minhas ideias até um certo ponto, enquanto permanecem ideologicamente ligados a uma posição que é verdadeiramente antifreireana. Assim, por aceitar apenas parcialmente minhas aspirações ideológicas, eles, então, desenvolvem dúvidas e questões a respeito de técnicas e métodos específicos. Desta forma, eles racionalizam seu total movimento para longe de adotar criticamente o que represento em termos de propostas teóricas, a mudança e a democracia, para a história como possibilidade, para uma sociedade menos discriminatória e para um mundo mais humano.

Um momento dialógico honesto e crítico requereria de todos os participantes, e particularmente daqueles que talvez inconscientemente resistam à ideologia fundamental de minhas propostas, abrir um diálogo sobre a possibilidade de entender que pode ser, de fato, sua resistência que os proíbe de ir adiante com clareza, com respeito a determinadas posições sobre as quais vim falando e escrevendo por mais de quatro décadas. Poderia ser igualmente que sua resistência seja verdadeiramente apenas mínima; e, se esta for a situação, um tal diálogo poderia iniciar-se para eles para considerar novos temas que precisam ser explorados, para os quais eu posso ou não ter respostas mas que eu igualmente acredito que devessem ser objetos de pesquisa.

A pesquisa por um ícone resulta de um medo de democracia

É importante que eu diga tais coisas, porque, ao aceitar as propostas dos *sonhos* de Paulo Freire para um mundo democrático, de sonhos e aspirações para uma sociedade antissexista e antirracista, não significa que eu não lute contra qualquer movimento que me envolvesse ou me tornasse um guru ou um ícone; porque, ao aceitar a posição de privilégio de guru, eu estaria sabotando de modo direto o que penso enquanto um pensador para a democracia. Então, a ideia é não interagir com ou envolver a mim e as minhas ideias em termos binários — Paulo Freire, guru ou ícone, ou a total rejeição de Paulo Freire como propositor de ideias que são impraticáveis no contexto norte-americano. O desafio é envolver minhas propostas teóricas dialogicamente e é através desse diálogo que acredito que possamos criar possibilidades, inclusive a possibilidade de que eu possa ser reinventado num contexto norte-americano.

Assim, para concluir

Meu alvo, aqui nesta réplica, não é o de esgotar todas as questões que podem ser levantadas nos capítulos, neste livro ou pelos leitores e leitoras que irão envolver-se em diálogo com as palavras escritas deste livro, mas dar exemplos sobre como respondo a algumas questões. O desafio para os leitores é o de repetir as questões do livro, a fim de responder às questões que não respondi, e fazer isso em suas próprias vidas, e em seu próprio contexto histórico concreto. Estas páginas podem ser uma testemunha pedagógica, uma série de exemplos, mas nunca respostas imobilizadas. Mais uma vez, estamos no espírito de nosso entendimento do diálogo e da reinvenção. O texto desta conversa é um exemplo de como pensamos em todas essas dimensões. Cabe ao leitor reinventar o que aqui está e torná-lo vivo na história.

Uma conversa com alunos[*]

Paulo Freire: — Bem, para mim é uma alegria estar aqui com vocês. Minha experiência de ensinar, vivida há muito tempo atrás, tendo como um dos resultados esse livrinho que vocês leram, foi de dar aulas para meninos da idade de vocês. Mas faz muito tempo. Fico contente que vocês tenham lido uns textos meus e vou passar esse tempinho, aqui com vocês, agora, para ouvir o que é que vocês têm a dizer e a perguntar. Se puder, eu respondo. Então, enquanto vocês não fazem perguntas eu faço uma: vocês gostam, ou melhor, estão gostando de ler? De ler esse tipo de leitura e não apenas uma revistinha ou coisa assim? Isso eu também acho que deve ser lido, não sou contra. Mas eu queria saber se vocês também gostam de ler um livro maior. Quem tem experiência disso?

Alunos: — Todo mundo.

---

[*] O convite para este diálogo foi motivado pela leitura que os (as) alunos (as) das 7ª e 8ª séries da Escola Vera Cruz, de São Paulo, tinham feito do livro de Paulo Freire, *A importância do ato de ler*. Este diálogo teve a transcrição de Cristina Chiappini Moraes Leite e foi publicado, originalmente, na revista Linha d'Água, n. 6.

PAULO FREIRE: — Todo mundo, porque as próprias escolas pedem isso, não é?

ALUNO: — Mas na obrigação, e isso não é legal...

PAULO FREIRE: — Na obrigação...

ALUNO: — A gente tem que ter um livro para a escola porque estão pedindo; é diferente de ter um livro que você que quis e escolheu porque gosta... É muito mais interessante ter um livro que você mesmo escolheu do que ler um indicado pela escola.

PAULO FREIRE: — E se a escola mudasse um pouco? Por exemplo, no lugar de mandar...

ALUNA: — Não acho muito interessante o que a escola dá.

ALUNO: — Mas todo ano tem um livro que você é quem escolhe...

PAULO FREIRE: — Então, uma leitura o aluno escolhe?

ALUNOS: — Deve ter algum objetivo para os livros que a escola está dando...

— É, você não fica conhecendo só um tipo de linguagem, você passa a conhecer outros tipos pelo livro dado pela escola.

— Por exemplo, os alunos da 7ª série agora estão lendo um livro bem brasileiro. A gente sempre lê livros de autores ingleses, americanos etc. Acho que a maioria das pessoas está gostando de ler esse livro.

— Eu acho que o sistema mais interessante de ler na escola é o de biblioteca circulante porque aí todo mundo vai lá, escolhe o livro que achou interessante, diz que vai ler e não é por obrigação, já que ele mesmo está escolhendo, né? Então é sempre mais possível que ele goste mesmo do livro. Faz bem a cabeça de todo mundo...

PAULO FREIRE: — O que é que quer dizer: "Fazer a cabeça de todo mundo"?

ALUNOS: — (risos)... Gostar do livro. Você ler do começo ao fim, ler de verdade.
— Um livro que não faz a cabeça, você mais come folha do que lê, né?

PAULO FREIRE: — Eu quero explicar para vocês por que é que eu perguntei. Eu tenho uma porção de razões para perguntar o que significa isso. Mas uma dessas razões é a seguinte: eu vivi dezesseis anos longe do Brasil, não sei se vocês sabiam disso. E, por causa desse negócio de ler, escrever e ensinar gente a ler e escrever também, fui afastado da Universidade e tive que ir embora do Brasil. Passei dezesseis anos longe daqui, não podia nem sonhar em voltar. Mas a linguagem não para, é isso, a linguagem não para, há um processo constante de mudança. A linguagem vai ficando mais rica. A essa coisa chamam língua, que, no fundo, é linguagem, fala. Quando eu voltei do exílio, em 1980, eu encontrei uma expressão no Brasil que não havia antes e que é: "fazer a cabeça". Eu fiquei horrorizado com essa expressão, horrorizado pelo que ela significa. Por isso que agora quando você falou: "fazer a cabeça" eu perguntei o que é que significa "fazer a cabeça"? Vocês deram uma explicação que não me satisfaz. Para mim não é bem isso de querer ler aquele livro. O que é MESMO "fazer a cabeça"? A professora "fez a cabeça" da aluna...

ALUNOS: — Ela expôs a sua opinião...

PAULO FREIRE: — Ahhh!

ALUNA: — Convenceu... Não convenceu, mas é como no seu texto, quando você diz que ensinar a ler e escrever é um ato político. Você acaba mesmo passando o que você pensa para quem se está ensinando.

PAULO FREIRE: — Passar o que a gente pensa... Você disse uma coisa importante. Eu queria fazer uma outra pergunta. Vou fazendo umas perguntinhas e depois eu amarro. Você disse que eu falei no livro que a coisa é passar para o outro aquilo que a gente acredita, por exemplo. Será que o papel do educador é ou não esse de se esforçar para passar as coisas mesmo? Mas não passar no sentido de pegar aqui e dar pra lá, mas de convencer.

ALUNA: — Acho que o papel da professora é criar caminho... Porque acho que os analfabetos e, principalmente, os adultos, enquanto não leem e não têm capacidade de pesquisar e se informar para criar suas próprias opiniões, vão na opinião dos outros. Eles aceitam a imposição dos outros. Então acaba se criando um vazio. Portanto a professora te dá dados para você pensar e abrir o seu caminho, sem impor nada.

Paulo Freire: — Isso eu também acho, impor nunca. Nunca! Mas eu pergunto a vocês (vamos ver se a gente consegue pegar umas sutilezas): Uma das tarefas, uma das obrigações é essa que vocês me disseram, é abrir caminho, é propor. E mostrar, por exemplo, que nesta mesa há dois gravadores, mas que além disso há uma coisa que fica escondida pra todos vocês que estão aí, ninguém está vendo, que há aqui dentro três cassetes, ou melhor, três caixas de cassetes, uma com fita e duas sem. Quer dizer, no mundo há sempre coisas escondidas, na vida há sempre coisas escondidas, e um dos papéis da educadora é chamar a atenção para essas coisas. Às vezes não é nem preciso mostrar a coisa escondida, mas é ajudar o aluno a saber que há coisas escondidas para que ele descubra. É isso que você chamou de "abrir caminhos". Mas, eu não sei se vocês concordam comigo, eu acho que tem a outra tarefa também. Eu acho que no mesmo momento em que eu proponho, em que eu mostro caminhos, eu brigo para convencer o aluno de que eu estou certo. Vou dar um exemplo para vocês que eu encontrei. Em alguns cursos da Europa ou dos Estados Unidos, alguns professores, embora cada vez menos, que eu me lembre agora, dando sua aula, sugeriram que os negros são inferiores aos brancos. Um desses professores dizia: "Eu fico muito triste em ter que dizer isso. Eu só digo isso porque é a ciência que está provando que os negros são inferiores aos brancos. Há uma coisa ou outra em que os negros porém são melhores, como, por exemplo, carregar peso no trabalho e correr". Por isso é que eles acham que, de modo geral, os negros americanos ganham o campeonato nas Olimpíadas. Se eu sou também professor e trabalho com os alunos desse professor, eu me sinto no dever de lutar para que os alunos não acreditem na ciência deste outro professor. Quer dizer, eu me sinto no dever, na obrigação de dizer que isso é mentira. E se isso é mentira é porque eu tenho outra verdade. Então, é esse o outro papel do educador, que é o de convencer, e não apenas de ficar na sua opinião e sim de mostrar que a sua opinião é mais do que opinião, é uma verdade que se pode aceitar. Não quero dizer acreditar, exatamente, porque não há verdade. Eu veria, então, como papéis e tarefas importantes da educadora a de criar caminhos e desafiar, de fazer tudo para o aluno não cochilar. Cochilar, aqui, não é só do ponto de vista físico, de verdade, é cochilar do ponto de vista de ficar desinteressado. De um lado isso: provocar etc. E, do outro, jamais se omitir. Uma educadora não pode nunca esconder-se diante dos alunos. Ela nunca pode ter vergonha de ser uma educadora. Quer dizer, ela tem que assumir-se como educadora, como quem educa. É a mesma coisa da mãe. Você já imaginou a mãe de vocês cruzando os braços, dizendo: "Eu não tenho nada que ver com isso." O pai de vocês dizendo: "Não dá bola pra esse treco não." É claro que na idade de vocês até é chato que a mãe e o pai comecem a perguntar com quem é que vocês estão saindo hoje, a que horas vão chegar... Mas amanhã vocês vão saber que essas perguntas são necessárias. Essas perguntas só começam a ser desinteressantes quando elas se transformam em instrumentos de prisão do adolescente. Mas, em última análise, para terminar essa partezinha do papo, eu acho que o papel do professor, da professora, é mais do que simplesmente abrir caminho. É o de quem também mostra o caminho. É preciso, às vezes, que o educador tenha a coragem de assumir o dever de mostrar o caminho. Agora, eu concordo com vocês, para mim dever de um professor democrático jamais pode ser o de quem pretende domesticar o aluno e impor a este a sua crença, a sua posição política. Por exemplo, eu sou do Corinthians em São Paulo e não tenho que ameaçar os alunos: "Ou passa para o Corinthians, ou eu dou zero!" Não pode ser isso. Ou então: "Ou acredita em Deus, ou dou quatro para vocês!" Não se pode fazer isso. Quer dizer, o educador tem que respeitar o ser, a forma que o menino e a menina estão sendo. Ok? E com relação ao livro? Em relação ao texto que vocês leram, o que vocês me colocariam?

Alunos: — Eu achei interessante aquela parte em que você coloca que ler não é só assimilar as palavras. Desde quando se é criança, você colocou ler como vida. Pode ter um ler ligado a viver. Você coloca uma experiência sua, isso tudo me esclareceu e teve uma cumplicidade com relação ao que eu sentia também.

— A gente sabe o que é ler, mas a gente não sabe dizer o que é realmente. A gente até tem medo de dizer: "Não, acho que ler não é só isso, é muito mais." Medo que alguém fale: "Não, mas eu não acho." Então, quando outra pessoa coloca isso de uma forma bem clara e que você percebe que é aquilo, você vê a coisa de um outro jeito, você vê que estava certo, aproveita muito mais do que antes, já que você fica sabendo claramente o que é.

— Queria falar da relação que você faz entre o ser e o ler para se poder escrever. Isso está ligado à sua experiência, à sua vivência. Você tem que escrever e ao mesmo tempo estar lendo tudo. Você está lendo e escrevendo ao mesmo tempo, né?

— Achei que você explicou bem que ler é uma coisa natural. Quando eu li, eu senti que tudo é estar lendo e que, então, você já nasce lendo. Eu tinha essa coisa na cabeça de que tinha que ter uma vivência para poder entender, que não adiantava ficarem ensinando coisas que estão fora da nossa vivência. Acho que a maioria das pessoas já tinha essa ideia. Então foi muito interessante ver a confirmação do que a gente já estava pensando no seu texto.

— O que facilitou bastante para eu entender é que eu tenho que agrupar ler com outras decifrações que eu faço, com o que eu vejo, ouço, cheiro, toco, né? E juntar tudo. Que ler não é só correr o olho. Eu tenho que viver aquilo que eu estou lendo para poder entender.

— Sabe o que eu descobri também? Depois é que eu percebi que enquanto você está lendo as suas sensações aumentam. Se você está compreendendo aquilo que você está lendo, quando o cara fala assim: "Um campo verde, com a pessoa ali..." você não está vendo só um campo verde, você está sentindo que ele pode estar ali dentro também.

— E você pode ter um monte de coisas porque você está vivendo as coisas. Parece que você está no lugar onde está ocorrendo a história. Parece que você está dentro dela, na mesma época, convivendo com os mesmos personagens, mas você só está vendo... Você monta da forma que você assimila melhor. Cada um tem uma forma de ver os personagens, por exemplo, num determinado lugar. E, apesar do autor poder descrever inteiramente esse lugar, fica uma coisa completamente diferente para outras pessoas...

— Por isso é que eu acho legal a ilustração... Não a ilustração em si, mas, como o Monteiro Lobato fazia, de desenhar não completamente. Pode ser uma coisa meio vaga, uns vultos, né? Para eu imaginar, por exemplo, uma pessoa num livro é uma coisa muito pessoal, eu não imagino que nem o desenho. Para mim é sempre um vulto...

— O filme e a ilustração impõem um pouco a cabeça do autor...

— Por isso é que é muito mais legal e muito mais interessante o livro do que o filme.

— No filme é assim, o cara que fez aquele filme é que acha que vem do livro. Você não leu e não sabe. Acho legal você assistir ao filme de um livro que você leu para saber a opinião de outras pessoas, perguntar o que elas acham. Mas, se você vê o filme primeiro e depois lê o livro, daí fica sem graça...

— Não é como você imaginava...

— É, sem ilustração o livro não pega só o leitor pelo olho. A ilustração corta, um pouco, a imagem, a criatividade do leitor.

PEDAGOGIA DOS SONHOS POSSÍVEIS | 133

PAULO FREIRE: — Vocês estão tendo também outra atividade que o colégio propõe, isto é, vocês gostam de escrever também?

ALUNOS: — Gostamos...

— Também tem um negócio. A leitura de um livro cria obstáculos, porque quando você está lendo um livro você tem que seguir o caminho que o autor fez. Você está vivendo o personagem, tem que sentir o que o autor bolou para ele. O negócio de escrever é uma coisa muito mais ampla. Você é quem está sentindo o seu personagem, está levando ele para o caminho que você quiser.

— Mas quando alguém vai ler acontece a mesma coisa...

— Quanto mais eu leio, mais complexo fica escrever para mim. Porque as palavras vêm na cabeça, mas, por exemplo, na hora que eu leio um romance e depois tenho que escrever, eu fico embananada, não consigo escrever. Tanto é que nesse ano eu parti para a poesia. Eu não consegui desenvolver uma história, de tanto que eu lia, parecia que eu era meio incapaz. Ficou complexo demais...

— O que acontece também é que, quando você está lendo, cada um tem seus sentimentos em cima da história. E quando você vai escrever, por mais que você não queira, você acaba, também, querendo colocar os sentimentos que o livro te passou, ou que alguma outra leitura te passou, na sua história. Isso fica complexo porque, quando você vai escrever colocando seus sentimentos, você acaba puxando um pouco, também, as coisas do livro que você leu.

— Conta muito o emocional, depende de você, de como você sente o livro, como você está lendo ele. Se você divide o livro em várias partes, nas diferentes partes que você leu em diferentes horas, o teu ânimo estava diferente. E daí depende da forma como você monta.

— A ideia é mesmo a de um filme que você monta, porque eles te dão os personagens, só que ele não te dá a imagem. Você é que monta a imagem e passa o filme na tua cabeça.

PAULO FREIRE: — Quais são os critérios que vocês têm para achar gostoso um livro ou um texto?

ALUNOS: — Acho que é justamente o livro conseguir passar para você o que o autor queria.

— Também, um livro que te prende...

— Não, eu acho diferente...

PAULO FREIRE: — Não, eu quero o critério que vocês têm. Quais são as qualidades? Eu estou curioso por isso...

ALUNO: — Eu acho que o livro tem que se enquadrar à tua forma mesmo...

ALUNOS: — Não!

ALUNA: — Eu acho que tem que ser um livro, acima de tudo, envolvente. Mesmo um drama, uma comédia...

PAULO FREIRE: — Muito bem, então, essa é uma qualidade: um livro qualquer desses tem que ter uma certa força de envolvimento...

ALUNOS: — Mesmo que seja um livro comprido...

— Mesmo que você seja uma pessoa que, por exemplo, gosta só de ler livro de aventuras e vai ler um livro policial. O livro tem que ser envolvente de qualquer maneira.

PAULO FREIRE: — Tudo bem. Agora, outra qualidade.

ALUNOS: — Um livro pode ser cansativo para uma pessoa e não para outra, depende da pessoa...

— Para aquela pessoa pode ser cansativo, para outra pode não ser. Eu acho que os critérios variam muito de pessoa para pessoa.

PAULO FREIRE: — Não, mas eu quero saber os critérios que vocês têm aqui.

ALUNOS: — Depende do momento também.

— É isso que eu acho. Por exemplo, pode ser que eu tenha lido um romance há dez anos atrás (dez anos atrás não dá, uns três anos atrás) que eu quis e hoje eu não quero ler, isto é, depende do momento...

— Depende de cada um...

PAULO FREIRE: — Eu sei, mas veja, no teu momento de hoje o que é que um livro deve ter para ti, para que tu digas: "Poxa! Esse livro é gostoso!"?

ALUNA: — Eu estou numa fase que eu estou a fim de ler romances.

PAULO FREIRE: — Então ótimo, leia romance.

ALUNA: — Mas há dois meses atrás eu estava a fim de ler ficção científica. Eu adoro. Eu posso ler tudo, mas eu, agora, estou mais aberta a ler romance.

PAULO FREIRE: — Pois bem, o que é que os romances devem ter para tu dizeres: "Puxa, esse romance é gostoso!"?

ALUNA: — Eu acho que é se ele cria, ou passa, uma imagem ilusória para mim. Eu sou mais um romance pra acabar bem do que pra acabar mal, né?

PAULO FREIRE: — Tá ótimo.

ALUNOS: — (Risos) É isso aí...

PAULO FREIRE: — Olha, vocês sabem que eu tenho 67 anos e continuo, isto é, "estou mais pra isso também".

ALUNOS: — (Risos)
— Eu li um romance agora, que acabou mal, então eu chorei uma tarde inteira (risos). Mas, ao mesmo tempo, foi bom...
— O livro acaba fazendo parte do leitor, né?

PAULO FREIRE: — Mas diz outra qualidade.

ALUNOS: — Outra?
— Ao mesmo tempo você fica com raiva do livro, às vezes.

PAULO FREIRE: — Oh, isso é bom, né? (Risos)

ALUNOS: — Eu também acho.
— O livro é bom, tanto que chega a te provocar.

— O livro é bom quando ele consegue mexer com você. Não adianta só passar o que o cara tá pensando, mas tem que saber passar mexendo com você.

— É, tem que provocar o leitor.

— O livro também, conforme você lê, serve muito para você começar a pensar num monte de coisas.

— Às vezes você está lendo e você se identifica com algum personagem. E você daí percebe no que você é bom, por exemplo, se você é uma pessoa legal, e no que você não é, entendeu? Então você para e pensa: "Pô!... Eu faço isso." É o que mais te acontece.

— Também tem uma coisa bonita, que é o assunto que você está interessado. Por exemplo, se você quer aprender. Você pode pegar uma enciclopédia. Se você está interessado na Segunda Guerra Mundial, você vai começar lendo, por exemplo, *A bicicleta azul*, *Olga*, *O sétimo segredo*, tudo sobre Hitler e depois vai, também, querer entender o que é comunismo, socialismo. Depois você está interessado em corpo humano, aí você vai ler um livro científico que também é uma coisa que prende o seu interesse...

— É, não é que nem ler uma enciclopédia...

— É importante, por exemplo, você fazer assim: pega um livro que você leu há três anos atrás e depois você vai ler aquele livro de novo...

— É outra coisa...

— Nada a ver...

— ... e daqui há dez ou cinco anos, você vai ter visões completamente diferentes daquele livro.

— Muitas vezes você relaciona o livro com você.

— Você relaciona o livro não só com você, com os seus sentimentos, mas com o que está em volta de você.

— É, com a vida, né?

— Acho que o livro abre caminhos diferentes para você em outros assuntos ou mesmo nos assuntos que você já está cansado de ler.

— Acho que um bom livro é aquele que alcança a sua vida, interage com a sua vida.

— Mas eu acho da mesma forma o seguinte: quando você relê o livro, não é que a tua cabeça mudou, não é que o que passou estava errado, é que naquele momento você pegou uma parte da mensagem que você estava disposto a pegar.

— Eu acho que nunca está errado o que o livro fala. Nunca está nada errado...

Paulo Freire: — Agora olha, eu quero fazer outra pergunta com relação a isso. E do ponto de vista da linguagem do autor? O que é que toca em vocês?

Alunos: — Uma linguagem mais próxima da nossa...

— Não, acho melhor uma linguagem mais poética.

— Uma linguagem que tenha a ver com o livro, por exemplo, se a linguagem vem do Rio Grande do Sul...

— Isso é verdade.

— E não uma linguagem completamente diferente do momento onde vive o livro. Por exemplo, se o livro se passa na Segunda Guerra Mundial com uma linguagem do futuro não vai ter nada com o livro. E, com a linguagem que estava lá, você já vai se envolver mais com o livro.

PAULO FREIRE: — Significa, então, que a linguagem é histórica?

ALUNOS: — É, a linguagem também concorda com o livro.

— Os livros que têm uma linguagem cansativa, isto é, se você não consegue se prender à linguagem, vai ser a coisa mais difícil você se prender ao livro porque vai te cansar ler.

— Eu acho outra coisa. Por exemplo, eu estava lendo *Macunaíma*, e era uma coisa que tinha um monte de palavra que eu não estava entendendo nada! Aí, como eu queria entender tudo, eu fiquei mais envolvido no livro. Porque era uma linguagem que não tinha nada a ver, tá certo que era o jeito do *Macunaíma* mesmo, não tinha relação comigo, mas era uma linguagem que faz você ficar envolvido, você quer entender. É tipo um desafio.

— Que tem a ver com o livro, né?

— Existe interesse e falta de interesse, depende da pessoa.

— Outra coisa. Eu li *A cor púrpura*, e pela linguagem dela, da personagem principal, dava para entender, passava muito mais coisa para mim do que eu vinha imaginando. Também imaginando, mas pela linguagem eu consegui imaginar coisas muito melhores, diferentes também.

— *A cor púrpura* é uma linguagem que não é tão gramática como a da professora.

PAULO FREIRE: — Agora, eu quero fazer umas perguntas com relação à leitura, mas do ponto de vista, agora, do leitor, não do ponto de vista do texto. Quer dizer, eu perguntei do ponto de vista do texto o que é que vocês acham, quais são as qualidades, para vocês, de um texto e a gente já mediu. Agora eu queria perguntar a vocês que qualidades deve ter o leitor ou a leitora para, inclusive, perceber as qualidades do texto.

ALUNOS: — Deve estar disposto a ler...

— Eu acho que a pessoa deve pegar o livro com a cabeça aberta para ver o que ele está falando...

— Tem que estar disposto a isso, se você pega o livro sem estar disposto a ler nada, você não entende mesmo.

PAULO FREIRE: — Muito bem. O que é que significa "pegar o livro com a cabeça aberta"?

ALUNOS: — Você estar disposto a aprender.

— Você estar disposta a receber coisas diferentes.

PAULO FREIRE: — Isso.

ALUNOS: — Você estar disposto a receber outras coisas e não ficar só com a sua opinião.

PAULO FREIRE: — Então, fazendo um parêntese, vocês vejam como escrever, ler, criar, exige, na verdade, liberdade. Vejam bem, eu reconheço que há épocas em que eu não estou a fim de ler. Eu reconheço que há épocas em que eu não estou a fim de escrever. Mas, em função do meu dever, independentemente de se eu estou a fim de ler ou não, eu leio. Por exemplo, agorinha eu não estava a fim de ler e estou lendo uma tese de trezentas páginas. Por quê? Deixa eu te explicar. Porque eu sou professor da Universidade e um dos meus deveres de professor da Universidade, quando sou convocado (e, é claro, não sou obrigado) para participar de uma mesa dita de doutoramento, de mestrado, de livre-docente, não importa, eu tenho o dever de aceitar e participar. E, para isso, eu preciso ler a tese da pessoa porque eu não posso arguir sem ler.

ALUNO: — Não, mas eu acho que, se você estiver com vontade de ler, se, por exemplo, algum dia você retomar essa tese e estiver com vontade de ler, acho que vai ser diferente...

PAULO FREIRE: — Pera lá, pera lá. Não vamos transformar a leitura apenas em gozo. Às vezes, a leitura pode até ser começada com um pouco de dor e é esse ponto de dor que, inclusive, vai provocar em mim o gosto de ter superado a dor.

ALUNO: — Mas mesmo assim. Mesmo numa leitura que você não goste, pode em algum momento, dependendo da parte que você recebe, ser produtiva.

PAULO FREIRE: — Pode ser e a gente tem que fazer. Então, é isso que eu quero dizer. Porque, um professor irresponsável, por exemplo, agora quando vocês disseram: "Há um tempo em que a gente não está para ler", diria: "Ah! Muito bem! Você está certo, se não tiver pra ler, não leia não, manda o professor para o inferno!" De jeito nenhum! E um professor responsável não pode fazer isso.

ALUNO: — Daí alguém que não tiver vontade de ler nunca vai ler...

PAULO FREIRE: — Nunca vai ler. Agora é claro, por exemplo, que você tem momentos em que você é você e momentos em que você continua sendo você, porém com tarefa distinta. Uma coisa é quando você, porque gosta, porque quer, porque está com gana, pega seu romance e lê. A outra, é quando você tem uma tarefa que é fundamental para sua formação, mesmo que seja chata, mas que amanhã você vai descobrir que ela era importante, que é a de ler um livro. Você vai ter que ler. Quer dizer, se você não ler, você vira irresponsável do ponto de vista de uma certa obrigação necessária. Agora, o ideal (mas a gente não vive o idealmente) é quando você junta as duas coisas. Eu acho uma maravilha! Quando eu escrevi esse texto que vocês leram eu achei uma maravilha porque, de um lado, eu gostava de estar escrevendo e, do outro, estava cumprindo uma tarefa também. E achei ótimo estar preparando um discurso para uma conferência.

ALUNOS: — Eu acho também que não é assim, ficar esperando: "Ah, eu tô com vontade, não tô com vontade..." Tem que saber se transformar para pegar aquele livro...

— Não é só pegar um livro para você se você quer ou não ler. Mas você vai lendo, e você vai estar gostando daquele livro porque ele é um livro legal para você ler, porque você está na época de ler ele.

— No começo, você falou que ler era ficar aberto para receber as coisas e transformar isso. Então, é isso mesmo, mesmo que você não esteja a fim, você tem que estar aberto para ler e perceber que era bom. E você tinha mesmo que ler para perceber isso.

— Mesmo não gostando, como experiência, você termina o livro porque ele vai te trazer alguma coisa. Eu acho que você tem que localizar bem o que você não gostou, por que não gostou.

PAULO FREIRE: — Isso...

ALUNOS: — Então, e outra coisa, você fica muito mais aberto para os vários assuntos que você está lendo. Daí você consegue distinguir melhor os livros que você gosta dos que você não gosta.

— Entram em jogo muitas experiências próprias também, não é só o livro que você lê que traz experiências.

— Mas eu concordo que precisa ler um livro sobre algo que você goste. Porque acho que a questão é você procurar o tipo de livro que você quer ler.

— Acho que você precisa ler um pouco do que você gosta porque, quando você não gosta, você vai ter que saber o porquê...

— Não, tem que separar as duas leituras. Tem o seu dever para a escola, por exemplo, que é uma ficha, e não adianta fugir, tem que ler. Pode ser amanhã ou depois, mas você tem que ler. Agora, quando você escolhe o que você vai ler, é outro tipo de literatura, é diferente de um dever. Então, eu acho que cabe a você escolher, é uma opção tua. Você pode terminar ou não.

— (Falam todos ao mesmo tempo)

ALUNA: — Mesmo quando eu converso comigo, mesmo quando eu estou com vontade de ler um texto da escola, ou um livro, mesmo que aquilo não tenha sido mandado, quando eu pego para ler é sempre um desafio, para mim, vencer a primeira página, me concentrar. Depois que a gente se concentra, os livros se abrem. Eu acabo me envolvendo, por exemplo, num texto de estudos sociais, ou num livro qualquer. No final das contas eu estou envolvida. Acho que, mesmo em relação aos livros que eu quero ler, é sempre difícil se concentrar no começo, porque é sempre difícil você se desligar de umas coisas...

PAULO FREIRE: — Olha, há umas coisas que a gente, para ler, precisa evitar, para ler bem, para ler sério. É uma espécie assim de demônios e de diabos que interferem na leitura da gente. Uma fixação que a gente deve ter no texto. Você deve experimentar isso também. Às vezes a gente está lendo uma página e, de repente, a gente deixa, a gente fica com o corpo na cadeira, junto à mesa e o livro defronte da gente, e, daí em diante, a gente faz uma leitura mecânica. A gente continua lendo mecanicamente o texto e a gente se desloca, o outro pedaço da gente sai de dentro da gente e, de repente, a gente está numa piscina batendo papo com fulano, beltrano, ou num cinema. Quer dizer, essas fugas da leitura obstaculizam completamente a compreensão da gente. Ou a gente faz o exercício de não fugir, ou a gente perde a leitura. Isso é um sintoma de que está havendo um certo desinteresse nosso. Então, a minha sugestão quando isso ocorre é: é melhor parar a leitura e se perguntar por que não há motivação para ler. Uma outra coisa que eu queria sugerir a vocês é que toda vez que estejam lendo um livro, um texto, e não entendam o significado de uma palavra, não esperem que essa palavra apareça de novo pra ver se, de tanto aparecer, vocês terminam entendendo o que ela significa. Consulte o dicionário. Dicionário existe para isso. Pega lá o dicionário, abra o dicionário e vai ver o que significa a palavra. Agora é meio-dia e eu queria dizer a vocês duas coisas somente. A primeira é que eu vim para aqui, hoje, precisamente por essa questão da consciência do dever. É que eu passei uma noite meio ruim. Eu fiz as minhas extravagâncias e paguei um pouco, não demais, mas paguei um pouco. Comi muito camarão, esse negócio todo...

ALUNOS: — (Risos)

— É a gula, né?

PAULO FREIRE: — É a gula. Fiquei com dor no dedão do pé. Vocês vão saber o que é isso... Então, eu passei mal a noite, e, agora de manhã, eu vim para cá meio distante. Eu sei quando eu não estou bem. Possivelmente tu percebeste que eu não estava bem. Não dava nem para falar, conversar... Mas eu vim. Quer dizer, eu achei que seria horrível telefonar para cá e dizer: "Diga aos meninos e às meninas que eu não pude ir porque eu não estou passando bem." Eu achei que era um desrespeito a vocês e um desrespeito à escola. Eu tinha proposto isso, tinha aceito esse convite... Então eu fiz uma briga comigo. E o resto da briga é que eu estou absolutamente bem agora. Quer dizer, eu me recuperei, eu estou excelente. Não sei se de tarde eu aguento. Eu vou viajar hoje para Recife e talvez, então, eu nem sei se vou dar aula. Mas fiquei contente. Esses quarenta minutos que passei com vocês me foram absolutamente ótimos. A segunda coisa que eu quero dizer é a seguinte: Isto que aconteceu aqui é a escola, ou melhor, é um pedaço, ou é uma hipótese da escola com que eu sonho para o povo desse Brasil.

ALUNOS: — (Risos)

PAULO FREIRE: — O que é triste é que o exemplo que vocês me deram hoje é um exemplo de boniteza mas que desperta em mim um desejo insatisfeito: eu achei essa manhã uma coisa linda; um grupo de jovens, meninos e meninas pensando, pensando sem medo, colocando as coisas, meditando, se analisando, perguntando, dando opinião, inteligente, emotiva... Quer dizer (puxa!), isso me dá uma alegria enorme como brasileiro. Agora, o que eu queria é que isso fosse para as massas populares, quer dizer, para as classes populares, para os meninos do córrego... Por isso é que eu sou pela escola pública boa, mas respeito a escola particular boa também. Eu quero felicitar vocês, felicitar as professoras de vocês, a direção da casa, porque hoje eu acho que eu tive uma das boas manhãs, que fazia tempo que eu não tinha, e que para mim é uma beleza isso. Como eu me sinto quase da idade de vocês...

ALUNOS: — (Risos)

PAULO FREIRE: — ... apesar de cronologicamente não ser, eu fiquei contentíssimo porque eu me senti entre companheiros meus, entende? Porque eu tenho vinte anos, eu tenho dezoito, eu tenho quinze, apesar dos 67 e das dores do pé.

ALUNOS: — (Risos)

PAULO FREIRE: — Então olha, eu quero dar a vocês o meu grande abraço, para todo mundo aqui, sem exceção nenhuma, e o meu beijo, também, em vocês. Continuem assim que, afinal, o Brasil é de vocês mesmo, e não dessa turma que está por aí, sem-vergonha, estragando o país. Até logo, hein?

ALFABETIZAÇÃO NA PERSPECTIVA DA EDUCAÇÃO POPULAR*

É SEMPRE UMA razão de contentamento eu estar voltando, ainda que não definitivamente, mas estar voltando sempre a um pedaço qualquer do Nordeste brasileiro.

Em São Paulo também está um calor horrível. Agora estamos sentindo um calor abafado, mas o calor de lá não tem o jeitinho do calor de cá. O meu corpo reconhece. Se me tivessem trazido sob o efeito de uma anestesia forte e eu despertasse aqui, mesmo com os olhos fechados, eu diria: Não sei bem o pedaço qual é, mas, que é do Nordeste, é. O meu corpo reage bem. Ele sente que o calor é o calor daqui. Puxa! Isso me faz um bem!... A gente, a cor da água do mar, o cheiro do chão, a cor das folhas, isso tudo tem que ver com a minha vida; tem que ver com minhas saudades, inclusive.

Eu nunca me esqueço, por exemplo, de uma vez, quando eu estava no exílio já fazia anos, e fui ao Pacífico Sul. Depois, em casa, vocês peguem um mapa para se distrair e vejam onde eu andei. Estive nas famosas Ilhas Fiji e

---

* Transcrição da palestra proferida por Paulo Freire no I Seminário Estadual sobre Cidadania e Alfabetização, em Maceió, no dia 17 de novembro de 1990, coordenado pela Universidade Federal de Alagoas. [AMAF]

Papua-Nova Guiné, e nunca me esqueço de que um dia, na Universidade, um professor ia dirigindo um carro quando, de repente, pedi a ele que parasse.

Ele parou e perguntou: "O que acontece? O que é que há?" E eu disse: "Quero ver esses matinhos." Desci do carro, fiquei de cócoras, de joelhos no chão, e peguei em minhas mãos as mesmas avencas que a gente tem aqui no Nordeste e certos matinhos, cujos nomes não me lembrava. Esfreguei uma folhinha, pedindo desculpas, e o professor (ele não tinha ideia da flora e da geografia do mundo) pensava: "Esse cara é doido, é maluco." Eu ia fazer uma conferência na Universidade e ele deve ter se questionado: "Que diabo esse cara vai dizer lá?" E ele insistia em perguntar por que eu estava com aquela atitude tão estranha. E eu dizia: "Olha, é que eu tenho tudo isso que vocês têm aqui, no Nordeste brasileiro, e sinto falta."

Então, estar aqui, eu é que agradeço.

Estive aqui nas vésperas dessa equipe excelente assumir o governo desta Universidade. Isso faz mais de dois anos. A equipe toda, num jantar numa beira de lagoa (já não posso mais fazer aquele tipo de jantar porque eu não posso comer tudo), discutia sobre os *sonhos* que tinha para materializar. Um dos sonhos era exatamente o de como fazer da Universidade Federal de Alagoas uma Universidade mais ou menos parecida com o Brasil e com o Nordeste, porque uma das coisas trágicas da maioria das universidades brasileiras é que elas na Suíça ficariam mal colocadas e, no Brasil, pessimamente colocadas. Quer dizer, é uma alienação terrível. Elas querem fazer coisas que não têm muito a ver com o momento histórico, cultural, social e econômico do país, e estou convencido de que é possível, ao mesmo tempo, pesquisar, buscar cientificamente, manter o diálogo com grupos populares. Gente que diz não ser científico o domínio do diálogo com os grupos populares diz por ingenuidade e ignorância. É possível fazer as duas coisas simultaneamente. Fazer uma mais do que a outra (o que para mim não é possível) é transformar esta Universidade em dois mundos contraditórios e antagônicos. Isso é que é um dos erros da alienação da nossa Universidade.

Eu quero, em primeiro lugar, felicitar vocês que estão na direção da Universidade e dizer que valeu a pena esta caminhada de três anos.

Agora eu quero começar com vocês essa conversa, evitando, ao máximo, qualquer tom formal. Quero ser sério, mas não quero estar de gravata e colarinho. Nunca. Mas quero ser sério.

Antes de tudo, quero dizer também que essa moça de riso bonito é minha mulher Nita. Desculpem a propaganda entre os membros da família. Ela escreveu um livro, que vou me admitir no direito de citar, por causa exatamente do tipo de nossa conversa. Ela escreveu uma história do analfabetismo no Brasil.[24] Não é da alfabetização; é do analfabetismo. Estudou a sociedade brasileira de 1534 a 1964. Saiu já o primeiro volume do seu

---

24. Freire, A. M. F. *Analfabetismo no Brasil* — da ideologia da interdição do corpo à ideologia nacionalista, ou de como deixar sem ler e escrever desde as Catarinas (Paraguaçu), Filipas, Madalenas, Anas, Genebras, Apolônias e Grácias até os Severinos. 2ª ed. revista e aumentada. São Paulo: Cortez, 1995.[AMAF]

trabalho, que abrange o período de 1534 a 1930. Ela está indo agora fazer uma conferência em Sergipe, exatamente sobre isso, que dá uma visão global da compreensão do fenômeno persistente do analfabetismo. Mas agora vamos conversar sobre essa questão da alfabetização e da cidadania.

Aliás, há uns três anos, tenho impressão de que pouco tempo depois que eu estive aqui com vocês, eu fiz uma conferência sobre esse tema, que está escrita e publicada, a convite da Unesco, em Brasília. Foi um dos bons textos meus, escrito com muito cuidado.

Neste primeiro momento da minha conversa, eu vou funcionar como de modo geral eu funciono quando trabalho, quando estou sozinho, em meu escritório ou em minha casa, para escrever e pensar sobre um tema qualquer. Eu vou me perguntar umas coisas. A primeira pergunta que me faço é a seguinte: O que é que a pessoa ou as pessoas que formularam este tema, que no fundo é uma questão ou um problema, "A alfabetização e a cidadania", pretendiam, qual a curiosidade? Esta curiosidade está em torno de quê? A gente descobre que a primeira curiosidade de quem formulou reside na necessidade de quem formulou. A gente percebe que o primeiro momento da curiosidade tem a ver com se há ou não, e em que grau, uma relação entre alfabetização e cidadania. Pra gente prosseguir nesse exercício de natureza intelectual, precisa de um segundo momento de comportamento, mais ou menos a elucidação ou o desnudamento do tema.

Vou fazer uma comparação um pouco sensual. No fundo, estudar, colocarmo-nos diante de uma temática, é

152 | PAULO FREIRE

fazer uma espécie de *"strip tease"* intelectual. Você vai, aos poucos, desnudando o tema. Não pode chegar e arrancar tudo de uma vez, tem que ir assenhoreando-se. Tem gente que fica doida de medo quando faz uma relação como essa. Que coisa!... Afinal de contas, é a vida, e conhecer faz parte de um processo permanente de busca da razão de ser da vida e das coisas.

Mas, voltando ao segundo momento, existe em mim, não ainda em nível aprofundado, mas pelo menos periférico, uma compreensão do que significam os dois termos: "alfabetização" e "cidadania". Se eu não fizer essa operação agora, faço um discurso formidável mas não sou capaz de tocar na substância do tema. É preciso ver primeiro um dos termos, depois o outro, para compreender a relação entre os dois.

Então eu me pergunto, agora, com relação à alfabetização, mesmo num primeiro ensaio, sem me aprofundar: O que é alfabetizar? Quando eu faço essa pergunta, se o faço numa perspectiva mais ou menos crítica, exigente, e não puramente formal, isto é, se eu procuro compreender o verbo "alfabetizar" mais além da sua primeira compreensão semântica (semântica cuida da significação das palavras), se eu me preocupo com algo mais do que o sentido gramatical da palavra, do verbo, do substantivo alfabetização, eu descubro que alfabetização não é, não significa simplesmente, pôr o alfabeto à disposição do alfabetizando.

Não é isso. Alfabetização, mesmo numa compreensão superficial, é um exercício através do qual o alfabetizando vai se apoderando, pouco e pouco, do profundo mistério da linguagem. Quer dizer, vai assumindo aquilo que ele já faz quando vem se alfabetizar. Vai assumir a legitimidade daquilo que gente chama de sua competência linguística. O alfabetizando, quando vem se alfabetizar, já fala. Por isso mesmo é que nunca apareceu um caso de analfabetismo oral. Não existe. Quer dizer, o analfabeto fala. O analfabeto tem uma competência linguística que ele cria, que ele ganha socialmente. É socialmente que a gente fala. Por isso é que ninguém ensina ninguém a falar. Nem ninguém ensina a ninguém a língua. A gente ensina gramática, ensina sintaxe, mas não a dominar a língua. Isso é um exercício social, com as dimensões individuais que ele tem. Numa primeira compreensão, alfabetizar é isso. No nível da criança e também do adulto. É possibilitar que o que já fala compreenda a razão de ser da própria fala; assuma, inclusive, a grafia do som e a grafia da fala, que não aparece necessariamente.

Se eu vou um pouco mais dentro dessa busca (que eu faço silenciosamente em casa e, repito a vocês, é interessante, faço isso muito mesmo. Às vezes me dão um tema e eu fico uma hora, duas horas, olhando-o para entender o tema, o que eu posso, o que eu quero) para entender a relação alfabetização e cidadania, descubro, por exemplo, que o processo da alfabetização tem que ver com a maneira como me engajo na prática, para ajudar quem ainda não lê a palavra. Eu descubro, nas minhas inquietações para uma compreensão rigorosa da alfabetização e de como se pode dar a alfabetização, que preciso de explicações científicas, que são postas à nossa disposição pelas pesquisas, inclusive as mais recentes, que nos trouxeram o sociolinguista e o psicolinguista, e não só os educadores.

É bom observar o grande avanço de que nós educadores dispomos hoje no campo da alfabetização, grandes avanços que nos chegam exatamente das pesquisas psicolinguísticas, sociolinguísticas, dos psicólogos do conhecimento, dos etimologistas, gente que se preocupa com o processo de conhecer, de construir o conhecimento, uma meia dúzia de nomes hoje muito famosos, alguns mortos, sem cujo trabalho, sem cujo estudo, a gente fica meio no ar para compreender essa questão da alfabetização. Não vou fazer citações porque eu quero que essa conversa seja séria, mas não necessariamente academicista, pois eu não estou dando aqui um seminário de pós-doutoramento ou de doutoramento. O que a gente percebe, quando vai se perguntando mais, é esse acúmulo formidável das pesquisas, dos resultados em torno, por exemplo, da aquisição da linguagem.

Recentemente, um jovem brasileiro, de Campinas, baseado num desses grandes pesquisadores da linguística atual, fez *achados* que foram até mais além do seu mestre e, de volta ao Brasil, depois de quatro anos sendo sustentado por nós nos Estados Unidos — porque com bolsa de estudo —, afirma que uma universidade particular convidou-o, interessada em seus estudos, pesquisas e trabalho. Como ele estava desempregado e mostrou interesse, disseram-lhe para fazer a inscrição pra um concurso. Mas ele disse: "Você desculpe, não é válido para mim, eu vou dizer o seguinte (aí ele se irritou e fez bem) eu não posso fazer esse concurso porque eu sei mais do que a banca." Esse rapaz tem um espírito jovem, não tem nem 36 anos, quer dizer, podia já estar dando sua contribuição, sobretudo no campo infantil.

É preciso que a gente vá se inteirando mais dos achados que esses pesquisadores vêm fazendo no campo da psicolinguística, sociolinguística, mas, ao mesmo tempo, e aí vem a segunda coisa que a gente percebe, é que a sociolinguística, a psicolinguística, as pesquisas que estão fazendo não resolvem, não explicam a relação alfabetização e cidadania. Eu queria deixar isso muito claro. O que eu quero dizer é que a contribuição dos cientistas, dos pesquisadores no campo da sócio e da psicolinguagem e linguística, os seus achados, não são suficientes, não têm a autonomia, no sentido epistemológico da palavra, para explicar a relação entre cidadania e alfabetização. A explicação última é a da ciência política.

Não há alfabetização neutra, enfeitadinha de jasmins, nada disso. O processo da alfabetização é um processo político, eminentemente político e, eu diria, da educadora saber disso ou não. A educadora pode bater com o pé no chão, fazer beicinho, dizer "não sou política", e o trabalho dela é político, e, se isso é verdade, o melhor então é que a educadora saiba, desde o começo, que faz política, uma coisa que não é fácil. Ela vai ter que optar, e optar é difícil, implica decisão, e decidir, por sua vez, exige ruptura. Ninguém decide sem romper. Todo processo decisório se fundamenta numa ruptura. Quando eu decido por A é porque rompo com B, ou porque não é possível decidir por A e B. Não dá. Isso é antigo. Desde Pôncio Pilatos

156 | PAULO FREIRE

essa coisa ficou clara. Não é possível neutralizar-se diante da relação contraditória opressor-oprimido, dominador-dominado, explorador-explorado. Toda vez que eu opto pela neutralidade eu opto pelo que tem poder e não pelo velho ou pelo fraco.

Tenho a impressão de que bastam essas duas ou três conotações ou qualidades que o verbo alfabetizar ou o substantivo alfabetização me sugerem para eu passar ao outro polo — a chamada cidadania. O que quer dizer isso? Será que cidadania é apenas o "adjetivo" que qualifica o homem ou a mulher de um certo lugar do mundo? Assim, a cidadania brasileira é a de um cara que nasceu no Brasil; a cidadania francesa pertence a quem nasceu na França. Não, cidadania não é um puro "adjetivo" que qualifica a pessoa em função da sua geografia. É algo mais. A cidadania está referida diretamente à história das pessoas e tem que ver com uma outra coisa muito mais exigente, que é a assunção da história da pessoa. Tem que ver com o assumir a sua história na mão; quer dizer, não há cidadania sobre quem faz a história. Não há cidadania nas pessoas que viraram matéria de se fazer história com elas ou sobre elas e até, várias vezes, para elas, pois a cidadania implica um sentido mais profundo, nesse direito de assumir a história socialmente ou, numa dimensão individual, quer dizer, eu assumo a história e, na minha assunção da história, eu tenho alguma coisa que lembra a história ou não, porque eu tenho algo que ela não tem, esse algo que é meu, esse algo que faz que eu seja Paulo Freire, o único sujeito no mundo que como eu só eu mesmo. É essa coisa misteriosa e linda que é cada um de nós nesta sala, é ele mesmo e ela mesma. Pode haver um cara parecido com outro, até na safadeza, mas é outro. Eu sou eu mesmo. Tenho uma mesmidade, ninguém pode ser eu; eu sou eu.

Agora, isso não basta para explicar a história. A história não é feita de indivíduos, ela é socialmente feita por nós todos e a cidadania é o máximo de uma presença crítica no mundo da história por ela narrada. Então vocês vejam cidadania como sendo isso. A cidadania não é apenas o fato de ser um cidadão que vota. Isso é pouco demais, embora seja fundamental também, pois ela é muito mais. O conceito de cidadania vem casado com o conceito de participação, de ingerência nos destinos históricos e sociais do contexto onde a gente está.

Vejamos agora o seguinte: se isso é cidadania no sentido do imaginoso, vocês podem ver como nós andamos longe de ser cidadãos nesse país. A história brasileira, a história da sociedade brasileira, é isso que a Nita analisa. Eu gosto muito do livro dela. Tenho a impressão de que se pode dizer uma frase medíocre ou, com um certo ar acadêmico, antes e depois do livro dela. O seu estudo do analfabetismo, do ponto de vista histórico, para mim, é a melhor coisa que a literatura brasileira tem hoje. Pode ser que alguém discorde aqui, discorde acolá, faça críticas, porque é assunto que ela interpreta, mas não escreveu só para mim, ela é uma historiadora. Exatamente por isso ela não é professora de história. Professor conta o que o outro contou. Ela vai mais além, interpreta à maneira dela. E ela estuda bem essa marca autoritária, terrivelmente autoritária da sociedade brasileira; quer dizer, a experiência nossa.

A experiência da história brasileira, da sociedade brasileira, é essa: é uma verticalidade, uma imposição.

Eu não sei se vocês se lembram; aliás, eu conto isso aqui trazendo também minhas reservas históricas. Pode ser que não tenha sido verdade e eu não quero acusar o ex-presidente Figueiredo em memória disso. Quando eu estava no exílio, em Genebra, alguém do Brasil mandou um recorte de jornal: o presidente Figueiredo estava numa *sui generis* campanha, porque ele já era presidente antes de abrir o Colégio Eleitoral. Ele foi indicado e já era presidente, mas havia aquela encenação. Ele percorreu o país fazendo discurso, e lá no jornal brasileiro havia uma declaração sua: "Vou fazer desse país uma democracia e quem se meter no caminho eu meto porrete e prendo. Eu prendo e arrebento". Eu soube que ele disse, depois, que nunca dissera aquilo. É por isso que eu faço uma ressalva. Eu me lembro que usei essa frase dele, num seminário nos Estados Unidos, para mostrar o marco, o rosto do autoritarismo brasileiro, quer dizer, o autoritarismo é tão danado, tá de tal maneira impregnado na gente, que a gente acha que democracia a gente faz também assim. De cima para baixo.

É o tal negócio: o pai e a mãe discutindo com o filho por uma coisa qualquer. O filho quer uma coisa e os pais não querem. No fim o pai diz: nós concordamos com você desde que a conclusão seja esta, não há concordância nenhuma. A profundidade da significação do ser cidadão passa pela participação popular, pela "voz". Quando eu digo voz é mais do que isso que eu estou fazendo aqui. Não é abrir a boca e falar, recitar. A voz é um direito de perguntar, criticar, de sugerir. Ter voz é isso. Ter voz é ser presença crítica na história. Ter voz é estar presente, não ser presente. Nas experiências autoritárias, tremendamente autoritárias, o povo não está presente. Ele é representado. Ele não representa.

Tenho a impressão de que agora não é difícil fazer a ligação entre os dois termos: alfabetização e cidadania. A relação dos dois termos — alfabetização e cidadania — sugere, num primeira aproximação, ainda um pouco ingênua, e o perigo é ficar nela, que a alfabetização produz a cidadania. E, se esta for a inteligência da frase para o resto do curso, é um desastre, é um desastre porque se a gente proclamar esta inverdade vai ajudar exatamente a demagogia brasileira. Para falar só nela. É como se um governo, por exemplo, lançasse um vasto trabalho de educação, de alfabetização de crianças e de adultos e viesse dizer de si mesmo, batendo no peito: eu dei também a cidadania. Não é isso. A primeira reflexão que eu fiz mostra que, apesar da necessidade fantástica que nós temos, educadores e educadoras, de conhecer os resultados das pesquisas associadas à psicolinguística, elas sozinhas não explicam a relação alfabetização e cidadania. A sociolinguística se aproxima mais. Muito mais. Ela diz aos educadores: se vocês não descobrirem isso, eu digo, porque a coisa fica evidente através da sociolinguística. Foi por isso que eu falei na natureza política da educação como uma totalidade, e da alfabetização como um capítulo dela.

A alfabetização em si não é sequer o começo da cidadania, mas a experiência cidadã requer a alfabetização. Vamos tentar compreender a dialética disso, a contradição disso. Eu acho que a gente compreende melhor essa contradição se a gente compreender uma contradição igualzinha a essa entre educação e escola. Entre educação e mudança. Quando a gente diz, por exemplo: a educação não é a alavanca da transformação social mas a transformação social é, em si, educativa. Ou, quando a gente diz: a força da educação reside na sua fraqueza, quer dizer, essas afirmações dialéticas, contraditórias, explicam essa outra, que é igualzinha, da mesma natureza.

A debilidade da prática educativa é profundamente limitada. Profundamente limitada. Quanto mais a gente reconhece o limite a que se submete a prática educativa, tanto mais a prática educativa fica forte. Então, se a educação não faz tudo, a educação faz alguma coisa. E é exatamente esta alguma coisa que cabe ao educador político descobrir. E essa alguma coisa está na dependência direta da conjuntura histórica e social que a gente vive num determinado momento.

Um dos equívocos nossos, educadores e educadoras políticos, é que, de vez em quando, quase sempre, a gente deixa de pensar historicamente; quer dizer, pensar em processo, pensar em algo que não é porque não se pode ser, e não porque está sendo. Vou usar aqui uma palavra bem acadêmica, pensar metafisicamente. A gente imobiliza a história. Numas afirmações mutáveis a gente diz: isso é isso, e acabou. Em história, os "issos" são sempre "não issos" e a gente não entende. Por isso, as esquerdas brasileiras são excelentes para analisar o que passou e não o que vai acontecer. Há análises de que os governos são excelentes no Brasil. Fantásticos. Mas não sabem analisar o que pode acontecer.

Se a alfabetização não é fazedora da cidadania, a alfabetização, e sobretudo uma certa forma de trabalhar a alfabetização, pode constituir-se num fator, numa espécie de empurrão necessário na busca da cidadania. É preciso ficar claro que o fato de ler hoje o que não lia ontem, em termos de palavras, não significa que ninguém virou cidadão. É preciso saber também que até o fato de poder votar (se bem que no Brasil hoje se pode votar sem ler a palavra) tem a ver com a dimensão formal, periférica, da cidadania. O ato formal de votar pode começar a apontar determinadas insatisfações de uma cidadania castrada, como no caso do Brasil hoje.

Essa eleição que a gente acaba de ter, há um mês e pouco, revelou essas insatisfações através da nulidade de votos e através de abstenções. Os analistas vêm chamando isso até de "recados aos políticos" e alguns estão até assustados. Em São Paulo há uma coisa interessante de ver. Quem, na Câmara, não é uma coisa assim: quatro vezes quatro dezesseis? Mas quem na Câmara Municipal de São Paulo assumiu constantemente uma posição anti-Erundina não se reelegeu, o que é uma coisa sintomática, uma coisa interessante. Também quem andou mudando demais de partido, de modo geral, não se reelegeu. Houve quem se elegesse, mas muita gente foi para escanteio, inclusive gente boa, gente séria, que deixou seu partido para criar outro e não se elegeu no outro. Mesmo que você não tenha dados para afirmar categoricamente, mas são sintomas. Eu preferia chamar isso muito mais de avisos, de sinais. Para mim são sinais também de uma cidadania frustrada.

O que isso quer dizer aos deputados? Que eles mesmos se reúnem e aumentam seus próprios salários (não sei bem o nome, porque salário é de funcionário, salário é o meu). São aumentos extraordinários que dão a si próprios, estabelecendo uma diferença extraordinária, astronáutica, entre o que eles ganham e os que ganham salário mínimo, o que ganha uma professora neste estado. Se vocês me permitem uma falta de elegância, eu diria que o moço que trabalha e ajuda a gente a limpar a casa ganha mais que um professor, e eu não sou rico, sou só um educador. A moça que cozinha lá para casa ganha também cinco vezes mais. Um dia eu disse a ela quanto está ganhando uma professora e perguntei se ela queria voltar para o Nordeste e fazer concurso para professora, e ela disse: "Deus me livre."

Então, eu acho o seguinte, voltando à história dos recados. Para mim, é um sintoma dos mais positivos da sociedade brasileira no momento histórico hoje. Para mim, no primeiro momento, a cidadania começa a descobrir que não é cidadã. Puxa! Isso é uma coisa fantástica. É que o povão começa a dizer: isso é uma mentira, eu estou notando, os caras me enganam, me traem. É por isso também que os grandes conjuntos populares trocam o voto por camisas e sapatos. É que as classes dominantes deste país desmoralizaram a tal ponto o direito de votar que, quando cobram e querem que o povo em massa venha votar, o povo não tem outra saída. Eu só acho que o povo está errado numa coisa: devia receber o dinheiro e votar em outro, mesmo que o outro não preste também. São momentos em que a cidadania protesta e ela protesta porque se percebe não cidadã, ela sabe que não tem voz, ela sabe que não tem presença.

Então, para mim, o processo de alfabetização válido entre nós é aquele que, inclusive, discute isso com o alfabetizando. É aquele que não se satisfaz apenas — e agora volto a uma afirmação que eu venho fazendo há anos neste país — com a *leitura da palavra*, mas que se dedica também a estabelecer uma relação dialética entre a *leitura da palavra* e a *leitura do mundo*, a leitura da realidade. A prática da alfabetização tem que partir exatamente dos níveis de leitura do mundo, de como os alfabetizandos estão lendo sua realidade, porque toda leitura do mundo está grávida de um certo saber. Não há leitura do mundo que não esteja emprenhada pelo saber, por certo saber.

O que é preciso é saber que saber é esse e em que nível se situa; qual é a maior ou menor distância que este saber tem com relação à rigorosidade de não dar a nós absolutização do nosso saber, mas que nos aproxime da análise do real sabido. Nós temos que partir do respeito do saber popular explicitado na leitura que o povo traz do seu mundo, da sua realidade. Por isso é que a alfabetização, em sendo o processo de aprendizagem da leitura da palavra, parte da leitura do mundo e volta à leitura do mundo. Voltar à leitura do mundo, portanto reler o mundo depois de ter lido a palavra, pode significar uma aproximação mais rigorosa da compreensão de cidadania.

Então, esta alfabetização assim vivida, assim encarada, fundando-se nos *achados* da teoria, inventando metodologias, essa alfabetização se inscreve como um instrumento limitado, humilde, mas indispensável para a obtenção, a criação, a aplicação e a produção da cidadania.

Muito obrigado.

Alfabetização: leitura do mundo, leitura da palavra[*]

Paulo Freire e Márcio D'Olne Campos

Paulo Freire: — Márcio, algum tempo atrás, nós nos encontramos em algum desses seminários que juntam educadores populares e alfabetizados para discutir ora questões metodológicas ora princípios, a própria con-

---

[*] Salvo pequenas anotações e alterações, este texto, editado por Cléo Toledo, teve duas publicações: Freire, P., Campos, M. D'O. Leitura da palavra... leitura do mundo. *Correio da Unesco*, v. 19, n. 2, p. 4-9, fevereiro 1991; Freire, P., Campos, M. D'O. Alfabetização: leitura do mundo, leitura da palavra (mímeo). *Cadernos de Formação*. São Paulo, Secretaria Municipal de Educação (CO-DOT-GB 1 Sa.), 1991.

A primeira publicação foi por sugestão de Majid Rahnema, amigo e admirador de Paulo Freire, e a segunda na gestão de Mário Sérgio Cortela (Secretário Municipal de Educação no governo de Luiza Erundina de Souza de junho de 1991 a dezembro de 1992). [Nota de M. D'O. C]

A amizade recíproca entre Paulo e Majid Rahnema se fortaleceu quando meu marido colaborou para as discussões da Comissão Internacional sobre o Desenvolvimento da Educação organizada pela Unesco, que teve como presidente Edgar Faure e Majid como um dos seis membros, na qualidade de antigo ministro do Ensino Superior e de Ciências do Irã (1967-1971) (Relatório *Apprendre à etre*. Paris: Fayard-Unesco, 1972. Coleção Le monde sans frontiérs). Majid Rahnema foi embaixador do Irã junto à Organização das Nações Unidas por 12 sessões consecutivas, na década de 1970. Posteriormente, criou, no Irã, um centro de estudos inspirado nas ideias de Paulo Freire.

PEDAGOGIA DOS SONHOS POSSÍVEIS

cepção do que é e do que pode ser a educação popular, e de como nos mover na prática da educação popular em torno dos agentes desta educação. Num deles, coube a ti coordenar a sessão e tu colocaste alguns dos problemas, para mim fundamentais, que se situam na órbita de uma das tuas preocupações no campo da ciência, que é a tua curiosidade, no sentido epistemológico, sobre etnociência. Lembro-me de que discutimos, à luz das tuas reflexões sobre a etnociência, o que venho, já há algum tempo, chamando "leitura do mundo".

Sempre que tenho discutido a questão da alfabetização, tenho afirmado que é impossível pensar-se na

---

Em 1975 realizou-se o célebre encontro de educação de adultos, em Persépolis, Irã, organizado pelo esforço da princesa irmã do Xá Reza Pahlavi, a "Jornada Internacional de Alfabetização". O governo militar brasileiro (gestão do general Ernesto Geisel) pediu a expulsão de Paulo como *persona non grata* do país na véspera do encontro. A alegação da "diplomacia brasileira", por ordem de Brasília, era a de que se tratava de "pessoa perigosa e inimigo do Brasil". Embaraçado, o Xá convocou sua irmã e Majid Rahnema para resolverem o que fazer, desde que a indicação de Paulo tinha sido sugerida e endossada pelo ex-ministro. É claro que o amigo e admirador de Paulo, homem de confiança do Xá, afiançou o "subversivo", garantindo sua lisura e explicando o motivo do gesto autoritário e retaliador do governo ditatorial brasileiro. Os educadores do Mobral presentes ao encontro, sob o comando de seu presidente à época, se retiraram do local antes da leitura do discurso de Paulo e da entrega a ele do prêmio "Mohammad Reza Pahlavi". Não sem dor, contou-me Paulo, relembrando o momento dramático em que, acintosamente, seus compatriotas, um a um, foram saindo do local, deixando-o "sozinho". A compreensão estreita e malvada dos donos do poder de então não suportou sequer presenciar tão honrosa homenagem à inteligência brasileira. Enquanto Paulo era proclamado como um grande educador do mundo, a ditadura preferiu continuar insistindo em que ele seria "comunista e ignorante", como o classificaram após o golpe de março de 1964. O título deste diálogo é também o de um livro de Paulo Freire com Donaldo Macedo. [AMAF] leitura da palavra sem reconhecer que ela é precedida pela leitura do mundo. Daí que a alfabetização, enquanto aprendizado da leitura escrita, da palavra, implique a releitura do mundo. Por isso é preciso primeiro constatar esta coisa óbvia: que o bicho gente, muito antes de desenhar e fazer a palavra escrita, falou, disse a palavra e, muito tempo antes de escrever, "leu" o mundo dele, "leu" a realidade dele. Talvez pudesse dizer que, muito antes de escrever a palavra, ele "escreveu" o mundo, isto é, transformou o mundo sobre o qual falou para, depois, escrever o falado. De maneira que todo processo de alfabetização, para mim, tem que compreender e constatar este fato histórico e social e tem, metodologicamente, que envolver a provocação por parte do(a) educador(a) aos(às) educandos(as), no sentido de que eles exercitem, a nível sistemático, a oralidade. Esta, de resto, está presa necessariamente a isso que chamo "leitura do mundo", fonte da invenção da escrita da palavra, na medida em que foi a leitura do mundo que terminou por levar o bicho gente a registrar em signo o som com que já dizia o mundo. Então a alfabetização implica esse ponto de partida e implica voltar a ele. O que vale dizer: a alfabetização implica reconhecer o ponto de partida da leitura do mundo, implica pensar em que níveis a leitura do mundo está se dando ou quais são os níveis de saber que a leitura do mundo revela e, a partir do aprendizado da escrita e da leitura da palavra que se escreveu, voltar agora, com o conhecimento acrescido, a reler o mundo. Até diria, a ler a leitura anterior do mundo. E me lembro de que discutimos isso naquele encontro, agora um pouco afastado no tempo deste momento em que nos encontramos.

A gente vai retomar essa questão da leitura do mundo, da leitura da palavra, que tem que ver necessariamente com diferentes níveis de saber-o-mundo, implícitos na sua leitura, e tem que ver, portanto, com como é que a gente se põe diante dos dois polos: o do saber ingênuo e o do saber rigoroso.

É como se nós, você, esse físico curioso, que carrega uma ingenuidade necessária, sempre menino, por isso mesmo, e eu, um pedagogo bem mais velho do que você, portanto com uma presença e um tempo de leitura do mundo anterior ao seu por alguns anos a mais, revíssemos agora as nossas formas individuais e conjuntas de considerar a dinâmica desses dois polos de saber.

É interessante observar essa luta que cada um de nós enfrenta entre o saber ingênuo e uma rigorosidade mais límpida, sem liquidar com a ideologia por que haverá sempre uma espécie de sombra ideológica na rigorosidade mesma com que a gente desvela a própria ideologia. A minha prática tem sido esta, a prática de pensar rigorosamente a prática, que é uma prática teórica. Mas sou, sobretudo, um educador que busca níveis diferentes de rigor assim como você também. E hoje é como se, compreendendo a importância indiscutível da escrita e da leitura do mundo para os homens e para as mulheres deste fim de século e começo de século e de milênio, dialogássemos nesta manhã para dar uma mínima contribuição enfrentando o desafio de uma compreensão mais crítica do significado desse "Ano Internacional da

Alfabetização" que já está virando uma década e pelo qual a Unesco é responsável por delegação das próprias Nações Unidas.

Como essa conversa possivelmente vai transformar-se num texto publicável por alguma revista, gostaria de deixar muito claro aos possíveis leitores que, além de homenagear o "Ano Internacional da Alfabetização", possivelmente não traremos nenhuma contribuição sobre pontos que ainda não tenham sido pensados. Não vamos inventar coisíssima nenhuma aqui. Vamos redescobrir, indicando ao leitor, possivelmente na oralidade desse papo, alguns temas interessantes para a construção do conhecimento.

Então o que te proponho agora é que partamos para a conversa, e nos situemos em torno de como vemos essa leitura do mundo e de como poderíamos — aproveitando o fato de que ela existe, precisamente porque ela é expressão da necessidade de, estando no mundo, estar com ele, por parte dos seres que há muito tempo começaram a se fazer humanos — analisar algumas dessas implicações, inclusive em função de tuas próprias preocupações nessa área.

Márcio D'Olne Campos: — Essa oportunidade é ótima para revermos nossas conversas anteriores e começar a sistematizar as discussões dos temas de nossos encontros. Você sabe que eu venho há algum tempo me preocupando com a relação entre os conhecimentos popular, tribal e científico. Aproveitando sua menção da releitura do que já foi lido no mundo, pensemos no caso das populações nativas que me têm proporcionado repensar drasticamente minha condição de educador. No seu contato íntimo com o ambiente/mundo, a falta de escrita convencional para registrar a leitura não impede que os nativos criem outras instâncias de registro para instrumentar a reprodução do saber. Exemplos dessas instâncias de registro são os ornamentos, os rituais, os mitos e o intenso exercício da oralidade.

Essa relação íntima com o ambiente/mundo é a leitura primeira que antecede e permite a criação de signos e símbolos dos quais aquelas instâncias de registro estão impregnadas para permitir as releituras. Releituras essas contextualizadas por signos produzidos na leitura primeira do ambiente/mundo e não por signos e símbolos típicos de cartilha.

Isso nos traz um ensinamento extremamente importante. Em geral, na nossa sociedade, as crianças são submetidas a um processo pavoroso de imposição de signos *a priori*, sem que se faça nenhuma relação com o que ela vivencia e, portanto, lê e representa para si em símbolos associados àquela leitura, sem que se faça nenhuma relação desses signos com o que ela vivencia, lendo o mundo e representando para si em símbolos associados a essa leitura anterior da palavra escrita.

Na sua leitura anterior, o mundo é lido a partir de evidências empíricas e de indícios; indícios esses não observados diretamente, mas construídos individualmente enquanto "dados" de uma vivência pessoal. Com isso ela está criando um conhecimento associado à sua própria simbologia. Mas, num processo educativo, nem sempre o educador toma a consciência de que existem outros símbolos, os de cada criança, por exemplo, além dos que ele quer trazer para ela como imposição. Essa questão é interessante para pensarmos nas sociedades nativas, onde esses símbolos não estarão presentes numa escrita de signos como os da nossa sociedade. Eles vão se encontrar na escrita do ritual e do mito, assim como na escrita de formas miméticas associadas à relação Homem/Natureza daquela população.

Tudo isso pode facilmente ser perdido por nossa interferência. Aliás, nossa tradição é tal que muitas vezes aceitamos indícios e evidências empíricas já prontas e embutidas em nosso contexto na forma de representações simbólicas que, chegando de fora, não foram repensadas no contexto local. Então, a essa leitura anterior do mundo, se relacionam os signos e símbolos da interação local do estar-no-mundo, dessa presença no mundo que se vai construindo enquanto comunicação e historicidade. É calcado nessa presença que o processo educacional tem que se dar, é nessa presença e por causa dela que a alfabetização deve ocorrer. A criança não pode ficar numa campânula até que saiba ler e escrever apenas com os signos impostos para só depois poder ler o mundo. Que depois é esse, se a situação histórica da criança já contém um antes que foi desprezado?

É nesse contexto que associei suas ideias, Paulo, ao repensar a educação em ciências não só as naturais, mas compreendendo também as sociais, as duas permeadas pelo conceito de cultura para não nos trairmos no nosso estar-no-mundo.

PAULO FREIRE: — É por isso que insisto tanto sobre a necessidade de os educadores e as educadoras sempre respeitarem os níveis de conhecimento que as crianças trazem para a escola e que terminam por dar uma certa marca, por expressar o que a gente pode chamar de identidade cultural das crianças que chegam à escola, a qual necessariamente passa pelo corte de classe social. Não há por que não falarmos aqui, também, da criança, pois que o "Ano Internacional da Alfabetização" não poderia, de maneira nenhuma, deixar de lado a preocupação com os milhões de meninos e meninas que no mundo, hoje, estão proibidos de aprender a ler e que vão depois se acrescentar aos milhões de jovens e de adultos analfabetos.

No universo infantil, para mim uma condição fundamental para que o educador trabalhe com eficácia — no bom sentido que a palavra deve ter — é exatamente o respeito a essa identidade cultural das crianças que, como disse, têm um corte de classe. E o respeito a essa identidade, sem o qual o esforço do educador fraqueja, tem que ver com essa leitura que a criança faz do mundo e com a qual ela chega à escola. É uma leitura que ela aprende a fazer, no convívio de sua casa, no convívio de sua vizinhança, de seu bairro, de sua cidade, com a marca forte do corte de sua classe social. Com essa leitura ela chega à escola, que, quase sempre, despreza esse saber anterior. Nessa leitura ela traz obviamente a sua linguagem, ela traz a sua sintaxe, ela traz a sua semântica. Ela fala, afinal de contas. Ela tem isso que os linguistas chamam de competência linguística.

Mas é incrível, Márcio, ver como, de modo geral — eu não diria jamais que são todas as escolas que fazem isso —, há um desprezo burocrático por parte das escolas com relação a tudo isso que se deu antes da escola e que vai continuar se dando apesar da escola. Quer dizer, é como se a escola devesse assumir por decreto divino a tarefa de apagar da memória e do *corpo consciente* dos meninos essa linguagem, que no fundo é esse comportamento, que no fundo é esse sentimento, é essa percepção do mundo com que a criança chega a ela.

MÁRCIO D'OLNE CAMPOS: — Deixa-me aproveitar sua menção à identidade cultural. Essa leitura que a escola despreza totalmente carrega a imagem de um processo no qual a criança que nos primeiros anos de vida está muito autocentrada nos seus referenciais e começa, por sua própria leitura do mundo, a comparar e comparar-se e, em se diferenciando, a ir tomando consciência das diferenças. Esse é o processo de construção de sua identidade, de sua decentração, de sua socialização a partir de suas próprias leituras. Muitas vezes, o que se faz na escola é apelar para belos jargões, como o da autonomia, e destruir todo esse processo reconstruindo a identidade pretendida pelo professor, dentro da sala de aula. Ou seja, desrespeita-se a dialética própria da criança no reconhecimento e construção dos seus referenciais de tempo e espaço e, portanto, de sua situação histórica. É apenas no respeito a essa dialética que ela vai aos poucos se autorreconhecendo diferente na construção da sua identidade.

Em geral, a escola interrompe e mesmo destrói autoritariamente esse processo, trazendo uma identidade padrão ditada por uma determinada norma culta, cuja ideologia não permite investigar e dialogar com a leitura anterior da criança.

PAULO FREIRE: — Você abordou uma coisa que faz voltar às considerações que estava fazendo antes. Veja como é negativo este desrespeito à bagagem de vida, à bagagem existencial com que a criança chega à escola. Bagagem que envolve saber contar, que envolve, por exemplo, as técnicas, as manhas que as crianças, que os grupos sociais desprivilegiados usam para defender-se da agressão dos dominantes. Você vai ver, por exemplo, que a escola afere, avalia, e nós não estamos contra a avaliação, mas nos opomos a que se avalie apenas o que se deu no tempo dela, a escola, e que se decrete que nada houve antes dela e que nada haverá fora dela, na vigência de seu tempo. É raro que a criança seja aferida em relação ao que ela trouxe de saber para a escola. E jamais se considera a ligação daquilo que ela está aprendendo na escola com o que ela está aprendendo no mundo.

MÁRCIO D'OLNE CAMPOS: — Mundo que ela está lendo.

PAULO FREIRE: — No mundo em que ela está lendo sempre. Então você veja como este desrespeito revela uma certa incompetência que também é científica, porque não é só uma questão de opção política. O que faço e como faço ou deixo de fazer com o "saber de experiência feito" com que a criança chega à escola é uma questão político-ideológica. Negar esse saber é incompetência científica, além de reacionarismo.

MÁRCIO D'OLNE CAMPOS: — É uma incapacidade de utilizar uma metodologia no fazer, no ato, para, estando no mundo, construir na dinâmica da vivência uma metodologia consequente.

PAULO FREIRE: — É por isso que este desrespeito à criança e à sua identidade, este desrespeito ao mundo e ao mundo em que a criança está se fazendo pelo fato mesmo de estar tocando neste mundo revela indiscutivelmente uma ideologia elitista e autoritária da escola. Quer dizer, a escola é elitista, entre outras coisas porque só aceita como válido o saber já montado, o saber pseudamente terminado. Aí há um erro científico, também um erro epistemológico. É que não há saber nenhum que esteja pronto e completo. O saber tem historicidade pelo fato de se construir durante a história e não antes da história nem fora dela. Então, o saber novo nasce da velhice de um saber que antes foi também. E já nasce com a humildade — os cientistas é que às vezes não têm humildade — de quem espera que um dia envelheça e suma, para que outro saber o substitua.

Márcio D'Olne Campos: — Esse processo histórico que você está descrevendo parece caracterizar a presença popular trazendo à tona os pecados do saber instituído.

Paulo Freire: — Exato. Então daí também há outra coisa interessante a se verificar nesta ideologia elitista e autoritária que se reflete numa certa compreensão que a escola passa a ter de si mesma. Eu repito que há exceção, muitas exceções, claro. Mas a escola passa a se ver como uma espécie de templo no qual se cultiva um saber casto, cuja excelência deve ser defendida das impurezas da cultura popular, da corruptela da linguagem das classes populares, dos erros de sintaxe, de ortografia e de prosódia.

Isto não significa que você e eu fiquemos no nível da preservação ou do ideal de preservar e manter os educandos nos níveis de saber que eles se acham. Pelo contrário, o que nós queremos é que o educando cresça, que marche no processo de saber melhor o que já sabe para aprender inclusive a criar, a produzir conhecimento que ainda não existe.

Márcio D'Olne Campos: — A dificuldade aí é fazer que o educador não pense, que esse progredir no conhecimento seja uma progressão no sentido de hierarquização existente atualmente para o conhecimento. Quer dizer, é como se, estabelecida uma norma culta para a escola, o único caminho do educador fosse chegar a uma norma mais culta. Só que o critério dessas normas é o critério ideológico. Queremos que o educador progrida, reconhecendo outros conhecimentos. Reconhecendo os outros conhecimentos das classes populares, das minorias étnicas e por aí afora. Porque só nisso o educador trabalhará com os conceitos elaborados no contexto de vivência.

Você mencionou que a gente não pode tentar caracterizar uma educação certa. Assim como o acerto no sentido educacional é difícil de ser caracterizado, o erro também não o pode na maior parte das vezes. E aí tocamos numa questão que muito temos discutido: o erro no processo pedagógico. Lembremos Bachelard, que sugere verdadeira "pedagogia do erro", na qual o erro deve ser revisto não como reflexo do espírito cansado, mas, na maioria das vezes, como um obstáculo epistemológico, um obstáculo ao ato de conhecer e um desafio da realidade ao seu enfrentamento.

Eu acho interessante que você está trazendo dentro deste conceito aquele outro que você propôs numa das nossas conversas anteriores. É o obstáculo ideológico ao não prosseguimento no reconhecimento ou na construção de outros conhecimentos. É com o obstáculo ideológico que se consideram as classes populares impondo-se às minorias a estigmatização da ideia de erro, assim como marcando os contextos locais e os tempos dos erros nessas classes para que nós, classes dominantes, nos diferenciemos apoiados por um critério puramente ideológico e de dominação, o da exclusividade da norma culta.

PAULO FREIRE: — Exato. Acho isso que tu estás colocando de uma enorme importância. Seria preciso que a compreensão do erro em Bachelard fosse democratizada.

O que quero dizer é o seguinte: que a grande maioria dos educadores passasse a entender o erro assim e passasse também a acrescentar à compreensão do erro, enquanto obstáculo epistemológico, a compreensão da força da ideologia, quase sempre na raiz do obstáculo epistemológico. Disso resultaria que, em lugar de óbice propriamente para o processo de conhecer, o erro passaria a constituir-se como um momento do processo. Quer dizer, um momento importante, um momento fundamental do processo de conhecer é errar. É preciso, pois, que o educando perceba, pelo testemunho que a educadora lhe dá no seu discurso, na sua prática, que errar não é uma grave deficiência e revelação da sua incompetência, mas um momento possível no percurso da curiosidade. É como se, em lugar de virar a esquina da esquerda para encontrar o objeto, virasse a da direita...

No momento em que, portanto, a compreensão do erro muda, primeiro, você necessariamente melhora o processamento da busca do conhecimento por parte da criança e, segundo, faz a educadora assumir-se mais humildemente. Terceiro, necessariamente faz a educadora diminuir sua carga de autoritarismo. É que, do ponto de vista do autoritarismo, quanto mais as crianças erram, tanto mais podem ser punidas.

MÁRCIO D'OLNE CAMPOS: — No sentido antigo.

PAULO FREIRE: — No sentido antigo. De punir, ora mandando que o menino escreva trezentas vezes que nunca mais cometerá aquele *erro* ora pondo o menino de castigo, expulsando o menino da sala, sei lá o que mais. Aí a compreensão do erro ultrapassa também o nível do erro intelectual e passa também a marcar terrivelmente o erro do ponto de vista do comportamento ético do menino e da menina que também é cultural, que é de classe. Então acho importante ter discutido, mesmo rapidamente, esta questão do erro como quase elemento necessário, eu não te diria necessário no sentido de que a gente deve fabricar o próprio erro, mas necessário no sentido de que ele tome parte do processo, do encaminhamento, do andar da curiosidade. Não há curiosidade que possa exercer-se estaticamente. Toda curiosidade se exercita "caminhando". Posso estar parado, aqui, por três horas, e a minha curiosidade inquieta me deixar a cabeça quente e exausta. Não há a possibilidade de a curiosidade se colocar, se posicionar, se aproximar, recuar diante do objeto que ela procura aprender, sem correr o risco bom de se equivocar ou de errar. O que a gente precisa fazer na prática pedagógica é mostrar que, se a curiosidade se equivoca ou erra, não deve, por isso, ser punida. Mas, por outro lado, não deve se "amaciar", não deve desistir de caminhar. Em contrapartida, o que faz essa ideologia, essa prática autoritária? Pune e assusta a criança com relação ao erro. O erro passa a virar uma categoria terrível, uma espécie de pecado imperdoável.

Sem essa espécie de síndrome dos erros, mas considerando-os apenas como obstáculos a enfrentar para a construção de um saber rigoroso, o saber comum em que os educandos navegam deve conviver, deve participar do diálogo, da dialogicidade necessária entre eles e o educador. Então, num determinado contexto de discurso, o universo vocabular traz a possibilidade de um tema gerador que explicita um determinado momento histórico, social e cultural da compreensão do mundo. Não é possível chegar ao que o educador considere mais rigoroso, menos errado, sem partir disso que venho chamando de o "aqui e agora" dos educandos.

Até aproveitaria a oportunidade para dizer, sobretudo, aqui e agora, ao físico, o seguinte: só há uma coisa chamada rigorosidade, porque há o contrário dela. Mas o contrário dela é exatamente o seu ponto de partida. O que vale dizer toda rigorosidade, em primeiro lugar, convive com ingenuidade. Toda rigorosidade tem no seu corpo momentos de ingenuidade. Além do mais, não há isso que alguém pensa ser rigorosidade pura. A rigorosidade convive com ingenuidade e, tem mais, passa por ela. Quer dizer que não é possível você, desrespeitando o que se chama de sabedoria popular, dar um sorriso de mofa diante dela e sem ela alcançar de repente a explicação mais rigorosa do mundo.

Agora o que nós defendemos é que esta pedagogia, que exigimos ser rigorosa, não despreze a ingenuidade, não ponha entre parênteses as emoções e sentimentos, esteja absolutamente convencida de que, para que se alcance a rigorosidade, o caminho é a ingenuidade, o ponto de partida.

Mas tenho a impressão, Márcio, de que no teu trabalho, quer dentro da Universidade quer fora dela, nas tuas andanças pelo Brasil, tu tens chegado a fazer umas propostas que enriquecem muito e que dão sentido até melhor a certos conceitos e instrumentos de trabalho que desenvolvi no campo da temática geradora e que talvez tu pudesses trazer nessa conversa, nessa espécie de homenagem que a gente se faz, ao fazer ao "Ano Internacional da Alfabetização".

Márcio D'Olne Campos: — Com a sua discussão da necessidade da ingenuidade para que se alcance a rigorosidade, quero referir-me às minhas andanças pelo Brasil e especialmente ao significado do trabalho em etnociência. Essa área do conhecimento acadêmico é, no fundo, uma etnografia do conhecimento, uma etnografia dos processos de construção de conhecimento e de técnicas locais. Para isso seria necessária uma postura etnográfica não etnocentrista, na compreensão do saber do outro. Isso exige penetrar na cultura local para entendê-la de dentro. Para esse início de entendimento é preciso buscar esse universo de palavras, esse vocabulário mínimo de fenômenos geradores inseridos no contexto amplo da relação Homem/Natureza própria da cultura local. Portanto, a condição inicial é a de aprendiz ou construtor do conhecimento e esta é uma condição de ingenuidade. Ou seja, quando você diz que o caminho da ingenuidade é necessário para que se alcance a rigorosidade, é preciso que nós caminhemos enquanto educadores a partir da ingenuidade do outro com a ingenuidade nossa. No caso do contexto escolar, que partamos da "cultura da criança" quando em sala de aula.

Paulo Freire: — Muito bem, a melhor forma de você ser crítico é assumir a ingenuidade do outro.

Márcio D'Olne Campos: — Então, ao assumir a ingenuidade, minha e do outro, em sala de aula, eu me prontifico e me disponho para o diálogo, buscando a compreensão do outro. Portanto, a minha ingenuidade num contexto cultural diferente é condição necessária, metodológica, para o meu trabalho de campo em etnociência. Eu tenho que ser ingênuo ali para compreender referenciais e ferramentas de pensamento e de ação do outro, assim como a outra divisão metodológica do conhecimento entre os especialistas da sociedade tribal.

Só me impondo ingenuidade, eu posso, enquanto pesquisador, perceber os referenciais de saber do outro para dar rigor à minha ingenuidade no caminho da sistematização do meu conhecimento. Essa condição é fundamental para a pesquisa em etnociência e tem me dado muita motivação para o trabalho em educação. Você sabe que eu comecei a trabalhar em educação a partir do trabalho em etnociência e etnoastronomia com os caiçaras da Ilha dos Búzios, no litoral paulista.

Nesse trabalho comecei a descobrir que o vocabulário mínimo, a que você se refere, é muito mais do que a palavra, é a palavra no contexto, representando o contexto. Portanto, ela não é mais palavra pura, ela é palavra simbolizada, é símbolo impregnado daquele contexto. Ela deixa mesmo de ser palavra, é frase, é texto num sentido mais amplo.

Essa ideia da palavra e do universo vocabular coloca o vocábulo nessa extensão mais ampla, na medida em que nós estamos inseridos numa dada realidade ou num universo local com potencialidade de extensão para outros universos.

Isso se torna fundamental no convívio do ser humano com o meio ambiente, onde ele vai reconhecer "essas palavras". A partir de sua leitura, ele formula signos na percepção de fenômenos que estão diante dele, criando símbolos ao longo de sua comunicação com o mundo. É nesse simbolismo que nós devemos pensar em fenômeno gerador, por analogia à palavra geradora; os dois se misturando na leitura do mundo e na geração de temas de construção de conhecimento, os temas geradores.

Com isso, pensando em fenômeno gerador, podemos pensar até na palavra como fenômeno, dita num contexto. Ao considerá-la como fenômeno momentâneo, a palavra pode ser tematizada na nossa comunicação com o mundo. Nesse processo o tema pode se estabelecer imediatamente tanto a partir da palavra como de um outro fenômeno qualquer, como se eu estivesse olhando para a realidade com uma câmera fotográfica e tivesse primeiro usado uma grande angular, depois fechando meu campo num *"zoom"* até recortar a natureza para analisar aquela palavra inserida no mundo. Então, essa palavra/fenômeno gerador pode disparar uma motivação minha em conhecer o mundo através daquela visão de enfoque/enquadramento. E, a partir da visão de quadro, eu posso e devo ampliar, generalizar. Mas pode ser que eu precise olhar para aquilo num contexto de mais experimentação. Então eu trago aquele enfoque para um laboratório, visto num sentido convencional.

É impositivo aqui o ir e vir entre esse laboratório e o mundo, de um laboratório convencional para o que eu costumo chamar, como recurso pedagógico, de laboratório vivencial, sinônimo de meio ambiente, contanto que inclua o céu e a terra.

O ambiente com o homem inserido nele, o ser humano em interação, para que nós possamos restituir essa ligação sociedade/natureza, produzindo cultura. Então, nesse sentido, as ideias de fenômeno gerador e tema gerador aparecem, quando nesse meu recorte do mundo eu voltei a ele próprio para reconstituir minha percepção/observação/experimentação em tema integrado no seu contexto natural, socioeconômico, cultural, ideológico etc. E eu tematizei aquilo como alguma coisa ampla que vai se incorporar na minha reflexão, vivência e visão de mundo. Mas, em alguns casos, essa coisa pode não se estender de maneira tão ampla. Eu posso olhar para um fenômeno, querer analisar aquele fenômeno específico e local, enquadrando-o num instante fotográfico. Esse processo gera o que eu tenho chamado de tema instantâneo de motivação (TIM). Uma motivação que dura pouco, mas que é importante na construção da leitura do mundo no sentido mais amplo que tomam os temas geradores.

Nós temos desenvolvido essas ideias na prática de Aldebaran, Observatório a Olho Nu da Unicamp, e nos trabalhos em etnociência e educação. Elas têm sido muito importantes nos nossos trabalhos em educação ambiental. Agora, como caminhar em direção à rigorosidade? Bom, nós temos ferramentas para isso.

A nossa sociedade tem. As ferramentas são os livros, o conhecimento que se construiu até agora, o laboratório convencional, o saber instituído, o conteúdo programático. Eu não estou tentando negar nada disso, apenas quero é reconhecê-los no seu devido lugar e contexto para que não obriguemos os alunos apenas a sentarem numa cadeira de sala de aula e ouvir, para depois se adestrarem, fazendo exercícios enunciados por terceiros. Nós temos que estar-no-mundo lendo-o e vivenciando-o.

Agora eu quero insistir mais na sua "insistência" sobre a historicidade. Como vamos considerá-la para estabelecer a contextualização nessas proposições pedagógicas?

Quando você caracteriza um vocabulário mínimo ou universo vocabular, você torna conciso o universo daquele contexto particular. Então eu sei que um número mínimo de palavras pode ser escolhido para levar você ao contexto através de tematização. Mas, quando eu penso em fenômeno no meio ambiente, eu tenho uma impossibilidade de caracterizar o universo fenomenal, o número mínimo de fenômenos importantes daquele contexto. Isso é infindável! Mas por que eu não posso caracterizar um mínimo de fenômenos fundamentais? Por causa da dinâmica da historicidade nesse contexto, ou seja, da forma como os tempos vão se representando no espaço vivencial. Bom, quais são esses tempos? As línguas latinas têm uma vantagem muito grande nesse sentido. Tempo, para nós latinos, é o tempo propriamente dito; e o tempo clima, o tempo lá do céu, como já ouvi de crianças, numa representação simbólica do "clima que vem do céu". Se, por um lado, esse tempo clima se manifesta em função das relações entre o local de vivência do nosso planeta e o Sol, por outro, o calendário, o relógio têm como substrato para a sua produção o conhecimento dos movimentos relativos entre a Terra e o Sol. Através desses movimentos, esse tempo se concretiza nas representações do tempo sazonal. Então, numa releitura do mundo, tempo clima e o tempo estão ligados estreitamente através dos fenômenos sazonais e ambientais, assim como os do sistema solar. Com isso eu olho para o mundo com essa categoria fundamental da análise: o tempo que se representa nos espaços do mundo. Mas os tempos vão se representando ao longo do ano, portanto na sazonalidade.

Para exemplificar as representações naturais e socioeconômico-culturais, pensemos no espaço vivencial de Campinas, onde os agasalhos e as flores do ipê-roxo são marcadores do inverno, nos *flamboyants* vermelhos e no barateamento da manga no fim da primavera, nas férias e no aparecimento, ao anoitecer de dezembro e no lado da nascente, das Três Marias da constelação Órion. Todos esses são exemplos de marcadores do calendário natural e social local de Campinas e arredores. São representações do tempo no espaço vivencial. Tudo isso sem contar os tempos do mito, os tempos do sonho, o tempo histórico; enfim, todos os tempos vivenciais que definem não só relógios naturais e "calendários" locais, assim com o próprio contexto ambiental, natural e social fora do tempo cíclico — nas representações lineares do uso, da idade e dos tempos geracionais. E é isso que poderia nortear, poderia orientar uma atuação no mundo, uma vivência do mundo, ajudando a passar da ingenuidade local para a rigorosidade local.

Antes das disciplinas, transcendendo as disciplinas, as categorias de tempo e espaço nos ordenam, nos situam para olhar pro mundo sem o viés das disciplinas. Essas categorias, independentes das disciplinas, nos situam historicamente e nos dão liberdade na construção de conhecimento. Com isso, e conscientes historicamente, temos também a liberdade de transitar pelas disciplinas em função das questões que nos colocamos no estar-no-mundo. É nesse sentido que eu tenho insistido muito no conceito de transdisciplinaridade, que indica a transcendência das disciplinas, para que se possa perceber o mundo a partir das categorias tempo e espaço. E que, além disso, sugere o trânsito livre pelas disciplinas, ou seja, o trânsito entre as especializações que requer o uso de "ferramentas" específicas.

Essa tem sido nossa postura metodológica, não só no exercício da etnociência em campo, como também na escola. Isso nos permite olhar para o mundo, começando da ingenuidade que, aos poucos, vai se sistematizando e se situando no tempo e no espaço. Assim, podemos reconhecer nos conhecimentos de outra cultura ou na "cultura do aluno" não as nossas disciplinas, mas as outras especialidades ou "disciplinas" do outro.

PAULO FREIRE: — Exato. Você vê como na verdade o obstáculo ideológico é de uma força extraordinária, porque ele cega e proíbe. Ele nos proíbe de ver e ele distorce a nossa ação. É realmente incrível.

Mas é interessante pensar em toda essa análise que os autoritários fazem por aí, que implica necessariamente uma compreensão, eu diria, negativa *a priori* do saber do outro. Quer dizer, tu não podes entender de longe o saber desses brasileiros de quem tu falaste. É preciso que tu te *molhes* das condições geradoras deste mesmo saber, e é isso que não fazem os intelectuais de gosto autoritário, ou, então, mesmo aqueles que, tendo um discurso progressista, são freados pela ideologia autoritária. É uma coisa interessante observar essa contradição tremenda em certos intelectuais nossos — nossos porque somos brasileiros —; aliás, não são apenas os brasileiros que têm discurso progressista, revolucionário e que, no entanto, têm uma prática profundamente autoritária. Analisar neles a questão da ideologia é um exercício interessante. Ver o poder obstaculizador da ideologia autoritária. Quer dizer, no fundo eles e elas guardam dentro deles o freio do autoritarismo, freio que não consegue, na verdade, proibir o discurso progressista, mas que proíbe a prática progressista. Então, ao mesmo tempo que falam no direito que as massas populares têm de saber, negam às massas populares o que já sabem. Entende? Quer dizer, para esses intelectuais autoritários, o saber é esse saber já estabelecido. Para eles, porém, o saber que o povo tem, só porque se conserva vivo, não vale nada, é desarticulado, não tem significado. Então, para eles, de jeito nenhum se deve falar sequer nesse saber. Você veja que isto aí é a ideologia autoritária, elitista, como obstáculo ideológico, proibindo que o intelectual progressista tenha uma prática progressista.

Então acho que conversar, discutir sobre essas coisas, mostrar, porque isso vem atrapalhando muito o avanço das ideias progressistas entre nós, que é a própria prática progressista, é algo muito importante. Por exemplo, quando tu me falaste sobre este saber de "experiência feita", como diria Camões do especialista ao nosso jeito, de um Kwyra Ka Kayapó, o especialista em abelhas da Aldeia de Gorotire no Pará, tudo me pareceu óbvio. Enquanto tu falavas dessa prática que deu a ele indiscutivelmente, como dá a nós, uma sabedoria que vai se tornando mais e mais rigorosa em torno das abelhas, sem a Universidade prepará-lo, eu me lembrava da reflexão de um homem popular, de um camponês de São Luís do Maranhão, que me foi contada num seminário em que participei um tempo atrás. Gostaria de citar essa frase, porque ela tem, no nível de um discurso que fala de uma compreensão da prática e, portanto, que está carregada também de uma teoria e parece que, em outro nível, isso se compararia ao especialista em abelhas, cuja prática especializada revela um nível de teoria do grupo. Isso contado por um dos intelectuais com quem eu discutia referindo-se a um encontro de avaliação da prática dos camponeses de que o intelectual tomara parte.

Em certo momento, logo depois que alguns dos intelectuais falavam sobre como viam a prática dos camponeses, um deles fez o seguinte discurso que revela, em nível diferente, a mesma sabedoria do especialista das abelhas. Note-se, é um homem que fala montado no senso comum. De repente, esse camponês pediu a palavra e disse:

"Do jeito que as coisas vão, não vai ser possível continuar, nós não vamos poder nos entender porque enquanto vocês aí..."

Veja com que humor o camponês reconheceu a diferença de classe, a distância, apesar da proximidade física de estar reunido na mesma sala, com o seu aí (em lugar de aqui). E continuou:

"... enquanto vocês aí estão interessados no sal, nós aqui nos interessamos pelo tempero."

Em seguida — me disse o próprio intelectual que contou essa história —, houve um silêncio e, durante algum tempo, o grupo de intelectuais não entendia o que é que o camponês queria dizer. Obviamente os camponeses todos entenderam o que o seu companheiro disse. Tentei, na reunião, dizer a eles como entendia aquela frase do camponês. Na verdade, com aquela frase, o dialético mesmo era o camponês e não os outros intelectuais. O que o camponês estava querendo dizer com sua linguagem metafórica era exatamente o seguinte: Olha, não dá para continuar esse papo entre nós, porque, enquanto vocês têm uma compreensão focalista da realidade, nós a entendemos como uma totalidade. Nós procuramos a totalidade e não ficamos na parcialidade, enquanto vocês falam da necessidade de compreender a totalidade, mas ficam na parcialidade que era exatamente o sal. O sal representava exatamente a fixação no parcial, enquanto o que eles queriam era o tempero, que era, afinal, o conjunto de parcialidades, de ingredientes de que o sal é uma parte. Era esse o discurso. O discurso de uma riqueza enorme, que revela também uma compreensão correta da realidade, quase sempre desrespeitada por certos intelectuais, porque discurso de um camponês.

Você vê aí, como foi dito já pela ideologia dominante, que camponês é camponês e, portanto, é incompetente. Você veja, e o que é interessante é que alguns desses intelectuais ou mesmo muitos deles que continuam autoritariamente desrespeitando o discurso camponês devem ter lido e até escrito teses sobre Gramsci. É interessante, veja você, como a ideologia não proíbe que você leia Gramsci, mas proíbe que você o entenda.

Para mim, a competência e o saber só ganham valor — jamais absoluto, mas grande valor — quando a gente sabe que o saber e a competência são tão inconclusos quanto nós, homens e mulheres. Por isso é que o saber e a competência não deveriam jamais se dar bem com a arrogância; sempre muito bem com a humildade. A humildade, por outro lado, não significa a autonegação da pessoa. Não tenho por que me negar, não tenho por que negar o possível valor que tenha nisso ou naquilo, mas devo reconhecer os meus limites. E o reconhecimento dos meus limites desvela o nível de conhecimento que tenho. Acho que esse exercício de humildade, que é também o exercício da democracia, de fato difícil, é o exercício da busca de liberdade que nos aproximaria muito mais da inteligência do saber do povo que, se respeitado, pode ser tratado dialogicamente dentro da rigorosidade.

Márcio D'Olne Campos: — Interessante é que, quando você mencionou a competência, isso me fez pensar que é essa a competência que se constrói, se vê destruída momentaneamente para que você volte a indagar a natureza que indaga, por sua vez, a você também como um obstáculo epistemológico. Então essa construção de competência de saber — desde que enxerguemos o saber como um processo e não como um produto — se vê momentaneamente incompetente. Você se vê construindo com a sua competência de construir, num momento dialético diante de uma incompetência para prosseguir. Então você tem que voltar à vivência para retomar a reconstrução do saber.

E você mencionou Piaget, assim como nós já falamos em Bachelard, em Emília Ferreiro. Isso me lembra os processos que Piaget descreve de equilibração e desequilibração na construção do conhecimento. É como se essa tendência ao equilíbrio na construção de competência, ou melhor — essa palavra é meio perigosa —, na construção de saber, se visse de repente desmoronando. Mas, porque você se situa em processos, não em produtos, e acompanha-se de humildade, você tem que se rever a cada instante. Portanto, se rever desequilibrado, porque você sabe que vai atingir a equilibração posteriormente e que ela ocorre não só dentro de você, mas entre você e o outro competente no nível social em que você vive ou o outro que se vê competente também num diálogo, que se permite "empoderar-se". Esse é outro culturalmente falando, da sociedade marginalizada, das minorias étnicas, dessa outra natureza que te insere de novo no contexto, dentro daquele teu momento de desequilibração para que você se reequilibre. O teu re-equilíbrio depende do diálogo, depende do contato, depende do "pôr as mãos na massa". Não depende só desse pensar, isolado porque se vê competente, mas justamente desse pensar isolado e momentâneo, que de repente se vê incompetente, que sente a necessidade do diálogo para continuar reconstruindo. Nessa dinâmica intensa, e só através dela, nós podemos pensar em educação como processo e não como produto. Educação de conhecimento que se constrói nessa dinâmica equilibração/dessequilibração.

Paulo Freire: — Se houvesse coisa que nesta conversa nos coubesse propor aos prováveis leitores dela, seria o seguinte: Você, meu camarada, que está agora em uma cadeira de uma sala de casa latino-americana ou africana, ou numa praça da Ásia, ou no corredor de uma Universidade da Europa ou norte-americana, lendo esta conversa, por favor, jamais deixe de se espantar no mundo e com o mundo.

Discussões em torno da
PÓS-MODERNIDADE[*]

Minhas primeiras palavras são para dizer de como lamento a impossibilidade de estar presente à Conferência, de trocar ideias com seus participantes, de me experimentar em comunicação com eles e com elas, aprendendo e ensinando, já que é impossível aprender sem ensinar.

Gostaria, na verdade, de estar aí, ouvindo atento o que mulheres e homens de outras terras, de outras culturas, têm a dizer de seus *sonhos* ou contra o próprio *ato de sonhar*; das utopias ou de sua negação. Não apenas gostaria, mas necessitaria de me inteirar de como participantes da Conferência vêm caracterizando a *modernidade*, sem o que não nos é possível falar da pós-modernidade. Que *notas* me fazem dizer que este é um pensador da educação pós-moderno ou puramente moderno. Gostaria de acompanhar ativamente as discussões em torno de se a pós-modernidade é uma província histórica em si, uma espécie de *"sui generis"* momento dentro da História a

---

[*] Texto manuscrito de Paulo Freire, enviado via fax a Zaharom Nain, coordenador da Conferência "Communication and Development in a Postmodern Era: Re-evaluating the Freirean Legacy", promovido pela Universiti sains Malaysia, de 6 a 9 de dezembro de 1993. [AMAF]

inaugurar uma nova História, sem quase continuidade, com o que foi e com o que virá, sem ideologia, sem utopias, sem *sonho*, sem classes sociais, sem luta. Seria um "tempo redondo", "gordo", "macio", sem "arestas", em que mulheres e homens, nele se experimentando, terminariam por descobrir que sua marca fundamental é a neutralidade.

Sem classes sociais, sem luta, sem *sonho* por que brigar, sem necessidade de opção, portanto de ruptura, sem o jogo de ideologias que se chocam, seria o império da neutralidade. Seria a negação da História mesma. Ou, pelo contrário, se a pós-modernidade, como a modernidade, como a tradicionalidade, em que pese seu conjunto substantivo de conotações, implica uma necessária continuidade que caracteriza a História mesma enquanto experiência humana cuja forma de ser se escoa de uma província de tempo na outra. Neste sentido, cada província se caracteriza pela preponderância e não pela exclusividade de suas conotações. Para mim, a pós-modernidade hoje, como a modernidade ontem e a antiguidade tradicional anteontem, ao condicionar mulheres e homens nelas e por elas envolvidos, não mata nem matou nelas e neles o que chamamos sua *natureza*, que não sendo um *a priori* da História nela e só nela se vem socialmente constituindo.

Talvez se possa dizer, servindo-se de meu próprio argumento, que a força da história em cuja experiência se constitui ou se vem constituindo e reconstituindo a natureza humana seja suficiente para refazê-lo totalmente de tal modo que um dia homens e mulheres já não se reconhecessem em termos gerais como sequer seres parecidos com seus antepassados.

Parece indiscutível, porém, que certas expressões ou certas formas de estarmos sendo componentes da natureza humana se exteriorizam no tempo e no espaço de forma diferente. A forma diferente como se manifestam não as nega, contudo.

Ao longo da História se impôs a mulheres e homens, por exemplo, a necessidade de ter certezas em torno do mundo. Certezas contra-arrestadas por dúvidas.

A tal ponto esta necessidade se impôs aos seres humanos que a sua ausência era obstáculo à convivência humana.

Uma das características da modernidade, decorrente da cientificidade que se alongou em cientificismo, foi a mistificação da certeza. O pensamento científico instaurou dogmaticamente a certeza demasiado certa na certeza. Como a religiosidade antes havia dogmatizado sua certeza.

Métodos rigorosos para a aproximação e apreensão do objeto mitificaram a certeza, antes de qualidade diferente, na ausência da rigorosidade metódica. Foi esta rigorosidade metódica ou sua mitificação, ou também a mitificação da maior exatidão dos *achados*, na modernidade, que negou a importância dos sentidos, dos desejos, das emoções, da paixão nos procedimentos ou na prática de conhecer.

Entendo, por outro lado, que, assim como houve progressistas e retrógrados na antiguidade, na modernidade, também os há na pós-modernidade. Há uma forma reacionária de ser pós-moderno como há uma forma progressista de sê-lo.

A pós-modernidade não está isenta dos conflitos, por conseguinte, das opções, das rupturas, das decisões.

Para mim, a prática educativa progressistamente pós-moderna — é nela que sempre me inscrevi, desde que vim à tona, timidamente, nos anos 50 — é a que se funda no respeito democrático ao educador como um dos sujeitos do processo, é a que tem no ato de ensinar-aprender um momento curioso e criador em que os educadores reconhecem e refazem conhecimentos antes sabidos e os educandos se apropriam, produzem o ainda não sabido. É a que desoculta verdades em lugar de escondê-las. É a que estimula a boniteza da *pureza* como virtude e se bate contra o *puritanismo* enquanto negação da virtude.

É a que, humilde, aprende com as lideranças e recusa a arrogância.

Com o meu abraço fraterno.

São Paulo, 19 de agosto de 1993

Paulo Freire

MUDAR É DIFÍCIL MAS É POSSÍVEL*

EM PRIMEIRO LUGAR, seria difícil iniciar minha conversa de hoje sem me referir à passagem pelo Sesi, há cinquenta anos. Seria não só muito difícil, mas injusto, porque as coisas que a gente faz, conhece ou sabe são o produto de uma complexidade de influências na vida da gente.

Indiscutivelmente, a minha primeira experiência de trabalho no Sesi, durante dez anos, constituiu um tempo que inspirou um de meus livros [*Cartas a Cristina*], em que discuto essa passagem pelo Sesi, um tempo que chamo de "tempo fundante", quer dizer, "um tempo que funda e que por isso se abre à profundidade". Eu discutia isso com minha primeira mulher, que foi para mim uma grande educadora e uma grande praticista da educação... Aliás, alguns amigos dizem que eu sou a teoria da prática de Elza. Acho que isso foi injusto para nós dois. Eu também tive uma prática e ela também teve uma teoria.

Às vezes eu não gosto de dizer uma coisa que sou, pois poderia parecer que estou com alguma vaidade, mas, no fundo, eu sou um educador que, além de praticar educação,

---

* Conferência proferida em fevereiro de 1997, no Recife (PE), no evento promovido pelo Serviço Social da Indústria (Sesi). Uma versão sintetizada desta conferência foi publicada pela Confederação Nacional da Indústria (CNI) e pelo Sesi em homenagem a Paulo Freire após sua morte. [AMAF]

pensa a Teoria da Educação. Por isso sou um pensador da educação. Não gosto de dizer que sou um pensador da área, porque fica um pouco aristocrático. Mas, na verdade, é isso que venho sendo, um pensador da educação, que não pode dissociar pensar e fazer. E dizia à minha filha que tudo que venho criticando, discutindo, indagando como educador, como pensador, em livros, artigos, conferências, discussões, congressos, tudo tem sua raiz no Sesi. E é por isso que eu chamo esse tempo em que vivi o Sesi — de manhã, de tarde e à noite — de "tempo fundante". No tempo do Sesi, na Avenida Rio Branco, que funcionava das 7 às 13 horas, eu voltava e ficava lá a tarde toda, às vezes, por causa de um problema que ocorrera em uma de suas escolas. E pensava no problema e ficava discutindo... O interessante é que muitas das leituras pedagógicas fiz por causa de problemas reais. Acho que não se lê apenas, esta é uma forma muito eficaz de estudar. Quer dizer, eu buscava, na bibliografia, respostas a um fato concreto que havia ocorrido. Então, não me dava aleatoriamente a uma reflexão teórica. Ou seja, eu buscava uma explicação para um fato concreto que eu tinha vivenciado — pensava a minha prática.

Eu me lembro de que, quando eu estava nos meus dezesseis anos de exílio, tempo em que meu nome era proibido de sair no *Jornal do Commercio*, no *Diário de Pernambuco*, na *Folha de S. Paulo*, nem sequer podia aparecer na imprensa... Que coisa! Às vezes, ficava impressionado com o perigo que eu representava! Eu não sabia... E me disseram que eu era perigoso. Vocês vejam como a liberdade é uma ameaça! A curiosidade da liberdade vira perigo! E me lembro da amiga, Heloísa Bezerra, a quem eu escrevia constantemente, da Suíça, dos Estados Unidos, longas cartas, que ela lia para um grupo de amigos, e depois me respondiam... Quer dizer, no fundo, até mesmo no exílio, a minha saudade total do Brasil incluía as minhas experiências no Sesi.

Eu até contei para uma amiga uma história que vou repetir aqui, sobre uma das minhas experiências no campo da pedagogia e da geração da humildade... Porque a gente precisa aprender a ser humilde. E, num dia de domingo, uma vez por mês, eu falava aos pais e às mães, pescadores e pescadoras, no que a gente chamava de "Círculo de Pais e Professores", eu falava, e todos em silêncio. De repente, me assustei com um corpo que tombou no chão. Um cara, dormindo, caiu. Estava muito calor, e era uma fala que em certo momento deve ter adquirido ritmo que terminou embalando-o de tal maneira que o homem dormiu, fazendo um barulho dos diabos e "despertando" a nós todos. E a queda daquele homem me provocou uma série de reflexões, inclusive a de que a gente nunca sabe se está ou não tocando as pessoas que nos ouvem. E, possivelmente, até então eu poderia estar pensando que aquele silêncio era uma aceitação à minha fala. Na verdade, em vez de estar produzindo uma fala instigadora, eu estava fazendo uma cantiga de ninar. E eu critico, depois, nas minhas análises pedagógicas, as aulas que viram cantigas de ninar.

No fundo, então, seria exagerado se dissesse que nos dez anos de vida intensa no Sesi eu não tivesse um dia em que não tenha feito uma séria reflexão — isto seria, na verdade, um exagero. Mas os dez anos — coisa interessante! — foram aqueles em que eu escrevi apenas três artigos. Comecei a escrever já muito maduro. 'Eu apareço realmente no exílio, não aqui. Agora, é claro que, quando eu comecei a escrever no exílio, escrevi sobre a grande carga da experiência feita aqui e da que depois fiz também no exílio. Quer dizer, essa passagem pelo Sesi e, depois, as visitas que fiz a outros Sesis brasileiros, as experiências que se faziam naquela época, nos anos 50. No Rio Grande do Sul, o Mário Reis, que era superintendente, assistente social, espiritualista muito católico, muito ético e muito seguro como intelectual, fazia uma boa experiência. Foi na visita ao Rio Grande do Sul que eu conheci um dos melhores pensadores deste país, o Prof. Ernani Maria Fiori, grande filósofo, já falecido, que escreveu o prefácio para a edição brasileira do *Pedagogia do oprimido*, o qual considero um dos textos sérios sobre o meu pensamento que deveria ser constantemente relido. De modo geral, as pessoas não leem os prefácios. Acho que todo prefácio deveria ser lido também, sobretudo um prefácio como esse.

Quando fui convidado para vir aqui hoje, confesso a vocês que fiquei profundamente contente, profundamente emocionado. Se eu fosse iniciante, eu estaria, aqui e agora, possivelmente, com dificuldade de falar — até esta fala desorganizada que estou fazendo agora. Mas já tenho idade suficiente para não ter mais esses problemas. A idade não deixa mais... Ou melhor, a experiência já é tão grande que não dá mais para se ficar perdido.

Obviamente, não quero reduzir a minha fala de hoje a vocês a essas saudades gostosas que trago dos meus tempos de Sesi. Não era possível, porém, deixar de dizer qualquer coisa sobre isso, ou seja, sobre os sonhos, as brigas para realizar os sonhos. Eu me lembro, por exemplo, da briga linda que ocorreu quando eu sonhei que os Sesis todos deveriam, tanto quanto possível, ganhar a sua independência em relação ao Departamento Regional, pois me impressionava a dominação assistencialista do Sesi, a vocação imperial do Sesi. E eu brigava contra isto. E, ao mesmo tempo, aquela briga, os meus diálogos com as diretorias, com as lideranças operárias de todos os Sesis, tudo isso me trouxe muito ensinamento para, anos depois, escrever o *Pedagogia do oprimido*. Quer dizer, minhas reflexões sobre a consciência oprimida, sobre a atualidade do oprimido e a profundidade dominante do dominador, a possibilidade de adequar-se, de adaptar-se, para poder sobreviver, do oprimido, isso tudo eu aprendi aqui, e confirmei, depois, nas minhas experiências de África, de América Latina.

Mas eu me lembro da minha briga, do meu diálogo e de como eu me perdia, quando propus, por exemplo, aos sesianos, que eles deveriam, em diálogo com as diretorias do Departamento, partir para cobrar a assistência prestada e que parte dessa cobrança ficasse com os clubes e parte com o Departamento Regional, que reinvestiria em mais assistência. Eu me lembro de que um companheiro sesiano, um líder, um operário de então, se levanta e faz um discurso, em que ele diz, com muita força: "O douto superintendente — *eles me chamavam muito assim* — é inimigo do trabalho e amigo do capital. Ele está contra o trabalho e a favor do capital." E dias depois sou chamado por um conselheiro do Sesi, que me disse que eu era amigo do trabalho e inimigo do capital. Não devo aqui dizer quem era esse companheiro. Não é preciso. Ninguém pediu. E

PEDAGOGIA DOS SONHOS POSSÍVEIS | 205

se pedir eu também não digo. Mas basta notar como eles tomavam consciência disso, como eles me indagavam... O que é que queria dizer mesmo aquele conselheiro, quando me chamou ao seu gabinete? Foi muito difícil a relação. O que é que no fundo estava por trás do discurso dele? Haveria ou não uma ideologia? O que é uma ideologia?

Isso tudo me serviu demasiado. Para vocês terem uma ideia, eu escrevi *Pedagogia do oprimido* em quinze dias os três primeiros capítulos. O quarto capítulo é que me deu mais trabalho; passei um mês nele... Mas eu tinha de tal maneira uma convivência com a temática que aquilo saiu como está no livro... Às vezes, tenho vontade de fazer uma leitura *sui generis* do livro, grifando as páginas e indicando, por exemplo, o que isto tem a ver com as conversas que eu tive no Sesi no ano tal... Quer dizer, mapeando o contexto inteiro do livro e o contexto maior que eram as minhas experiências, inclusive as daqui, ou seja, algumas coisas que ainda hoje de vez em quando emergem nas minhas reflexões, muitas coisas que eu vivi naquela época, não cheguei a perceber, mas só tempos depois, ou anos depois, como hoje, sou capaz de reconhecer a tarde em que, conversando com alguém, no meu gabinete, tive *um estalo* em função daquela reflexão teórica que estou fazendo agora. Eu tenho dito sempre que, no livro *Cartas a Cristina*, eu dedico uma carta inteira ao Sesi... Acho que faço remontagens teóricas e explicito exatamente o quanto eu aprendi aqui.

Não poderia deixar de falar dessa afetividade, que me comove até, dessa gratidão... Não importa que eu concorde ou não com as perspectivas políticas do Sesi; não importa, por exemplo, que eu não aceite uma tendência atual, não apenas do Sesi de Pernambuco, mas de todos os Sesis, que é a coisa que se vem chamando, erradamente, de "modernidade". Modernidade, coisa nenhuma! Na verdade, é uma pós-modernidade ruim, pois se trata da transformação do organismo e das relações afetivas que se dão dentro do organismo em dureza burocrático-empresarial, isto é, a busca de eficácia da empresa. Eu acho que a gente pode ser eficaz sem se tornar chato, sem ferir os outros. Não importa a posição que eu tenha diante do Sesi, ou que o Sesi tenha diante de mim; o que importa é que, para a minha formação filosófica, para a minha formação político-pedagógica, o Sesi foi importante, ou teve uma indiscutível importância. Quer dizer, ele viabilizou uma série de coisas absolutamente necessárias à minha formação de educador.

Agora cabe a mim, nesse fim de curso de formação permanente de vocês, dizer-lhes alguma coisa que eu espero não necessite demasiado tempo, que é sublinhar, de um lado, a importância de experiências formativas ou formadoras permanentes; de outro, sublinhar uma coisa de que às vezes a gente se esquece e que está contida nesta frase: "Mudar é difícil mas é possível."

Acho que nunca se precisou tanto dessa frase como hoje, no Brasil. E quero dizer que entreguei um livro, há um mês e meio mais ou menos, à editora, em que um dos temas que eu discuto é isso, é este aí. É um livro que vai se chamar *Pedagogia da autonomia*: saberes necessários à prática educativa. É um livro em que eu me preocupei em analisar determinados saberes que considero particularmente indispensáveis a qualquer educador, obviamente com nuanças, em função de se o educador é progressista ou se é conservador. E um desses saberes que eu explico é exatamente este: "Mudar é difícil mas é possível."

E quero dizer isto a vocês porque, se eu não tivesse absolutamente convencido do acerto desta expressão "Mudar é difícil mas é possível", eu não estaria aqui, agora. Obviamente, do ponto de vista do que representa humanamente para mim estar aqui com vocês, eu viria, independentemente de qualquer coisa. Mas, se não houvesse esse fundo maior que é a minha ligação afetiva com o organismo e não necessariamente com cada um de vocês — pode ser que eu não os conheça —, eu não teria que vir aqui. E, além do mais, eu não deveria ser professor se eu não estivesse absolutamente certo de que mudar é difícil, mas é possível.

Recentemente, eu tive uma grande alegria quando uma das responsáveis por um setor desta instituição me disse que seu pai, de 80 anos hoje, foi, no meu tempo, zelador do Sesi. E, quando essa pessoa disse a seu pai que iria conversar comigo, ele lhe disse: "Ouça o que o Prof. Paulo vai dizer, diga-lhe com clareza o que você quer e observe que, quando ele falar de novo, ele deixará você convencida de que você sabe. Uma das características de Paulo Freire é a de que, conversando com ele, ele insiste em deixar claro que a pessoa com quem ele conversa também sabe."

Ela entendeu o quanto essa apreciação do pai dela lhe valeu! E eu lhe disse: "No fundo, o seu pai faz uma síntese teórica do pensamento do educador Paulo Freire." Quer dizer, a minha compreensão do processo de conhecer, a produção do conhecimento, as minhas *andarilhagens* pelo que se vem chamando, hoje, de construtivismo... Eu sou até o pai do construtivismo. Não há dúvida nenhuma de que não é possível estudar construtivismo, neste país, sem falar de mim — e até fora deste país... Vejam bem, eu tenho horror à falsa modéstia. Se eu não estivesse absolutamente convencido de que tinha o que dizer aqui, eu não teria aceitado o convite. Agora, em aceitando o convite, eu não viria aqui dizer "outro é que devia estar"... Então, não viesse... Tenho horror a isso! Se eu venho é porque acho que posso. Agora, a modéstia está não em duvidar de quem devia estar; a modéstia está em saber que há outros que também podiam estar. Isto, sim. E até é possível que outros pudessem fazer um pouco melhor do que eu — não há dúvida nenhuma. Agora, negar que eu também possa fazer é que eu acho que é falso, é hipócrita — e eu não gosto de hipocrisia. Mas por isso mesmo eu aceito essa questão do construtivismo, que o superintendente mencionou na sua fala, quer dizer, essa ênfase que eu dou à circunstância, ao saber ou à experiência do aluno. É um dos princípios fundamentais do construtivismo, e que tem em Piaget o seu grande líder.

Mas eu dizia para essa pessoa: "O seu pai faz uma síntese do esforço teórico..." Vejam bem, ele participou de algumas reuniões, enquanto zelador, jovem, e não em cursos, mas ele captou exatamente o espírito fundamental de minha proposta, que é a capacidade de sujeito da produção do próprio conhecimento. E, anos depois, trinta ou quarenta anos depois, ele cita isso com um discurso próprio. E eu dizia para ela: "Veja como esta expressão do teu pai mostra, de um lado, as limitações e, de outro, as possibilidades da educação."

Portanto, a educação é isso. Talvez uma das melhores maneiras de conceituar a educação seja dizer que ela não pode tudo, mas pode muita coisa. Ou seja, o nosso problema, de educadores e de educadoras, é nos perguntarmos se é possível viabilizar o que às vezes não parece possível.

Volto, então, à insistência desta frase: "Mudar é difícil mas é possível." E eu queria juntar umas duas ou três regras, sobretudo em relação ao por que é que a mim me parece impossível a impossibilidade da mudança.

Em primeiro lugar, eu diria que só a possibilidade de dizer que é impossível torna possível o impossível. Vou tentar explicar isto — ficou muito abstrato. O que eu quero dizer é o seguinte: só o *ser* que se tornou, através de sua longa experiência no mundo, capaz de significar o mundo é capaz de mudar o mundo e é incapaz de não mudar. E este *ser é exatamente a mulher* e o homem. Dos seres vivos, fomos, até agora, os competentes. Por isso mesmo é que, mais do que ter uma história, nós fazemos a história da gente. Vejam, por exemplo, que nós contamos a história dos leões. Os leões têm história, mas não têm historicidade. Quer dizer, os leões não se sabem fazendo história. A história dos leões é contada não por eles, mas por nós. E é por isso, inclusive, que também não se pode falar em ética dos leões. Não consta, na história da humanidade, que leões africanos tenham assassinado dois leões companheiros de um outro grupo familiar e que, de noite, tenham ido à família dos mortos para desejar pêsames etc. Essa sacanagem só homem e mulher fazem! Só os seres que *eticizam* o mundo são capazes de romper com a ética. Só os seres capazes de lindas coisas, de grandes gestos, são capazes de feíssimas coisas. Então, a *eticização* do mundo engendra o desrespeito à ética. E, ao mesmo tempo que engendra o desrespeito à ética, exige de nós a luta em favor da ética.

E é isto que está faltando hoje! Não só isto, mas esta é uma das faltas no Brasil, hoje. Ou seja, exatamente a rigorosidade ética, que deve ser uma das brigas nossas! A democratização da falta de ética no país é tal que ninguém mais leva ninguém a sério. Todo dia vê-se um escândalo a mais na vida pública e na vida privada deste país. Mas, não, tudo o que se diz, neste país, pode "acabar em pizza". Mas é uma coisa escandalosa o que ocorre neste país! Não há mais limite! Em certo momento da contravenção da ética, se instala, necessariamente, a impunidade! Quer dizer, a impunidade é uma necessidade para o avanço do desrespeito à ética. A impunidade, no Brasil, é algo incrível! E, quanto mais impunidade se tem, tanto maior se faz o desrespeito à ética. Se houvesse punibilidade, diminuiria a sem-vergonhice. Uma das maiores democratizações no Brasil é a da sem-vergonhice. Há uma fome de vergonha! A sem-vergonhice se generalizou!

Então, num momento como este, há uma tendência ideológica de dizer que "a realidade é assim mesmo", "a realidade é isso mesmo". Fala-se, por exemplo, em desemprego, não apenas no Brasil, mas desemprego no mundo. O mundo está fechando o século e o milênio com uma astronômica quantidade de desempregados! E ouve-se, como resposta, que "a realidade é esta mesmo". E não é! A realidade não é esta mesma. Nenhuma realidade é porque tem que ser. A realidade pode e deve ser mutável, deve ser transformável. Mas, para justificar os interesses que obstaculizam a mudança, é preciso dizer que "é assim mesmo". O discurso da impossibilidade é, portanto, um discurso ideológico e reacionário. Para confrontar o discurso ideológico da impossibilidade de mudar tem-se de fazer um discurso também ideológico de que pode mudar, mas fundado, inclusive, na verdade científica de que é possível mudar. Eu não aceito, eu recuso completamente essa afirmação, profundamente pessimista, de que não é possível mudar. Acho, inclusive, que o discurso da impossibilidade da mudança do mundo — e nisto está um pouco da tragicidade desse discurso — não é um discurso que se possa constatar.

A impossibilidade de mudar não é uma obviedade. Por exemplo, uma obviedade nos sábados é o fato de que eles precedem os domingos. Se a impossibilidade da mudança fosse tão óbvia quanto a de que os sábados precedem os domingos, eu confesso a vocês que não teria nenhum interesse de continuar vivo. Quer dizer, se ser homem ou ser mulher colocasse a mim, como algo óbvio, que mudar é impossível, eu preferiria não ser homem nem ser mulher, eu preferiria não continuar no mundo. Eu gosto de ser gente porque eu vivo entre a possibilidade de mudar e a dificuldade de mudar. É viver a dialética de poder e não poder que satisfaz a minha presença no mundo, de um ser que é, ao mesmo tempo — e porque é — objeto da história e, no momento em que se reconhece objeto da história, pode vir a ser sujeito da história. Quer dizer, é essa possibilidade de ultrapassar a condição de objeto e alcançar a condição de sujeito fazedor do mundo, refazedor do mundo, que me alimenta aos 75 anos. Eu confesso a vocês que eu não teria interesse nenhum — mas nenhum, mesmo — de continuar no mundo se continuar no mundo significasse para mim não poder escrever sobre isso. Então, eu seria o quê? Uma sombra no mundo.

Por outro lado, no momento em que eu sou um fazedor do discurso da possibilidade, só fazer o discurso da possibilidade já é a prova da impossibilidade. Portanto, eu não poderia ser, e é por isso que nós não somos determinados — a grande diferença é esta: nós somos condicionados. E os sujeitos condicionados ultrapassam o poder condicionante, enquanto os sujeitos determinados se escravizam ao poder determinante. Ou seja, só para os animais, para os seres que não são capazes de, ganhando a consciência do mundo, ganhar a consciência de si é que seria impossível a mudança. Então, esses seres não poderiam sequer falar da não mudança ou da mudança, pois não teriam a linguagem que dissesse isso. No momento em que nós inventamos uma linguagem e a produção social dessa linguagem, mudar é possível. Evidentemente, a mudança está submetida a dificuldades. Quanto a isso, não há dúvida. Quer dizer, a mudança não é arbitrária, você não muda porque quer, nem você muda sempre na direção com que você sonha. O que é preciso é saber que a mudança não é individual, é social, com uma dimensão individual. Mas a mudança é possível!

Para terminar — afinal, eu falei durante quinze minutos das minhas saudades, do que não me arrependo —, eu diria que o papel da educação é de enorme importância. Houve um tempo em que se pensou que a educação podia tudo e houve um tempo em que se pensou que a educação não podia nada. Acho que o grande valor da educação está em que, não podendo tudo, pode muita coisa. Assim, uma das tarefas da gente, como educador, é exatamente refletir sobre o que é possível. E o que é possível está histórica, social e ideologicamente condicionado também. O que é possível, por exemplo, no Recife, hoje, necessariamente não é possível em Caruaru, e vice-versa. Quer dizer, é preciso descobrir, afinal de contas, os condicionamentos históricos, sociais, políticos etc. em que as possibilidades se dão ou não se dão. E só diagnosticar essas possibilidades é uma enorme tarefa do educador e da educadora, ao lado de outros profissionais.

Eu queria, portanto, deixar aqui para vocês também uma alma cheia de esperança. Para mim, sem esperança não há como sequer começar a pensar em educação. Inclusive, as matrizes da esperança são matrizes da própria *educabilidade* do ser, do ser humano. Não é possível ser um ser interminado, como nós somos, conscientes dessa inconclusão, sem buscar. E a educação é exatamente esse movimento de busca, essa procura permanente.

Acho que os cursos, os encontros de formação em que se estudam problemas como esse são encontros fundamentais, que nos ajudam a continuar confrontando os obstáculos. Para isso, porém, é preciso não permitir que a esperança se acabe, que a existência da briga se acabe. E eu digo a vocês, precisamente por causa dessa coisa mais profunda em que eu enraízo minhas convicções pedagógicas e políticas: aos 75 anos, eu tenho, não do ponto de vista físico, mas do ponto de vista intelectual, moral, mais força para brigar do que quando eu tinha 25 anos — exatamente quando eu estava aqui, no Sesi, começando... É que eu não aceito que a minha esperança desapareça. Eu brigo, eu brigo diariamente. Hoje — tudo indica — em "n" aspectos eu sou mais moço do que quando eu tinha quarenta anos. Quando eu tinha quarenta anos, ou 35, ou trinta, e era professor aqui, da Universidade, eu dava aula de paletó, gravata, e jamais andei do jeito como cheguei aqui, hoje. Quer dizer, hoje, aos 75 anos, eu me visto mais modernamente do que quando eu tinha trinta. Eu sou mais moço aos 75 do que quanto eu tinha quarenta! E espero que dentro de dez anos eu seja mais novo do que hoje...

É isso que é preciso que a gente mantenha, que é preciso que a gente guarde. Apesar de tudo, apesar dos insucessos! A gente precisa saber, inclusive, que os insucessos e os sofrimentos fazem parte da busca da eficácia. Não há eficácia que não tropece em momentos de insucesso. E é preciso trabalhar o insucesso e convertê-lo em êxito.

Diálogo com os participantes

A QUESTÃO DA ESCRITA E DA LEITURA

Gostando ou não gostando de ler, isso tem muito a ver com a própria experiência intelectual da gente. Eu não tenho dúvida nenhuma de que não é a escola só que é responsável por isso, mas uma das tarefas da escola deveria ser exatamente estimular e desafiar o gosto da leitura. E nem sempre a escola o faz. Por outro lado, o Brasil — não só o Brasil, mas cito o nosso caso — tem vivido uma experiência meio dramática. Antes de superar dificuldades com gente que não ganhou experiência de ler, o Brasil intensificou a comunicação visual através da televisão. Quer dizer, a televisão chega ao Brasil quando a gente não tinha ainda tido a leitura. Nós temos uma cultura, em certos centros, preponderantemente oral, enquanto em outros centros há uma cultura oral — não preponderantemente, mas oral. Para vocês terem uma ideia, em 1968, o célebre ano da sublevação da juventude no mundo, eu estava exilado no Chile e fui chamado a Paris pela Unesco. Fui, então, a Paris no mês de junho de 1968, quer dizer, exatamente um mês depois que havia estourado tudo aquilo — foi em maio. Pois eu cheguei a Paris em junho, o levante em Paris e no resto do mundo havia sido em maio — e ainda continuava — e eu comprei 25 trabalhos sobre maio (folhetos, alguns; livros, outros) que tratavam do fenômeno de um mês atrás. Isso é a experiência de uma cultura gráfica! As experiências que se fizeram aqui, nesta cidade fantástica de Recife, antes do golpe, não foram ainda escritas. Por exemplo, quantos livros fundamentais nós temos sobre o MCP[25] no Brasil, em Pernambuco? Não temos três, talvez não haja sequer dois. Temos ensaios — eu mesmo escrevi... Umas das cartas do livro *Cartas a Cristina* é sobre o MCP... Pois bem, em Paris, no mês de junho de 1968, eu comprei

---

25. Sigla de Movimento de Cultura Popular, criado em Recife, em 13 de maio de 1960, por Miguel Arraes, então prefeito da capital pernambucana. Foi nesse Movimento que Paulo realizou a primeira experiência de aplicação do que seria conhecido mais tarde como "Método Paulo Freire". Paulo Freire fez parte do Conselho de Direção do MCP, que foi extinto, como outros movimentos político-educacionais, pelo governo militar logo depois do golpe de 1º de abril de 1964. [AMAF]

25 publicações sobre os acontecimentos do mês de maio do mesmo ano. Nós estamos em 1997 e não temos três livros sobre uma das coisas mais sérias que a história da cultura popular deste país tem e que é e que foi o MCP. Não há dúvida de que o MCP foi uma proposta revolucionária, consistente, forte, marcante... E não há nada sobre ele! Nem nós, os que o fundamos... Nós vamos morrer, já morreram alguns...

O Germano Coelho está aí. Eu mandei um recado para ele dizendo que espero que ele acabe com a mania de ser prefeito... Não há, aí, nenhum desrespeito a ele nem ao ser prefeito, mas acho que o que a gente espera do Germano Coelho é que ele se tranque na sua biblioteca e escreva,[26] durante um ano, sobre sua experiência político-pedagógica. E que chegue a ser prefeito também, mas que diga o que foi o MCP. Que Paulo Rosas escreva sobre o MCP, que Anita Paes Barreto, uma das mulheres intelectuais e cientistas mais sérias que não só Recife, mas que este país tem, também o faça! Eu, inclusive, procuro, em São Paulo, pessoal interessado em gravar memórias... Nós não temos memória!... E uma das características da nossa cultura é exatamente a memória mais oral, que não gravamos.

Para vocês terem uma ideia da oralidade da nossa cultura, eu sou considerado, entre outros intelectuais brasileiros, um que escreve *best-sellers* — livros mais vendidos. Vocês

---

26. Atendendo aos insistentes apelos de Paulo e aos seus próprios desejos, Germano Coelho publicou um extenso e belíssimo livro, *MCP: história do Movimento de Cultura Popular*. Recife: Editora do Autor, 2012. Convidada, dei uma pequena contribuição com um texto que intitulei "Paulo Freire entendeu que homens e mulheres podem mudar o mundo", p. xxv-xxviii. [AMAF]

sabem qual é o número de exemplares de uma edição normal de um jovem que aqui começa, em São Paulo? Três mil exemplares. Quer dizer, um sujeito que vende três mil exemplares em um ano, em São Paulo, é considerado um grande vendedor de livros! O Brasil nem compra muitos livros, nem vende muitos livros, nem lê muitos livros.

Outro argumento para não ler é que os salários dos professores e das professoras, neste país, são absolutamente inviáveis. Ganhar o que a gente ganha!... E eu me incluo nisso. Eu sou um intelectual, um professor atípico, no Brasil, já que eu tenho outras coisas — vendo livros, escrevo, eu saio, faço conferências no Brasil e fora do Brasil... E isto significa dinheiro também. Mas imagine-se um sujeito que ganha 400 ou 500 reais andar comprando livros?! Quer dizer, quanto menos o sujeito compra livros, menos ele gosta de ler! E, certamente, a defesa dele é até não ler!

Olhem, a questão da leitura pelo professor é uma questão de política cultural, neste país, e muito complexa, muito séria, exigindo não apenas uma crítica ao professor. O ideal seria que todos pudessem ler qualquer coisa, mas nem sempre é possível.

Mas se você [dirigindo-se ao superintendente do Sesi-Pernambuco] me perguntar se eu sou completamente pessimista, eu digo que não sou. Acho que o magistério, neste país, tem, às vezes, qualquer coisa de mágico. Por exemplo, como é que se explica que um homem como você tenha uma vida toda dedicada a isso? Se você tivesse orientado sua inteligência e a sua habilidade de viver, de manejar o mundo com seriedade, para outra coisa, você teria ganhado muito mais. E, no entanto, você ficou e continua aí — e não espero que você deixe... É o meu caso, também, como é o caso de nós todos. Quer dizer, há qualquer coisa... Não vou lhe dizer que é uma vocação, que é um sacerdócio, pois acho que não é. Esse negócio de sacerdócio eu acho que é uma tapeação para a gente não fazer greve. Mas, na verdade, este país deve muito às chamadas "professoras leigas", que compram, com os 15 reais que ganham por mês — às vezes ganham um pouquinho mais —, o giz que a prefeitura, o Estado, não fornece. Eu acho que a gente deveria, em cada término de encontro pedagógico, fazer uma homenagem à professora e ao professor deste país, não aos acadêmicos, mas, sobretudo, aos que estão na dureza, com seus salários mínimos... Vocês veem que agora há até uma proposta de um paraibano para salários diferentes! Que coisa horrível! Eu fiquei profundamente ofendido, ontem, quando ouvi sobre dois salários... O salário mais "salafra" é para funcionário público, professor...

Os limites e as possibilidades da educação

Quando a gente reflete sobre os limites da educação e as possibilidades da educação, é preciso ter cuidado para não exagerar na positividade e não exagerar na negatividade, ou, em outras palavras, não exagerar na impossibilidade e não exagerar na possibilidade. Quer dizer, a educação não pode tudo, mas a educação pode alguma coisa e deveria ser pensada com grande seriedade pela sociedade. Acho que a sociedade civil e nós todos precisamos realmente brigar. Brigar pela seriedade da escola pública, por exemplo.

A minha questão não é brigar contra a escola privada, cuja história no Brasil tem uma presença fundamental e importante, mas é brigar pelo dever que o Estado tem de oferecer uma escola séria, uma escola em quantidade e uma escola em qualidade. Não cabe ao Estado chegar aqui e dizer: "O senhor não pode fazer uma escola; este é um dever meu, é um direito meu". Não! Pelo contrário, o Estado deveria colaborar com os organismos privados que dão a sua contribuição, com as escolas privadas que dão a sua contribuição, mas não deixar de cumprir o dever dele, que é o de oferecer uma escola séria, uma escola democrática, uma escola aberta, em que o educando experimenta as possibilidades que a educação oferece e reconhece os limites da própria educação.

Esta tem sido uma das razões de minha briga como educador brasileiro. E uma das razões da minha luta — e, repito, eu aprendi muito nessa luta —, quando eu dirigi o que se chamava, na época, de Divisão de Educação e Cultura do Sesi. Aqui eu aprendi a necessidade da formação, internamente, da educadora, o respeito à liberdade dos educandos, do crescimento dos educandos. Mas uma liberdade que só se autentica quando assume os limites dela! Não há liberdade sem limite!

Eu acho que, às vezes, nós exageramos muito a nossa compreensão das crianças carentes. É como se nós estivéssemos *molhados* de sentimentos de culpa, é como se nós nos sentíssemos os responsáveis pela presença das crianças nas ruas. Somos também responsáveis, é evidente, porque não estamos tendo a necessária coragem de brigar para que essas coisas não ocorram. Mas não podemos simplesmente cair em soluções puramente paternalistas. Nós teríamos que estudar seriamente esta questão.

Acho que o melhor que se pode fazer é nem cair no que se poderia chamar de otimismo pedagógico, de acordo com o qual a pedagogia pode tudo, nem cair no pessimismo pedagógico, de acordo com o qual a pedagogia nada pode. Quer dizer, eu acho que os anos 60, no Brasil — e não só no Brasil, mas em toda a América Latina —, revelaram um pouco da primeira possibilidade, da primeira tendência, que era admitir que a educação quase podia tudo; nos anos 70 caiu-se no pessimismo pedagógico; a partir dos anos 80 e 90, acho que se está procurando, em nível de mundo, uma compreensão mais crítica, mais radical da prática educativa, em que se desnudam as dificuldades e as possibilidades da educação.

A palavra geradora e o construtivismo

Eu acho que há uma liberdade e uns equívocos. No Brasil, por exemplo, há quem diga — e hoje cada vez se diz menos — que, depois de Emília Ferreiro, Paulo Freire *já era*. Eu acho, em primeiro lugar, tal afirmação carente de fundamentação científica e filosófica. Ninguém *já era*; todo o mundo está sendo. Então, essa é uma afirmação incompetente. E quem a fez me dá até pena. Eu acho que está errado isso. Emília Ferreiro é, sem dúvida, uma das maiores investigadoras atuais no campo da psicolinguística, da sociolinguística. Não há dúvida quanto a isto. Eu me lembro de que, numa conversa que tivemos, em São

Paulo e, depois, recentemente, nos Estados Unidos, ela me dizia: "Paulo, uma das grandes dificuldades que a gente tem é como enfrentar a mitificação da pesquisa. Quer dizer, no fundo, eu sou uma pesquisadora..." E às vezes pretendem que ela seja diferente de uma coisa de que ela é indiscutivelmente diferente. Mas eu diria, inclusive, que falta à Emília — hoje ela se aproxima — exatamente alguma coisa que em mim não sobra porque eu a tenho exatamente na medida correta, que é a compreensão da *politicidade* da educação da linguagem. Quer dizer, em mim a preocupação pedagógica jamais aparece neutra, jamais aparece em *si*. A educação é sempre um momento político.

Agora, em segundo lugar, dentre os princípios que eu discutia, trinta ou quarenta anos atrás, um deles é esse respeito fundamental, a que Emília se refere também — e teria que se referir —, esse respeito que a escola em geral e os educadores em particular têm de ter às condições culturais, à identidade cultural do educando. Eu escrevi um texto, nos anos 50, que minha atual mulher, Nita, que é historiadora da educação, considera, digamos, fundamental, o qual anunciava o que poderia vir — se eu tivesse morrido, é claro, não viria, mas, como eu não morri, veio — e que contou com a colaboração de uma equipe pernambucana que participou do Congresso Nacional de Educação de Adultos, na década de 1950. O texto foi discutido aqui e se intitulava "Educação nos mocambos". É um trabalho de três páginas, no qual eu anunciava, em síntese, não apenas a alfabetização, mas uma certa compreensão fundamental, que aparece depois, amplamente, na *Pedagogia do oprimido*. E é interessante observar também que esse texto sobre educação nos mocambos está carregadíssimo da minha experiência de Sesi — tinha que estar.

Ora, diz-se, então, que eu falava em palavra geradora e que não podia ser a palavra geradora, mas tem de ser a sentença... É claro, quando eu falava, nos anos 50, nos anos 40, em palavra geradora, alguém que tenha vivido naquela época e tenha visto algum tipo de experiência assim vai lembrar que nós partíamos de um discurso linguístico, da linguagem do alfabetizando e não do educador — também um dos princípios fundamentais do construtivismo. Por isso mesmo, então, o que se teria de fazer, de acordo com a minha proposta, era uma pesquisa do que eu chamava "universo vocabular mínimo dos alfabetizandos". Nesse universo nós selecionávamos palavras com que partíamos para a experiência. Quer dizer, no fundo, o que eu propunha era uma análise do discurso popular e, depois, durante a análise, a apreensão de determinadas palavras que eram chaves — no discurso, não em si — para, com elas, no processo da síntese, chegar ao discurso global de novo. Isto não tem nada contra o construtivismo, pelo contrário, é assim que o pensamento humano opera.

Eu acho que o construtivismo é uma teoria de um indivíduo que tem método, que tem técnica, que se serve de técnicas, de métodos. O construtivismo é uma concepção da prática educativa — e política também. Se bem que nem todos os construtivistas sejam tão políticos quanto eu. Não posso ser um educador sem ser um político. O que não quer dizer que, necessariamente, para ser educador, tem que ser do partido A, B, C ou D. Não é isto o que estou dizendo. Eu me refiro ao ser político.

Mas o que é que eu propunha, então? Eu propunha que houvesse um período X, que a gente até admitia, na época, de três sessões de discussão, com codificações, como eu chamava, que foram feitas pelo grande artista brasileiro, de Pernambuco, que é o Francisco Brennand. Eu tive uma conversa, promovida por Ariano Suassuna, na casa de Ariano, com um grupo de artistas, entre eles o Brennand, quando eu falava que o que me parecia fundamental para começar o processo de alfabetização era a discussão, com os alfabetizandos — uma discussão inicial, nada muito profundo —, mas a discussão da compreensão do fenômeno cultural. E me indagavam por que é importante, para mim, colocar ao alfabetizando um debate sobre a cultura. E eu dizia o seguinte: no momento em que você discute com os grupos de alfabetizandos o que é a cultura enquanto criação e produção humana, no fundo você faz cultura, na medida em que você, não apenas como espectador do mundo, mas como intervencionista, com capacidade de intervir no mundo, é capaz de mudar o mundo. Isso é o que marca o homem e a mulher. Nós nos tornamos capazes de, intervindo no mundo, fazer mais do que nos adaptar ao mundo. A cultura é o resultado da intervenção que o homem e a mulher fazem no mundo que não fizeram. Então, é tão cultura a sinfonia de Beethoven quanto o boneco de Vitalino, é tão cultura o que Tchaikowsky compôs quanto cultura é este microfone que está aqui, defronte de mim, enquanto expressão tecnológica.

Quer dizer, na verdade, o que eu queria era provocar o homem e a mulher comuns, para que se descobrissem como competentes de fazer cultura também, mesmo analfabetos. E *por que* e *para que* isto? No momento em que fosse possível ao alfabetizando — e eu provei isto — perceber que, furando o chão e encontrando a água e fazendo a cacimba, ele faz cultura, no momento em que ele descobrisse que podia mudar o mundo e a natureza que ele não fez, por que, então, não seria possível mudar o mundo de cultura, que é o mundo da política, que ele faz, ou que fazem em cima dele?

Aí é que, por exemplo, não tenho nada que ver mais com Emília. Quer dizer, as preocupações de Emília jamais levaram Emília a discutir isso. O que Emília fez, e continua fazendo, é a pesquisa da produção da linguagem. E que é uma contribuição extraordinária! A minha preocupação era outra, não escapava desse momento, mas ultrapassava esse momento. O que eu queria era combater a ideologia fatalista segundo a qual Deus ou o destino são os responsáveis pela péssima vida do explorado e do dominado. O que eu queria era que o camponês espoliado percebesse, finalmente, que não é Deus, ou o destino, ou o fado que explicam a miserabilidade de sua vida, mas são as relações sociais de produção que explicam a sua vida. E para que ele percebesse a instrumentalidade científica, que era a seguinte: se eu posso mudar o mundo que eu não fiz, por que é que eu não mudo o mundo que eu faço? Por que é que eu não voto diferente? Por que é que eu não penso diferente? Por que é que eu não brigo diferente?

Era esta a minha preocupação. Alfabetizar, para mim, é isto! A alfabetização que fica no *ba-be-bi-bo-bu*... Bem, eu não diria que não vale nada... Acho que até seria injusto dizer que quem fica no *ba-be-bi-bo-bu* não vale nada. Até isto vale alguma coisa. Porque é possível que após um primeiro momento mecânico do *ba-be-bi* o cara tenha um estalo e que a própria educadora que está ainda na fase anterior, mágica, ingênua, da alfabetização, depois descubra que o mais importante é mudar o mundo mesmo e não fazer o *ba-be-bi-bo-bu*. Em outras palavras, o *ba-be-bi-bo-bu* só tem sentido quando trabalha no sentido da radicalidade da mudança do mundo. É aqui que me faço um homem melhor e não quando me adapto. Não é me adaptando à miséria que eu me faço homem, no sentido pleno da palavra, mas é brigando contra a miséria, podendo até morrer na miséria, mas tendo brigado contra a miséria! É isto!

Vocês não são obrigados a pensar como eu, mas são obrigados a me respeitar. Eu respeito o sujeito que, seriamente, me diz: "Paulo, eu te confesso, não é por safadeza não, mas eu prefiro mesmo é me acomodar". Eu rezo por ele, eu tenho pena dele, mas não posso odiá-lo. Porque eu sou um democrata! Quer dizer, eu cresci aprendendo que a gente aprende mais é na diferença, mesmo. Eu não aprendo na igualdade. O sujeito é igual a mim, pensa igual a mim, faz igual a mim, gosta de carne de porco como eu gosto... Não! Tem de gostar também de outra coisa! Eu sou pela diferença!

Mas o que eu queria era dizer ao camponês: "Olhe, você tem todo o direito de depois discutir comigo sobre isso, tem todo o direito de dizer que é mesmo o Papai do Céu que quer que você seja assim. Agora, eu tenho o direito e o dever de dizer que não é." Deus, no máximo da paternidade, no máximo da irmandade, no máximo da sabedoria, no máximo da competência, no máximo da virtude, não pode discriminar ninguém! Quem já viu Deus deixar que os filhos de Paulo Freire possam estudar, tocar Beethoven em violão, e os filhos do outro morrerem de fome?! E que ele faça isso para testar se o sujeito quer bem a Ele?! Onde já se viu essa qualidade de Deus? Esse tipo de Deus não deveria existir! O que é preciso é respeitar o cara que acredita nesse tipo de Deus. Meu dever de pedagogo, de político, é, portanto, o de instrumentalizar. Você aceita ou não aceita o instrumento que eu estou lhe oferecendo, mas você precisa saber que não é verdade isso! Se você insiste, o problema é seu. Não cabe a mim prender você, não cabe a mim matar você, não cabe a mim demitir você pelo fato de você acreditar que, na verdade, Deus está testando você, para ver se você quer bem a Ele, e deixando que você não coma. Eu acho que não é assim.

Então, a minha preocupação é essa. Vejam que o primeiro momento de experiência de alfabetização que eu propunha era exatamente este, o da discussão em torno do fenômeno cultural, para que a partir da compreensão crítica do que é cultura se pudesse perceber que a História não é determinação: a História é possibilidade. Quer dizer, o futuro não é um pré-dado, o futuro não é inexorável. O futuro é problemático. E cabe a mim, metido na *futuridade* e na *presentificação*, trabalhar esse futuro que vem, que há de vir. E esse futuro que há de vir é a possibilidade, ou não, de encarnar o *sonho* de mundo que eu tenho hoje. Qual é o meu *sonho* de mundo? É o de uma sociedade menos feia que essa, é uma sociedade em que os homens e as mulheres possam amar com maior facilidade. O meu sonho de mundo é o sonho em que não há 33 milhões de brasileiros morrendo de fome... E os cientistas políticos dizendo que "a realidade é essa mesma"... Não, a realidade não é essa mesma! A realidade está sendo assim porque interessa a determinadas minorias do poder que ela continue assim! E é preciso dizer que não é verdade isso!

Ou seja, como alfabetizador, o que eu queria, na verdade — e eu nunca escondi isso; quando fui preso, aqui, quando me meteram numa cela de 1,70m x 0,60m, do meu tamanho — eu não podia nem me virar porque as paredes eram ásperas, de cimento —, quando me meteram num lugar como esse, eu jamais abdiquei do que pensei, eu jamais renunciei. Aliás, eu até ria... Um dia eu disse para mim mesmo, encostado, Deus sabe como: nesta cela não cabe nem o Ariano Suassuna, nem nenhum dos meus amigos, só o Paulo Rosas... Eu mesmo achava graça, às vezes... Por isso é que eu acho que eu não morri. Era preciso fazer humor para aguentar aquilo!

Pois bem, eu continuo, hoje, do mesmo jeito. Quer dizer, acho que, pelo contrário, hoje eu sou mais radical do que quando estava no Sesi. Mas, primeiro, é preciso saber o que é radical. Ser radical não é sair na rua dando tiros... Não, isso não é radicalismo, isso é loucura, é porra-louquice! Não, eu não sou porra-louca. Agora, eu digo que sou radical no sentido do que Marx falava, de radicalidade. Ele dizia mais ou menos assim: a mim nada que diga respeito ao homem e à mulher passa despercebido. Quer dizer, ser radical é ir à raiz das coisas. E a raiz das coisas é o interesse humano. É neste sentido que eu sou radical. Mas sectário, míope, nunca, de jeito nenhum! Eu respeito a diferença, eu respeito o direito que o sujeito tem de ser diferente.

Quando a gente propôs esta discussão sobre a cultura, Brennand pintou oito ou dez quadros, com figuras muito bonitas, que a gente transformou em *slides*. Nos debates sobre aquilo que a gente chamava de decodificação, que era, no fundo, a leitura do mundo na representação do código que eu havia proposto, evidentemente, portanto, o que saía não eram palavras geradoras, o que saía era a frase, era o discurso inteiro do camponês. Foi a partir desse discurso que eu captei meia dúzia, dez, doze palavras fundamentais para, pondo-as como centro de outro debate, trazer ao discurso global novamente.

Quer dizer, era um movimento, afinal de contas, de análise, de síntese. Há muita gente, que também temos de respeitar, mas que é intelectualmente irresponsável. Não importa se a pessoa passou pela Universidade. O fato é que não aprendeu muita coisa do mundo e pensa que virou gênio, e fica fazendo afirmações ridículas. E eu, como professor universitário, sou muito exigente e rigoroso com os direitos à crítica que os meus alunos têm. Mas, quando um deles, num seminário, critica um professor qualquer, eu peço explicações profundas de sua crítica. Quer dizer, não me venha com esse negócio de dizer: "Ah! Fulano de tal disse uma maluquice..." Eu pergunto: primeiro, o que é maluquice? O que é que caracteriza uma maluquice? O que é um discurso maluco? Se não souber explicar, está proibido de dizer. Assim não pode, tem que assumir a responsabilidade.

Mas, num debate, para se chegar a captar, a compreender o que é cultura, saía todo um discurso, toda a oralidade, a compreensão oral do mundo. Digamos, a palavra que se utilizou pela primeira vez foi "tijolo". A codificação apresentada era um homem trabalhando numa construção em Brasília com um tijolo. E, quando se discutia de novo a palavra geradora "tijolo", ela nunca aparecia só — tijolo —; ela aparecia sempre, como apareceu e como aparecerá novamente, dentro de frases, dentro de um discurso global. Mas, na análise desse discurso global, a gente captava a palavra depois que ela havia saído em vários discursos em que ela tinha seu sentido. E aí, então, passou-se a fazer a análise dela, não gramatical, mas textual, silábica.

Ora, no fundo, mesmo que não tivesse falado explicitamente, eu era tão exigente da frase quanto da palavra. E era tão exigente da frase quanto Emília o é. O que não é possível, porém, para Emília e para mim, é escapar ao conhecimento da palavra e ao conhecimento da análise da palavra. Eu disse, naquela época já, que a alfabetização é um ato criador. O que é isso, então? Isso significava que o alfabetizando se alfabetiza com a ajuda do alfabetizador, mas não é o alfabetizador que monta a alfabetização para o alfabetizando. O alfabetizando tem de ser o sujeito da produção da sua grafia, como é sujeito da produção de sua oralidade.

Acho que o melhor que se pode fazer hoje é o que faz o BB-Educar. Eu até sugiro que vocês entrem em contato com o BB-Educar, porque é possível que vocês possam fazer convênios interessantes. O BB-Educar faz um trabalho, hoje, em nível de Brasil. Não quero citar a quantidade de círculos de cultura que eles têm hoje no Brasil, para não cometer algum erro, mas há uma quantidade enorme de alfabetizandos no Brasil, hoje, seguindo Paulo Freire.

Agora, o que é que eles fazem? Eles fazem Paulo Freire e Emília Ferreiro. Ou seja, eles são realistas, eles não me mataram nem escorraçaram Emília, eles descobriram que os dois são necessários. Então, eu acho que isso é o que tem que ser feito.

Mas, minhas amigas e meus amigos, quando me convidaram para vir aqui eu disse: "Em determinado momento da conversa eu acabo." E esta foi outra coisa que eu queria dizer a vocês que eu aprendi desde os meus tempos passados aqui no Sesi. Foi essa coisa que eu acho formidável e que é o gosto da liberdade, de jamais permitir que a liberdade se deforme em licenciosidade. É a liberdade que se assume limitada, que conhece... Eu só não diria "que conhece o seu lugar" porque esta frase é muito reacionária, preconceituosa. Mas eu aprendi que a liberdade é algo formidável e que a gente tem de usá-la. Em qualquer lugar do mundo eu ouço isso.

Bem, mas quando chega um determinado momento, eu digo: "Minha gente, se fosse para continuar agora batendo papo e tomando uma cervejinha, até que eu aguentava. Mas, como não é, é uma conversa mais séria, para se chegar a uma reflexão, eu cansei." Há pouco visitei um amigo meu, que foi também superintendente desta Casa, o Antônio Carvalho, que é um pouquinho mais velho que eu. Quando eu desci do carro, ele me disse: "Paulo, você está bem mais velho do que eu." Eu disse: "Eu concordo." Depois, conversando comigo, ele disse: "Paulo, esse negócio de velhice existe mesmo..." Mas uma das coisas que existem em mim, hoje, é isto, um pouco de cansaço quanto à reflexão. Enquanto eu falo, eu me analiso muito. É um

PEDAGOGIA DOS SONHOS POSSÍVEIS | 231

exercício, é um negócio difícil, mas eu consegui fazer a experiência de transformar, na própria hora em que eu falo, o meu discurso em um objeto crítico da minha reflexão. Por isso eu me percebo em contradição ou não, às vezes.

Mas quero dizer a vocês que fiquei muito contente em voltar aqui. Gostei enormemente deste encontro. Quero agradecer sinceramente ao superintendente do Sesi, Antonio Carlos Brito Maciel. Acho que você acertou... Você acertou não porque eu tivesse alguma coisa misteriosa para dizer; você acertou porque aceitou a necessidade afetiva que eu tinha de vir aqui. E eu lhe agradeço enormemente por isso.

Deixo-lhes o meu grande abraço. E até — quem sabe? — uma outra oportunidade.

ALFABETIZAÇÃO EM CIÊNCIAS[*]

Paulo Freire e Adriano Nogueira

PAULO FREIRE (PF): — Vocês estão emergindo aqui, neste noroeste paranaense, através do projeto Alfabetização e Ciências. Pelo que tenho ouvido e discutido com Arguello, com Adão, Sebastiani, Adriano e Jacó[27] também poderíamos denominá-lo Alfabetização em Ciências. Trata-se de temas e enfoques familiares aos trabalhos do nosso "clube da rúcula".[28] Quero realçar

---

[*] Este texto, que faz parte, com o título "Subjetividade, conhecimento e ambiente, elementos para uma proposta em Educação e Ciências", do livro de Adriano Nogueira (*Ambiência*: direcionando a visão do educador para o III milênio), Taubaté: Cabral Editora Universitária, 2000, p. 11-8), foi reproduzido a partir da transcrição original do diálogo mantido entre Paulo Freire e Adriano Nogueira, o qual forneceu o documento, com as notas, à Organizadora.

27. Paulo Freire refere-se aos consultores do/no projeto de Graduação em Educação e Ciências, Campus de Goio-Erê, Universidade de Maringá (PR). O grupo era composto pelos Drs. Carlos Arguello (físico), Adão Cardoso (biólogo), Eduardo Sebastiani (matemático) e Adriano Nogueira (Núcleo Nimec/Unicamp, pós-doutorado em Filosofia da Ciência). A Universidade de Maringá esteve representada pelo coordenador do campus, Manoel Jacó G. Gimenez, e a Secretaria Estadual de Educação, pelo superintendente João Mânfio e pela representante do Núcleo Regional Stela Alvim.

28. Paulo refere-se a um espírito de trabalhos em grupo, que será explicitado no decorrer da reflexão.

alguns aspectos e, assim refletindo, contribuir com aprofundamentos.

Um primeiro aspecto seria, sem dúvida, um certo espírito. Um certo espírito, a que me refiro, quer dizer *um sonho possível*. Farejo nas colocações de vocês — e nos depoimentos dos estudantes que se engajam nesta proposta — certas premissas de um sonho ou utopia. Meu comentário, então, vai no sentido de discutir os rumos para onde esse sonho tende a se espraiar.

Trata-se de um sonho *coletivo*. Não é algo que está apenas na cabeça de Arguello, nem é apenas um voluntarismo de Jacó, cheio de boas intenções apoiadas pela Secretaria, através de Mânfio, nem tampouco se resume apenas a um estudo que Adriano vem construindo, registrando e conosco discutindo em seu pós-doutoramento. É algo coletivo, não é um projeto piloto isolado. Meu comentário, então, quer enfatizar certos ingredientes históricos que tornam possível este sonho. Comento uma sensibilidade importante através da qual vocês reordenam ingredientes históricos. Projetando-os, tornando factual aquilo que "está no ar". O mérito é perceber e concretizar numa invenção inovadora um conjunto de possibilidades.

Outro aspecto diria respeito ao seguinte: uma realização coletiva deste porte nasce e, já de pronto, para sobreviver, nasce brigando. Esse parto contraria certa tradição que tem sido hegemônica em nossa cultura. Emergindo tal como o faz, esse projeto parteja uma proposta que rearranja nossa tradição acadêmica e científica. Não sendo um pacote e buscando ser fiel ao possível histórico por vocês farejado, essa realização tem cheiro de chão, nasce tendo cor desse verde, se oxigena desse clima e se afina por canto e costume de passarinho; vale dizer, um projeto que não apenas responde à necessidade do "bicho-gente", mas, além disso, e fazendo-o, materializa um *projeto-vida* que se expande a partir dessa região e se expande projeto de nação. Não se superpõe ao local mas pretende desabrochar a partir dali.

Não é transplante nem implante mas é semeadura. Realizar isso, vocês não tenham dúvida, é comprar briga. Briga boa, de qualidade. Pelo que li e pelos comentários do grupo-coordenação, trata-se de contrariar os transplantes acadêmicos que em nosso país têm-se feito, desde o projeto colonial ibérico. O que é que merece destaque nesta proposta?

Em formação científica, que é o objetivo do projeto, eu destaco um outro aspecto, mais propriamente epistemológico. É com base neste que, creio, pode-se não prosseguir na mesma opção vertical autoritária que entre nós é hegemônica. Este aspecto, contra-hegemônico, portanto, eu o denominaria uma epistemologia da mente curiosa, constituindo-se através de curiosidade. A que me refiro? Refiro-me à formação de hábitos intelectuais compatíveis com a mente curiosa formando-se, aí, num certo estado de alerta que é, no fundo, a curiosidade exercendo-se.

A formação que vocês buscam neste projeto em que Arguello e Jacó[29] são parceiros é formação desta

---

29. Paulo Freire refere-se a um convênio entre o núcleo Nimec-Unicamp e a U. E. Maringá, na implementação de um projeto de graduação em Educação e Ciências, apoiado pela Capes.

qualidade de mente epistemologicamente curiosa. Vale dizer, a Alfabetização em ciências que se vai construir aposta na formação para percepções interativas entre, por um lado, o fenômeno que nos envolve por inteiro e, por outro, a criticidade que se pretende manter e que nos exige um tipo de distanciamento. Trata-se de uma Alfabetização na visão científica do mundo.[30] Portanto, o objeto que se pretende conhecer é a própria perspectiva científica. Ao objetivar tal objeto — peço que me compreendam a redundância — dele eu me distancio e, simultaneamente, oriento minha curiosidade. Minha mente vai mudando a qualidade dos enfoques e dos tratamentos. E o que seria isso?

A curiosidade no sentido epistemológico é um adequar-se entre mente e circunstâncias; neste adequar-se o que se pretende é conhecer a razão de ser dos fenômenos e dos objetos. Vale dizer, busca historicizar [fenômenos e objetos] e ao fazê-lo constitui-se historicamente quem assim opera [a mente, o sujeito]. A curiosidade, então, burila, ela apura, aprimora e instrumenta a si mesma; ela se faz, ela toda, direção e ação coincidindo sobre um objeto. Não apenas sobre ele, como se fosse isolá-lo, mas principalmente a curiosidade incide sobre as relações do objeto e sobre suas relações com o objeto.

---

30. Conforme a pertinente observação da Profa. Dra. Ana Maria Araújo Freire, Paulo assume aqui uma ampla acepção de Alfabetização. Ele não a concebe apenas como iniciação ao código escrito, mas como um processo cognitivo em qualquer nível e grau e em qualquer ciência.

Assim supera o nível do mero "eu acho que", vale dizer, não se satisfaz com explicações de realidade que não sejam fruto de estar alerta. Um indício da boa formação [em alfabetização em ciências] seria este: a mente se instrumenta, ela própria vira curiosidade em ato. Penso que esta curiosidade epistemológica é uma qualidade sem a qual a ciência não se teria feito.

ADRIANO NOGUEIRA (AN): — A partir disso, professor Paulo, poderíamos afirmar que ciência e consciência mantêm interfaces permanentemente?

PF: — Exato. O cientista se faz também educador, segundo esta perspectiva. Ele se aprimora como cientista e simultaneamente aperfeiçoa a natureza comunicativo-educativa de seus movimentos de entender o mundo. No fundo, ele lida com sua própria curiosidade. Aperfeiçoa-se, amplia sua capacidade de indagar e cada vez com melhor agucidade.

E aqui, Adriano, eu creio que tu vens avançando e poderá alertar-nos sobre aspectos importantes. É importante aprendermos a reconhecer o lugar e a relevância da emocionalidade. Sei que tu tens contacto com a obra e com o biólogo chileno Humberto Maturana e, por vezes, me chamas a atenção sobre a emocionalidade de nossa competência em objetivar, vale dizer, em historicizar-nos. Também te referes, por vezes, aos estudos de Marilena[31] que, aprofundando-se em Espi-

---

31. Paulo Freire se refere a uma parte da reflexão produzida pela filósofa Marilena Chauí, assumida e estudada nesta relação orientador-orientando. Tal contribuição será citada e situada no desenvolvimento do Projeto Ambiência.

nosa, nos permite avanços de compreensão. O medo, a sensibilidade, os afetos e as paixões que eivam a mente curiosa fazem-na epistemologicamente ativa ou, ao contrário, podem castrá-la, conforme seja o modo com que se convive com o emocional. Portanto, desenvolver a mente epistemologicamente curiosa orienta-se para desenvolver emocional e racionalmente a capacidade de indagar. Tudo isso é tratamento e cuidado importantes, no rumo da educação científica, que é sobretudo uma forma experimental de lidar com ambas [emoção/racionalidade] sem hierarquizá-las.

Mas há um paradoxo sobre que, em especial, se detém a formação da curiosidade epistemológica na mente humana. Emocionalmente e racionalmente o(a) cientista lida com algo paradoxal que seria: sua curiosidade sabe que não existe ponto de chegada. Ela, então, trabalha estabelecendo hipóteses para buscar e encontrar mas, em meio a seus achados, descobre coisas que não procurava nem havia suposto. É uma certa incompletude, portanto, pois exerce um conjunto de atividades em que dá tudo de si em busca de referenciais não definitivos.

AN: — Me permite, Paulo, uma imagem comparativa? Tua reflexão neste momento realça o trabalho de fazer progredir referências que eram provisórias e que, avançando ou por causa mesmo de avançarem, repõem o provisório num outro patamar... mais crítico.

PF: — Exato. E eu diria que essa característica da relação entre a curiosidade e o mundo requer do(da) cientista um importante cuidado. Nesta busca, que no fundo é uma tensão sob controle, constroem-se indagações ansiosas de proximidade com o real mas, sabendo daquela incompletude, há que se cuidar [o cientista] cercando-se de repousos. Eu diria... é bem-vinda a chance de ele ou ela, cientista, poder errar. Me entendam, estou tratando o erro como um certo repouso. Uma retomada, que ocorre num plano mais instrumentado face à ansiedade. Sabendo que é humano e inevitável errar, o(a) cientista "toma um fôlego", faz uma pausa, revê seus procedimentos com uma tolerância bastante humilde e até carinhosa. Sem esse cuidado, que no fundo é de natureza emocional, a criatura se esgota e, por estressante, sua atividade perde parte de sua agucidade crítica. Permitam-me citar uma certa rotina de trabalhos.

Tenho escrito muito. Meu jeito de escrever é escrevendo mesmo, vale dizer, eu manuscrevo e, depois, peço que digitem. Esta foi uma das razões pelas quais pedi e me afastei do cargo de Secretário de Educação da prefeita Erundina. Eu quis organizar-registrar reflexões.

Todas as manhãs, quando estou em São Paulo, escrevo. Quando é por volta das 10 horas da manhã, no meu escritoriozinho, a nossa secretária entra... ela já está instruída sobre isso... ela me interrompe, não importa quão entretido eu esteja, e chama minha atenção para um prato de rúcula. Aí eu interrompo uns quinze minutos, muitas vezes ansioso por retornar ao que vinha fazendo. Retomo e percebo que essa pausa recarrega baterias. Percebam, meus amigos, minhas amigas, vou continuando a trabalhar mantendo um cuidado. Por volta de 11h15, uma hora depois, esse meu cuidado é renovado. Aí é o momento de um calicezinho da boa cachaça que "amacia" o organismo para mais uma hora de intenso trabalho. Assim vou entretido até que anunciam o almoço. São cuidados, eu diria, para não estressar o organismo além da medida. São cuidados de dosar a ansiedade e amaciar a rudeza exigente da experiência intelectual. É assim que eu tenho produzido, e bastante. Aí eu me situo. É assim, é nesta conduta que vou me entregando por inteiro ao trabalho sem nenhuma violência ao organismo. É mais ou menos nesse ritmo que temos também trabalhado, com a regularidade possível, o time do "clube da rúcula": Arguello, o biólogo Adão, Sebastiani e Adriano. Através do núcleo coordenado por Arguello essa concepção de trabalho às vezes viaja e se oferece dentro de projetos, como esse aqui coordenado por Jacó.

Um último aspecto eu comento e por aí eu provocaria a nossa reflexão numa dimensão mais compartilhada e coloquial. Que outro realce é possível destacar nesta concepção de cientista-educador? Trata-se, penso eu, de uma forma de lidar respeitosamente com a resposta. A que me refiro? Quero aprofundar aquela dimensão benéfica do erro. Nós sabemos que nem sempre a resposta obtida pela experimentação é suficiente ou satisfatória; por vezes o que surge fruto de nosso empenho intelectual não está à altura da exigência das perguntas. É preciso, então, que o(a) cientista educador saiba lidar com a ansiedade. Não castrá-la, mas sim amansá-la. E é nisso, nesse exercício, que o cientista educador vai inventando a rigorosidade necessária. Vale dizer, o rigor científico-intelectual não está em ter achado "a", "b" ou "c", mas, sim, o rigor está *no processo que parteja o achado*. Ou, como dizia o físico [Arguello], desperta mais interesse a ciência viva — porque processual — do que a ciência morta, que são os produtos dela.

É nesse jogo que nós nos acostumamos a uma dimensão importantíssima da curiosidade epistemológica, vale dizer, nós "nos acostumamos" a ser e fazer a crítica do mundo, através de lê-lo. Quanto mais a curiosidade "se acostuma" a que as leituras de mundo sejam releitura das leituras anteriores, tanto mais essa curiosidade é crítica. O que é que agudiza a capacidade indagadora da curiosidade? Pois, eu diria, é esta aprendizagem. Aprendemos a constituir a rigorosidade com a qual lemos o mundo re-fazendo as leituras anteriores. Esta qualidade de aprendizagem é companheira, eu diria, da curiosidade epistemológica a que me referi. Penso que isto é desejável num projeto como este de Educação e Ciências, ou Alfabetização em Ciências. E daí decorre algo que vocês aprofundarão como intuição. Decorrem ações éticas não apenas de humanos entre si, mas também de humanos com relação a bichos, plantas e paisagens. Quero dizer o seguinte: ações éticas entre humanos decorrem e permeiam nossa humanidade fazendo-se. Não se tem notícia de que um bicho — um animal não humano — tenha agido contrário a seus instintos, movido por solidariedade ou movido por indignação; mesmo a mamãe passarinho, quando se arrisca por sua cria, ela é instintiva. Mas, sim, nós temos notícia de que o bicho gente pode agir contrário aos instintos movido por solidariedade, movido por ternura, movido por sede de justiça ou movido pelo preconceito, que termina em rancor.

AN: — Se lhe entendo, Paulo, e a partir de onde lhe entendo... esta sua ênfase na qualidade de nossa aprendizagem nos leva a apreender uma ética além do "meramente humano"; quero dizer, teremos que aprender uma ética para com a saúde da vida em sua ampla expressividade... Lembro-me que ainda ontem, durante a viagem, tua reflexão correlacionava o bicho gente e o bicho bicho e tu assinalavas um aspecto que poderia ser uma meta; tu dizias que é possível para o homem ser, ele próprio, o lobo para um outro homem mas é impossível para um lobo ser homem para outro lobo. Se bem lhe compreendia tu assinalavas uma direção ética emergindo dentro de melhor compreendermos a vida...

PF: — Vida de que fazemos parte e sem a qual é impossível o episódio bicho gente. Penso que estamos caminhando rumo a uma ética também natural. E, nisso, nossa Ciência tem elementos a oferecer. Penso que caminhamos rumo a uma ética na qual — e a partir da qual — constituiríamos posturas tão integradoras da saúde da vida, daquela árvore, para citar um exemplo próximo, que mesmo nossa identidade mais pessoal sinta-se afetada pelo desenvolvimento dela, árvore.

PARTE III
Entrevistas

Confissões de um educador*

Já houve quem o *chamasse, com felicidade, de "apóstolo do bê-a-bá". Quem assim o rotulou certamente não levava em conta apenas a figura algo clerical — a começar pela barba branca e indisciplinada que ele deixou crescer para enfrentar o frio do exílio, vinte anos atrás. Pernambucano do Recife, 67 anos, Paulo Reglus Neves Freire é um homem marcado pela fé, a fé na educação, e, no exercício desse obstinado sacerdócio, projetou-se mundialmente ao criar o método de alfabetização de adultos que leva seu nome. Muitos de seus dezoito livros, como* Pedagogia do oprimido, *estão hoje traduzidos nos quatro cantos da Terra, e nada menos de catorze[32] respeitadas universidades, mundo afora, já lhe concederam títulos de doutor* honoris causa.

Fundado no princípio de que o processo educacional deve partir das realidades que cercam o educando ("Não basta saber ler que Eva viu a uva, *exemplifica; "é necessário compreender qual a posição que Eva ocupa no seu contexto social, quem trabalha para produzir uvas e quem lucra com esse trabalho"), o método Paulo Freire valeu também a seu criador galardões menos palatáveis — embora não menos honrosos: preso em*

---

* Entrevista concedida a Humberto Werneck, publicada na revista *Elle* de abril de 1989, com o título "O mestre do bê-a-bá". [AMAF]

32. Em fevereiro de 2014, se soma um total de quarenta títulos de D.H.C. concedidos a Paulo e mais cinco títulos acadêmicos honoríficos. [AMAF].

1964 *sob a acusação de ser "subversivo e ignorante", passou 75 dias na cadeia antes de marchar para quinze anos de exílio na Bolívia, no Chile, nos Estados Unidos, na Suíça e em mais de um país africano.*

Pai de cinco filhos e várias vezes avô, casado em segundas núpcias com sua ex-aluna Ana Maria Hasche, a Nita, homem de fala mansa que visivelmente saboreia cada palavra que diz, Paulo Freire é, desde o primeiro dia deste ano, o secretário municipal da Educação de São Paulo, na gestão petista de Luiza Erundina — tarefa que o aproxima ainda mais do objeto central de sua paixão de educador: as crianças pobres, seus "meninos populares", para os quais sonha edificar, como explica nesta entrevista, uma "escola alegre".

ELLE: — Como é essa "escola alegre"?

PAULO FREIRE (PF): — Antes de mais nada, fique claro que nada tem a ver com uma escola fácil, irresponsável. Pelo contrário, ela é cuidadosa, trabalha criticamente a disciplina intelectual da criança, estimulando-a e desafiando-a a engajar-se seriamente na busca do conhecimento. Muitos de nós, que tomamos banho com água morna desde que nascemos, que mudamos de camisa diariamente, que fizemos um curso, costumam achar que os meninos das áreas populares não aprendem, são incompetentes. Não é bem isso. A grande diferença entre essas crianças e as crianças que moram no Morumbi [bairro de classe alta de São Paulo], por exemplo, com relação à competência no aprendizado da escrita, está em que os meninos do Morumbi têm uma convivência, uma experiência com a palavra escrita, com a atividade intelectual dos membros de sua família, enquanto os meninos das favelas não têm em casa um pai lendo um livro. A sua experiência é preponderantemente oral.

ELLE: — O senhor, frequentemente, fala da "boniteza" da linguagem das crianças que dizem coisas como "a gente *cheguemos*".

PF: — Este é um ponto em que tenho sido mal compreendido. O desrespeito à linguagem e à cultura que o menino traz para a escola, por parte de quem as considera erradas, termina fazendo com que esse menino introjete a certeza de sua incompetência. É o que muitos educadores fazem, através do risco do lápis vermelho para assinar os chamados erros de português. Não sou a favor de se deixar o menino popular fora do conhecimento do padrão culto da língua, o chamado português correto. Fala-se por aí que nego o acesso ao padrão culto e que nego o erro. Não é nada disso. Defendo o respeito à cultura popular e uma compreensão diferente do erro, que vejo como um momento na busca do acerto.

ELLE: — Se o senhor tivesse um filho em idade escolar, em que escola o matricularia, na pública ou na particular?

PF: — Olha, qualquer resposta que eu desse poderia ser considerada como mentirosa, exatamente porque essa é uma hipótese longínqua, e sabemos que a gente não decide tão longe do concreto. Não tenho nenhum menino em idade escolar e não posso, por isso, tomar uma decisão. Mas posso dar minha opinião: eu daria prioridade a uma escola pública, e lutaria junto à direção dessa escola para que ela fosse melhor.

ELLE: — O senhor não tem filhos em idade escolar, mas tem netos.

PF: — Em vez de responder esta escola ou aquela, por que não ampliamos a pergunta, que no fundo é de natureza política e não pedagógica? De natureza política, sim. Por que é que nós não brigamos para que a escola pública seja respeitada? Aqui em São Paulo tem escola caindo, ameaçando de morte os alunos e as professoras, e por que é que nós nunca brigamos contra isso? Precisamente porque, do ponto de vista da nossa função de classe, é mais fácil pôr o filho da gente em escola particular e deixar que a outra se acabe.

ELLE: — A escola privada não está mais próxima da "escola feliz" que a pública?

PF: — Eu faço justiça. Sou um homem radical, mas não sectário. Não vou citar nomes para não parecer propaganda, mas conheço escolas particulares realmente sérias que eu catalogaria como o que chamo de escola bonita. O que quero é generalizar isso. Que essas escolas deixem de pertencer apenas aos meninos que podem pagar.

ELLE: — O que o senhor acha da utilização de instrumentos modernos, como o computador e o vídeo, no processo de educação?

PF: — Faço questão de ir me tornando um homem do meu tempo. Como indivíduo, recuso o computador porque acredito muito na minha mão. Mas, como educador, acho que o computador, o vídeo, tudo isso é muito importante.

ELLE: — Dá para colocar o método Paulo Freire no computador?

PF: — Para mim o fundamental é: dá para pôr juntos computador e curiosidade crítica do menino? Dá. Pode até aumentar a curiosidade. Mas quanto ao uso desses instrumentos nas escolas privadas eu não tenho dúvida nenhuma: ele vai, necessariamente, aumentar o fosso entre os nossos meninos e os meninos populares. Pois mesmo sem o computador já existe uma vantagem fantástica dos nossos meninos sobre os meninos das áreas populares.

ELLE: — Na sua infância, o senhor teve uma "escola alegre"?

PF: — Não. Mas tive uma professora alegre, uma mulher extraordinária. Cecília Brandão, que foi minha professora particular por conta própria — um dia se ofereceu à minha mãe para isso.

ELLE: — Ela foi, de certa forma, o seu computador...

PF: — Foi o meu computador...

ELLE: — De onde vem o seu interesse pela pedagogia?

PF: — Desde menino tenho um gosto pelo estudo, por compreender as coisas, por falar das coisas. E esses são gostos que fazem parte da prática da pedagogia. Depois, na adolescência me tornei um bom professor de português, primeiro particular, para ajudar minha mãe, e, em seguida, aos 19 anos, no ginásio onde havia estudado.

Elle: — O senhor metia o lápis vermelho nos trabalhos dos alunos?

PF: — Metia, mas não com a ênfase com que em geral se fazia isso. Quando os meninos apresentavam seus trabalhos escritos, eu lia todos e fazia anotações num papel com os descuidos que eles cometiam, e depois dava uma aula inteira sobre eles, sem citar nomes de alunos. O fato de ter sido professor de português foi um primeiro impulso rumo à educação. O segundo foi o encontro com uma educadora extraordinária, Elza, com quem me casei e que lamentavelmente morreu dois anos atrás. Vivi 42 anos de plenitude com Elza. Sem hiatos, mesmo quando discordávamos.

Elle: — O senhor se casou de novo.

PF: — Há dois anos, com uma ex-aluna minha, grande amiga de Elza, excelente professora de História da Educação. Eu não tive medo, aos 66 anos, de refazer minha vida. E não me casei de novo para substituir Elza nem para prolongar Elza. Casei-me de novo para continuar vivo e porque amei de novo. E aos 67 anos aceitei ser secretário da Educação da cidade de São Paulo...

Elle: — É o seu primeiro cargo público?

PF: — Na verdade, é o segundo. Por causa do primeiro [presidente da Comissão Nacional de Cultura Popular e coordenador do Programa Nacional de Alfabetização de Adultos, do Ministério da Educação e Cultura, em 1963], fui para a cadeia e para o exílio.

Elle: — Não é curioso que o senhor nunca tenha escrito uma linha dirigida às crianças, que são o objeto de sua paixão?

PF: — Olhe, se eu pudesse... Você não imagina como eu gostaria. Mas, gozado, meti na cabeça que não sou capaz de fazer isso. Possivelmente alguém disse que eu não era capaz de escrever, tanto que levei anos para poder escrever as minhas pedagogias.

Elle: — Como o senhor se define em matéria de religião e política?

PF: — Sou um homem de fé — prefiro dizer de fé do que religioso, porque há uma certa conotação mágica nesse conceito de religiosidade que não me agrada. Uma fé meio gratuita, sem grandes discussões. Por exemplo, minha mulher morreu, morreu no meu peito, e eu quase morri também, de dor — mas não perguntei uma vez sequer: *por quê?* Não me achava com direito de fazer essa pergunta. Agora — e isso eu quero que fique bem claro — minha fé jamais me levou a uma atitude reacionária, *jamais.* Pelo contrário, ela sempre me empurrou para uma posição progressista, às vezes mais ingênua, às vezes menos. Não posso aceitar em paz, de jeito nenhum, essa sociedade que está aí. A minha fé não me faz cínico, ela me faz indignado.

Elle: — E em política?

PF: — Minha opção é socialista. Socialista e democrática, mas não social-democrática.

Elle: — Se a vida fosse terminar agora, que balanço o senhor faria de sua passagem pela Terra?

PF: — Eu diria: procurei amar. E, tendo procurado amar, nunca deixei de querer conhecer.

A CONSTRUÇÃO DA ESCOLA DEMOCRÁTICA NA REDE PÚBLICA DE ENSINO[*]

Giz: — Paulo, o *Giz* nasceu com o *sonho* de ser um instrumento na construção de uma escola democrática. Na sua visão, que elementos são fundamentais para esta construção?

Paulo Freire (PF): — A democracia não aparece por acaso nem tampouco pelo gosto de umas poucas pessoas que a regalam ou a impõem às maiorias. Na verdade, a democracia é uma criação social, é uma construção política paciente e persistentemente trabalhada, sobretudo em sociedades como a nossa de tradições autoritárias tão arraigadas. Há entre nós um gosto de mandar, de submeter os outros a ordens e determinações de tal modo incontido que, enfeixando nas mãos cinco centímetros de poder, o portador deste poder tende a transformá-lo em dez metros de arbítrio.

O fato, porém, de nossa experiência histórica ter sido tão vertical, autoritária, não significa ser o autoritarismo uma nota imutável, irremovível, de nosso ser. Nenhum

---

[*] Entrevista publicada com o título "5 cm de poder, 10 m de arbítrio", no periódico *Giz*, ano 1, n. 1, ago. 1993. [AMAF]

povo é isto ou aquilo em sua totalidade. Estamos sendo ou ficando isto ou aquilo ou mais ou menos isto ou aquilo na experiância histórico-cultural das classes e dos grupos sociais que atuam na sociedade.

Creio que o ensaio autoritário que nos asfixiou durante todo o tempo dos governos militares terminou por gerar em grande parte da socidedade brasileira um gosto da liberdade a ser aproveitado por políticos e educadores no sentido de trabalharmos a democracia.

A construção da escola democrática não depende, igualmente, da vontade de alguns educadores e educadoras, de alguns alunos, de certos pais e mães. Esta construção é um sonho por que devemos lutar todas e todos os que apostamos na seriedade, na liberdade, na criatividade, na alegria dentro e fora da escola.

A luta coerente por este sonho exige de nós respeito pelos outros, assunção de dever de cumprir nossas tarefas, de brigar por nossos direitos, de não fugir à obrigação de intervir como educador ou educadora, de estabelecer limites à nossa autoridade como à liberdade dos educandos. Exige de nós capacidade científica, formação permanente, pela qual temos de lutar como direito nosso e clareza política, sem a qual dificultamos nossas decisões. É esta clareza política, por exemplo, que, demandando de nós profundo senso de responsabilidade, intensifica esta luta nos processos eleitorais, nos momentos de eleições. Como posso votar num candidato reacionário, autoritário, que mal disfarça suas opções, se alimento um sonho democrático e antielitista?

A "melhora" que este ou aquele político experimenta ao longo de sua vida não basta a um militante progressista.

A melhora pode torná-lo mais eficaz no seu reacionarismo. O que importa para um progressista é saber se o candidato A ou B tem revelado práticas democráticas ou se, tendo sido reacionário ontem, vem dando provas concretas de sua mudança hoje. Provas concretas e não discursos demagógicos.

Parece-me ainda necessário dizer algo mais, considerando o espírito da pergunta. Se a democracia não é obra de uns poucos iluminados e bem intencionados, se não pode resultar da vontade todo-poderosa de uns poucos, a unidade escolar democrática não pode surgir do empenho magnânimo de alguns educadores de boa vontade. Da briga de alguns poucos transformando em muitos e convertendo mães, pais, alunos, zeladores, merendeiras, diretoras, coordenadoras, sim!

Giz: — Uma rede pública tem condições de ser democrática? O que é preciso para isto?

PF: — Uma rede pública pode ir criando em si mesma as condições de ser democrática, na medida em que a sociedade, historicamente, venha experimentando mais democracia, na medida em que o "sabe com quem está falando?" vá desaparecendo até tornar-se uma absoluta estranheza. Em que não se chacinem presos e destes se diga que atacaram os representantes da lei; em que não se assassinem menores nas praças públicas e deles se diga que, sendo malfeitores, devem desaparecer; em que presidentes e ministros sejam punidos por seus crimes.

Uma rede pública pode criar condições de ser democrática na medida em que, mobilizando-se e organizando-se, lute contra o arbítrio, supere o silêncio que lhes esteja sendo imposto e leve o poder arbitrário do governo a conceder. Em qualquer das hipóteses, a luta é indispensável. Jamais, porém, a luta sectária, cega, fundada na inverdade.

Giz: — Paulo, por diversas vezes você afirmou que a escola "não pode tudo mas pode alguma coisa". Quais destas coisas a escola pode?

PF: — Seria uma ingenuidade pensar-se, como já se pensou, "que abrir uma escola é fechar uma cadeia". Mas seria igualmente ingênuo desconhecer-se a importância do papel da escola.

A educação que se vive na escola não é a chave das transformações do mundo, mas as transformações implicam educação.

É neste sentido que sempre digo: a força da educação está na sua fraqueza; não podendo tudo, pode alguma coisa. Alguma coisa historicamente possível agora ou possível amanhã.

Cabe a educadores e educadoras, enquanto políticos, perceber alguns dos possíveis que, realizados hoje, viabilizam os de amanhã.

Alguns possíveis hoje:

a) superar a compreensão e a prática do ato de ensinar como sendo um procedimento de transferência mecânica de um saber empacotado pelo ato de ensinar como um *quefazer* em que o educador convida o educando a se apropriar do conteúdo ensinando-se, através da apreensão crítica do mesmo;

b) respeitar a identidade cultural, de classe, dos educandos;

c) respeitar, para superar, o saber de experiência feito com que o educando chega à escola;

d) viver experiências com a classe em que experimente sem receios o direito de opinar, de criticar, de escolher, de ajuizar e de optar;

e) discutir com os educandos, em função da faixa etária dos mesmos, problemas locais, regionais e nacionais, como o da violência, o da negação da liberdade, o do desrespeito à coisa pública, o dos desperdícios em todas as dimensões da administração municipal, estadual e federal. Os milhões de dólares que se perdem em instrumentos que se estragam ao relento, as dezenas de toneladas de feijão, de arroz, as vidas que se extinguem nas filas dos hospitais. Motivar os educandos a calcular, ajudados, quantas casas populares poderiam ser feitas com esses dinheiros jogados fora. Motivá-los a encaminhar seus estudos às autoridades responsáveis.

Falar aos educandos do direito que temos de nos indignar diante de semelhante irresponsabilidade, mas do dever de lutar democraticamente contra tudo isso.

Gostaria, finalmente, de deixar claro que as coisas que a escola pode são coisas que vão ficando possíveis na práxis dos educadores e dos educandos.

Giz: — No seu último livro, *Professora, sim; tia, não*, você afirma que "de modo algum o ensinante deve se aventurar a ensinar sem a competência para fazê-lo". Que práticas constroem a competência do educador?

PF: — Práticas como:

- A prática de ensinar que envolve necessariamente a de aprender a ensinar.
- A de pensar a própria prática, isto é, a de, tomando distância dela, dela se "aproximar" para compreendê-la melhor. Em última análise, a prática teórica de refletir sobre as relações contraditórias entre prática e teoria.
- A prática de sua formação teórica permanente.

GIZ: — Também no livro *Professora, sim; tia, não* você diz que estamos vivendo um novo tempo que "nos coloca a morte do sectarismo mas a vida da radicalidade". Como se manifesta esta radicalidade na sala de aula?

PF: — Antes de estar na sala de aula, a radicalidade precisa estar na vida do educador. A radicalidade precisa ser mais do que um sonho do educador, mais do que um objetivo do educador. Precisa ser a maneira como o educador se experimenta no mundo, na rua, na praça, e não só na sala de aula. A radicalidade é a existência.

A radicalidade da educadora ou educador se manifesta na sua prática, na sala de aula, entre outros pontos, através de sua coerência entre o que diz e o que faz; no testemunho que dá de respeito às diferenças, de não estar absolutamente certo de suas certezas, com o que se abre a outras verdades e à possibilidade de melhorar. E, quando este educador ou educadora se percebe não radical, para e pede desculpa aos alunos. Ele ensina radicalidade pela crítica de si mesmo.

PEDAGOGIA DO OPRIMIDO
TRINTA ANOS DEPOIS*

QUESTÃO 1: — Em recente entrevista a uma revista semanal brasileira de grande circulação (Revista *Veja*), Daniel Cohn-Bendit — o ex-rebelde que comandou as revoltas estudantis de maio de 68 na França — disse que os despossuídos estão órfãos, pois as questões sociais que lhes dizem respeito sumiram do atual discurso político. De fato, o atual predomínio das teses neoliberais tornou quase constrangedor mencionar-se a opressão econômica e social na América Latina. Parece que os dois polos da relação histórico-dialética "opressor-oprimido" saíram de cena. Só se discute agora o "consenso social" para o avanço da modernidade. Nesse quadro, como fica a atualidade de seu livro *Pedagogia do oprimido*, lançado há trinta anos?

PAULO FREIRE (PF): — A questão que você colocou agora não é estritamente brasileira, primeiro ou terceiro-mundista, mas é hoje uma questão universal. Obviamente,

---

* Esta entrevista, concedida a Dagmar Zibas, foi publicada nos *Cadernos de Pesquisa* São Paulo, n. 88, p. 78-80, fev. 1994, da Fundação Carlos Chagas. Originalmente, o texto foi publicado na revista *Propuesta Educativa* (Flacso-Argentina), n. 9, de outubro de 1993. [AMAF]

ela se coloca hegemonicamente no Primeiro Mundo e no discurso liberal, discurso que eu até chamaria de "pós-modernamente reacionário". O que me parece, porém, que há de profundamente perigoso e profundamente arriscado, e de constatação um pouco melancólica e bastante triste, é a adesão a esse discurso realizada por grupos, intelectuais sobretudo, que, até pouco tempo atrás, se diziam de esquerda e se consideravam progressistas.

O dramático, o trágico, dizia eu, é ver como esses grupos, estupefatos diante do processo histórico atual — diante da queda do muro de Berlim, por exemplo —, passaram a acreditar no discurso reacionariamente pós-moderno dos liberais. Esse discurso chegou (eu não diria que ele chegou repentinamente porque ele vem chegando há muito tempo...) afirmando, entre outras coisas, que a História acabou e que a História que está aí não é a História que esteve e nem é a continuidade da História que esteve, mas é uma nova História que não tem nada a ver com as conotações da História através da qual aprendemos a compreender o mundo.

É um discurso em que não há mais lugar para as ideologias, não há lugar para classes sociais e, portanto, não há lugar para conflitos, para a luta das classes. E, se não há classes sociais e se não há luta de classes, acabaram-se os polos antagonicamente contraditórios. Tudo é a mesma coisa. E, se tudo é a mesma coisa, não há por que não acreditar, por exemplo, que um político reacionário mudou; mudou para melhor porque amaciou o discurso, porque fala de temas ditos modernos, embora sua prática continue autoritária e discriminatória. Mas esse discurso "reacionariamente pós-moderno" obteve, infelizmente, o apoio de alguns ex-progressistas.

Outro grupo bem pequeno da esquerda estupefata ficou enraivecido, com justa causa, diante da armadilha do discurso "pós-modernamente reacionário" e recaiu na doença terrível que é o stalinismo. Esse pequeno grupo de esquerda, em minha opinião, está contribuindo exatamente para a negação do que se deve afirmar como a verdadeira esquerda.

De minha parte, continuo a dizer: eu sou um homem de esquerda, eu não acredito que tenham desaparecido a esquerda e a direita; elas estão aí claras, tangíveis, vivas e não precisam nem ser desveladas porque estão sensível e concretamente uma diante da outra. Mas um grupo pequeno de esquerda reaviva o stalinismo e fica assumindo posições tão nefastas ao sonho e à utopia socialista como antes o foi o socialismo real. Esse grupo perde uma oportunidade excelente de contribuir em termos sérios para a luta socialista; luta que está aí, entre nós, está no mundo, continua viva.

Eu me recuso a pensar que se acabou o sonho socialista porque constato que as condições materiais e sociais que exigiram esse sonho estão aí. Estão aí a miséria, a injustiça e a opressão. E isso o capitalismo não resolve, a não ser para uma minoria. Eu acho que nunca, nunca na nossa História, o sonho socialista foi tão visível, tão palpável e tão necessário quanto hoje, embora, talvez, de muito mais difícil concretização.

Mas preciso explicar por que acho que o sonho é possível e não pode ser abandonado: eu acho que é possível precisamente porque agora, pela primeira vez, temos a possibilidade de começar tudo de novo, sem mais referência ao paradigma negativo do socialismo soviético, sem a figura autoritária dentro da qual emerge o chamado socialismo real. O discurso contra a utopia socialista — o discurso liberal ou neoliberal — necessariamente e obviamente enaltece o avanço do capitalismo.

Para mim a única coisa boa do capitalismo foi a moldura democrática dentro da qual o capitalismo cresceu em algumas regiões. O capitalismo em si é nefasto, é perverso, mas a moldura democrática, dentro da qual se desenvolveu em alguns países, é uma grande conquista da humanidade. O maior erro das esquerdas foi não ter percebido que, historicamente, não tinha por que haver antagonismo entre socialismo e democracia. Decretou-se um antagonismo inexistente, um antagonismo fictício entre liberdade e socialismo.

Eu não acredito nesse antagonismo; pelo contrário, eu continuo a dizer que a grande qualidade do capitalismo não lhe pertence, mas pertence à democracia, democracia que as esquerdas ingenuamente atribuíam à burguesia. As esquerdas decretaram que só a burguesia tinha sido competente em fazer uma democracia e desistiram da utopia democrática; agora é a vez de nós nos lançarmos na reconstrução da luta pelo socialismo, porém, através de procedimentos democráticos. Além disso, é preciso aprender a superar um pragmatismo muito ligado ao autoritarismo com o qual as esquerdas concebiam a História; ou seja, concebia-se a História não como possibilidade, mas como determinismo. É preciso que nós vivamos a História como possibilidade, compreendendo que o futuro não é inexorável, que o futuro é problemático e deve ser construído porque não está pré-dado. Na medida em que se entende a História como possibilidade, como futuro que se problematiza, necessariamente superamos o dogmatismo mecanicista — de origem marxista mas não de responsabilidade apenas de Marx — e passamos a compreender o importantíssimo papel histórico da consciência, o papel da subjetividade na feitura da História.

No passado, fui criticadíssimo pelos mecanicistas — marxistas ou não — precisamente porque, desde o começo de minhas atividades pedagógicas e políticas, valorizei o papel da consciência e enfatizei a natureza inalienável da individualidade dos sujeitos. Me parece que é nesse tipo de concepção e de prática que está a raiz da democracia.

Em resumo, respondendo mais objetivamente a tua primeira pergunta, acho que uma das coisas que nos colocam hoje no fim do século, que é também o fim do milênio, é exatamente a coragem de continuar trabalhando, a necessidade de continuar lutando pela superação das condições históricas que mantêm a opressão econômica e social. Nesse sentido, eu te diria, sem nenhuma arrogância, que a *Pedagogia do oprimido* é hoje mais atual do que quando foi publicada, há trinta anos. É que esse é o clima: o clima histórico não é aquele que chora ou aquele que comemora o desaparecimento do sonho socialista, mas é aquele que afirma a necessidade e a possibilidade de concretização desse sonho.

Questão 2: — Alguns analistas veem a ética como cimento inexorável da sociedade moderna. Ou seja, com a falência do socialismo real ou mesmo da utopia socialista, com o recuo dos preceitos religiosos e com o enfraquecimento dos sindicatos, o capitalismo triunfante não encontraria mais freios para se realizar de maneira predatória, o que, no limite, ameaçaria sua própria sobrevivência como sistema. Daí acreditar-se na adesão dos capitalistas ao comportamento ético. Como o senhor vê essa possibilidade e qual o papel da educação e dos educadores nesse cenário?

PF: — Aqui é necessário perguntar: que ética é essa? Quer dizer: a favor de quem e a favor de que o sistema, para continuar sendo, vai ter que mudar. Esse "a favor de quem" é exatamente a favor do capital, dos interesses dos capitalistas. Assim, sua ética só pode terminar como negação da ética. É claro que chega um momento em que as classes dominantes descobrem que o que para elas, 25 anos atrás, significava um perigo tremendo, hoje é um risco aceitável.

Veja um pequeno exemplo: fui estigmatizado. Fui exposto na imprensa deste país, quase todinha, como um inimigo: inimigo da paz, inimigo da competência, inimigo até de Deus. Tudo isso porque pretendi e porque propus que uma alfabetização, enquanto introdução à antropologia, devesse ser simultaneamente uma leitura do mundo e uma leitura do texto. Isso foi suficiente para que jornais, que se pensavam muito sérios, me chamassem — no mesmo dia — de fascista e bolchevista. Eu era condenado todo o tempo.

Hoje, nenhum daqueles jornais, que 25 anos atrás me consideravam "o fim do mundo", seria capaz de publicar coisas como aquelas. Em 1964, uma leitura do mundo como propus e uma leitura do texto eram coisas incrivelmente perigosas; hoje ainda são perigosas, mas são muito mais toleráveis. Há, sem dúvida, um segmento de industriais inteligentes e criativos que aprenderam, a duras penas, que deve pagar melhor a seus operários, que é mais produtivo desenvolver relações menos autoritárias.

Afinal, a História é processo e não para, não se imobiliza, como alguns pensam. Por isso o conflito se dá em outro nível, às vezes mais camuflado, mais amortecido. Mas a radicalidade da leitura do mundo continua não podendo ser aceita pelo conjunto da classe dominante, seja pelos neoliberais ditos modernos, seja pelos capitalistas trogloditas, profundamente atrasados. A leitura radical do mundo ainda é um perigo para a manutenção do *status quo*.

QUESTÃO 3: — As rápidas mudanças tecnológicas da atualidade têm-se configurado para muitos como o limiar de uma nova era civilizatória, na qual a distribuição generalizada do conhecimento e da educação redesenharia em um patamar mais consensual as relações capital/trabalho. Outros analistas insistem em que o atual modelo de produção — que contempla rápida substituição de produtos de alta tecnologia — é um modelo extremamente concentrador e excludente, necessitando, para seu bom funcionamento, que apenas uma parte da população seja educada para produzir e consumir tais produtos. Como se coloca o educador Paulo Freire frente a essas duas correntes? Existe uma terceira vertente para se analisar atualmente a relação novas tecnologias/educação?

PF: — Esta questão, como as outras que você me fez, me toca demais, até me inflama e, apesar de eu estar um pouco debilitado, depois de uma crise de saúde e de um repouso de quatro meses por estrita recomendação médica, quero respondê-la integralmente. E eu começaria a responder a partir da biologia. É até interessante isso. Não começo pela política, mas com a biologia, citando um dos grandes biólogos atuais, o francês François Jacob.

Em uma entrevista recente, ele diz que os homens e as mulheres são seres programados para saber. Veja bem: programados, não determinados. E exatamente porque somos programados, somos capazes de nos pôr diante da programação e pensar sobre ela e indagar e até desviá-la. Isto é, somos capazes de interferir até na programação de que resultamos. Nesse sentido, a vocação humana é a de saber o mundo através da necessidade e do gosto de mudar o mundo. A vocação é de saber o mundo através da linguagem que fomos capazes de inventar socialmente. No fundo, nós nos tornamos capazes de desnudar o mundo e de falar o mundo. Só podemos falar o mundo porque mudamos o mundo.

O processo não poderia ser inverso. Nesse sentido é que a linguagem não apenas veicula o saber, mas é saber. Ela é produção de saber. Me parece, então, que, a partir daí, é impossível compreender a vida histórica, social e política de homens e mulheres fora do gosto e da necessidade de saber. Só que esse é um saber de que somos sujeitos, inventores, criadores e um saber que não termina; um saber que acompanha o processo individual e social das pessoas no mundo.

Esse não é um saber que escape à politicidade da presença nossa no mundo. Quer dizer: é impossível estar no mundo apoliticamente, neutramente. Não dá para estar. Há sempre valoração, há sempre comparação, há sempre escolha que demanda decisão, ruptura, e isso tudo tem que ver com a forma de se estar sendo no mundo, que é uma forma profundamente política. O mundo mudou e está mudando, mas não de modo que possamos dizer que tudo o que era válido há cinco anos não o é mais. Mesmo porque essa coisa não acontece na História.

A História tem uma horizontalidade que não significa repetição, nem perpetuação, mas continuidade. Ou seja, há uma relação de continuidade no processo histórico que não pode sofrer uma ruptura que signifique o advento de algo absolutamente inédito. Precisamos hoje de mulheres e homens que, ao lado do domínio dos saberes técnicos e científicos, estejam também vocacionados para saber o mundo de outra forma, através de tipos de saberes não preestabelecidos. A negação disso seria repetir o processo hegemônico das classes dominantes, que sempre determinaram o que é que as classes dominadas devem saber e podem saber. No discurso dominante hoje, o saber novo e necessário do mundo é apenas um saber profissional e técnico que ajuda as camadas populares, sobretudo no Terceiro Mundo, a sobreviver.

Pois eu digo: não, não é só isso. Para o Terceiro Mundo, assim como para o Primeiro, o saber fundamental continua a ser a capacidade de desvelar a razão de ser do mundo e esse é um saber que não é superior nem inferior aos outros saberes, mas é um saber que elucida, é um saber que desoculta, ao lado da formação tecnológica. Por exemplo, estou convencido de que, se sou um cozinheiro, se eu quero ser um bom cozinheiro, preciso conhecer muito bem as modernas técnicas da arte de cozinhar. Mas eu preciso sobretudo saber para quem cozinho, por que cozinho, em que sociedade cozinho, contra quem cozinho, a favor de quem cozinho. E esse é o saber político que a gente tem que criar, cavar, construir, produzir para que a pós-modernidade democrática, a pós-modernidade progressista, se instale e se instaure contra a força e o poder da outra pós-modernidade, que é a reacionária.

São Paulo, setembro de 1993

"Eu gostaria de morrer deixando uma mensagemde luta"[*]

Apresentação

Esta entrevista inédita foi realizada em 3 de setembro de 1994, em São Paulo, na casa de Paulo Freire e em presença de Nita, sua mulher. Eu tinha participado, em Brasília, da Conferência Brasileira de Educação para Todos, na qual foram estabelecidos acordos importantes para o magistério brasileiro. Previamente, tinha combinado com Paulo e Nita de visitá-los em São Paulo e, na ocasião, ele aceitou minha proposta de uma entrevista centrada no tema docente, um tema que sempre o inquietou e que, nos últimos anos, foi abraçando cada vez com mais convicção e firmeza.[33]

---

[*] Entrevista feita por Rosa María Torres, em 3 de setembro de 1994, publicada em *Novedades Educativas*, n. 79, Buenos Aires, 1997. Rosa María Torres é equatoriana e elaborou vários trabalhos sobre Freire, entre eles *Educación popular*: un encuentro con Paulo Freire, publicado no Equador (CECCA — CEDECO), no Peru (TAREA), na Argentina (Centro Editor de América Latina) e no Brasil (Loyola). A pedido de Freire, fez o prólogo de um de seus últimos livros *Profesora sí, tia no*. Cartas a quien pretende enseñar, México: Siglo XXI Editores. As notas são da entrevistadora e a tradução do espanhol é de Miriam Xavier de Oliveira.

33. Em seu livro *Pedagogia da autonomia*: saberes necessários para a prática educativa, publicado pela Editora Paz e Terra, em 1997, em São Paulo,

O que aconteceu, de fato, foi um diálogo vivo e rico sobre os novos panoramas da educação brasileira e latino-americana e, neste contexto, compartilhamos nossas respectivas visões e propostas. O texto aqui reproduzido registra, unicamente, a segunda parte desta conversa, que transformei em uma entrevista.

Minha ideia era publicar o texto no Education News, *um boletim trimestral da Unicef do qual eu era, na ocasião, editora. Entretanto, fundamentalmente por razões de espaço, sempre foi sendo deixado para o próximo número. A última vez que falei com Paulo lembrei-o de que ainda tinha aquela entrevista pendente, comprometi-me a traduzi-la (a entrevista foi realizada em português) e assegurei-o de que seria publicada neste ano de 1997. Cumpro agora com este compromisso, ainda que Paulo, mestre e amigo muito querido, já não esteja aqui para vê-la. Além disso, ao publicar esta entrevista, contribuo com seu desejo, expressamente reiterado aqui e na ocasião: "Eu gostaria de morrer deixando uma mensagem de luta."*

Rosa María Torres
Buenos Aires, 9 de maio de 1997

Paulo Freire se dedica especificamente ao tema da formação docente. O autor começa dizendo logo nas Primeiras Palavras "A questão da formação docente junto à reflexão sobre a prática educativa progressista em favor da autonomia de ser dos educandos é a temática central em torno da qual gira este texto." Freire pensou o livro como um texto a ser comprado e lido por todos os educadores. O livro, de formato pequeno e com uma tiragem de 30 mil exemplares, foi vendido por R$ 3,00 (o equivalente a US$ 3.00 na ocasião) e a edição esgotou-se em pouco tempo.

Rosa María Torres (RMT): — Paulo, gostaria que falássemos sobre os educadores, sua situação, sua formação, suas perspectivas.

Paulo Freire (PF): — Vou fazer referência principalmente aos professores[34] brasileiros. Mas minhas considerações sobre os professores brasileiros aplicam-se perfeitamente a toda América Latina, com mais fidelidade em alguns casos do que em outros.

Em primeiro lugar, é preciso dizer que na história da educação e da política brasileira sempre existiu um descuido total em relação à educação, uma falta de respeito que espanta, que dói. Ao mesmo tempo, no discurso dos candidatos políticos — não importa se para presidente da República, governador de Estado, prefeito, vereador ou deputado — existe sempre um lugar especial para a educação. Eles sempre asseguram que a educação e a saúde, em seu governo ou em sua análise da problemática, constituem uma prioridade. Entretanto, acontece que a prática posterior do eleito torna-se absolutamente contrária ao discurso; é a negação de tal discurso. O que observamos é que o professorado, sobretudo atualmente, começa a querer tomar as rédeas da situação. Sempre que protesta, que se

---

34. Freire utiliza o termo professores, de uso corrente no Brasil. Preferimos respeitar o termo tal como Freire o utiliza, ou seja, para referir-se aos educadores em geral. Por outro lado, ao longo da entrevista original (em português), Freire usou predominantemente o termo professoras, tendo como referência o Brasil e assumindo uma identidade total entre o ser professor e o ser mulher. Na tradução da entrevista para o espanhol, optei pelo termo geral "profesores".

reúne, mobiliza, organiza e faz greve, o poder diz: "Na realidade, reconhecemos que os professores têm razão, que ganham muito pouco. Mas não temos dinheiro".

Em um livro que acabo de publicar, intitulado *Cartas a Cristina*, ataquei duramente este discurso oficial. Este texto foi aproveitado inclusive por uma organização de mães, pais e professores que assumiu com seriedade a luta a favor dos professores do estado. Inclusive, antes que o livro saísse, o advogado deles me pediu permissão para usar uma página que continha uma crítica à administração de São Paulo, justamente uma página na qual sugiro às famílias que, na luta das professoras e dos professores do ensino primário e secundário, incentivem a causa do professorado. Sugiro que pais e mães também se organizem para lutar contra o Estado. E digo que o discurso da impossibilidade é mentiroso.

Eu estou absolutamente convencido de que é preciso que um governo decida politicamente e prove que tem dinheiro para pagar melhor, para pagar menos indecentemente aos professores. Porque, olhe bem: eu nem sequer estou lutando para que eles sejam pagos decentemente, ainda estou na etapa de afirmar que é preciso pagá-los de maneira menos indecente.

Eu não quero dizer que os ministros que afirmam que não existe dinheiro para pagar sejam mentirosos. Mas os que não são mentirosos estão ideologizados. Ou seja, têm um véu sobre o rosto e não podem ver a realidade. Um aspecto que considero fundamental é o que você mencionou antes de iniciar esta entrevista: a necessidade de reorientar a política do gasto público. Os secretários de Educação são mais ingênuos que mentirosos.

Existem três ou quatro elementos na vida pública brasileira que, se fossem levados a sério, deixariam dinheiro de sobra para pagar o professorado. Seria necessário fazer, a nível do Estado, município ou país, um estudo da administração pública, dos disparates cometidos em relação aos salários. Há pouco tempo atrás, isto tentou ser feito, mas não foi possível devido às enormes pressões existentes por parte de grupos de pressão dentro da estrutura do Estado que não querem perder seus privilégios. Ou seja, é uma luta muito dura, mas é preciso encará-la de frente.

RMT: — O que esta luta implica para os diferentes setores envolvidos?

PF: — Eu acho que o Congresso deveria entrar nisto também. Não é possível que os deputados se reúnam e aumentem seus salários em porcentagens fantásticas e não aumentem os salários das outras categorias, dos professores. Quem tem que entrar nisto é a máquina inteira do governo. É preciso que primeiro exista decisão política. Sem decisão política nada pode ser feito, pois esta luta no fundo é política e ideológica, não administrativa. A decisão de ser decente. Substantivamente, é uma luta política. Agora, eu não sou capaz de dizer o que é preciso ser feito.

Existem pessoas que me dizem: "Realmente Paulo, o Estado não tem dinheiro. Se fosse para aumentar os procuradores do Estado, os advogados dos diferentes setores do Estado, aí sim seria possível dar um bom aumento, pois estamos falando de 150, 300 pessoas. Mas os professores são 300 mil!!" Este é um argumento falso. Porque o que queremos saber é se a educação é ou não uma prioridade. Se é uma prioridade, a prioridade manifesta-se com orçamento, com dinheiro. Falar de prioridade sem levar em consideração como se constitui a prioridade é uma mentira, é traição ao próprio conceito de prioridade.

RMT: — Um argumento corrente hoje em dia para não aumentar os salários docentes é que os salários, por si só, não melhoram o ensino, ou seja, o desempenho do professor na sala de aula.

PF: — Eu tenho uma resposta muito fácil para isso. Só o salário não faz milagres. Mas sem um salário decente não é possível começar nada. Existe um certo ponto a partir do qual o argumento do salário por si só torna-se válido. Mas não é possível usar este argumento em um município como Maceió, onde as professoras ganham dez reais por mês.[35] Em São Paulo o salário está entre 130 e 187 reais. É um absurdo!!!

Evidentemente, só o salário não é sinal de competência pedagógica e política do magistério. Mas um bom secretário da Educação não pode impulsionar a formação permanente do magistério se os professores não têm dinheiro nem para comprar um jornal, muito menos um livro. Uma mulher que sai de casa aflita com seus

---

35. Um real, nesse momento, equivalia aproximadamente a um dólar.

problemas familiares, consciente de que o seu salário e o de seu marido não são suficientes para fazer frente às dificuldades, esta mulher, por mais maravilhosa que seja, não pode ser uma boa educadora.

RMT: — Qual é o complemento de um bom salário? O que mais é necessário para ser um bom educador ou uma boa educadora?

PF: — Primeiro, é preciso um salário minimamente decente. Segundo, um verdadeiro respeito à tarefa do magistério. A educação e os educadores têm que ser respeitados: respeito pessoal, trato cortês, decente, sério. Em terceiro lugar, a organização política do magistério deve ter como uma de suas tarefas a formação permanente dos professores. O poder público deve, por um lado, estimular e, por outro, ajudar as organizações do professorado para que cumpram o dever da formação permanente. E onde os próprios organismos sindicais não puderem fazer, que o faça o Estado.

O Estado pode ajudar, como tentamos na prefeitura de São Paulo, pagando horas para que os professores estudem. Se a educação é realmente uma prioridade, então é preciso conseguir o dinheiro para que os professores, em sua casa ou na escola, tenham horas para estudar dentro da jornada de trabalho. Os cursos de formação permanente devem ser pagos. O magistério tem que receber seu salário sem descontos. A compreensão que o poder público tem do trabalho do magistério deve incluir as horas nas quais o professorado está se preparando para ser melhor professor.

RMT: — Hoje é generalizada a crítica às organizações docentes no sentido de que elas estão centradas na reivindicação dos salários, tendo se descuidado de outros aspectos da valorização e da profissionalização dos educadores.

PF: — Bem, eu também faria essa crítica. Mas a faria somente depois que o magistério tivesse assegurados todos esses direitos e continuasse não querendo lutar por melhores condições de trabalho. Quando o governo diz: "É claro que o professor tem o direito de ganhar mais, mas não temos dinheiro", isso é hipocrisia, é mentira. Se surgir a situação que, tendo tempo remunerado para estudar e contando com uma formação permanente paga pelo estado ou pelo município, os professores negarem-se a dar aulas, isto deve ser punido. Mas eu não posso generalizar esta crítica antes que os direitos mínimos do magistério estejam assegurados. Acho que um governo sério, que dedique seus quatro anos de administração para fazer isto, tem o direito de exigir do professorado uma produtividade muito maior do que a atual.

RMT: — Como começar a resolver o conflito entre pais de família e professores, que tendem a enxergar-se mais como bandos opostos do que como aliados no campo da educação?

PF: — Esta também é uma questão ideológica. Eu acredito que o enfrentamento entre famílias e professores existe sobretudo nas áreas proletárias, nas áreas pobres das cidades, onde a clientela escolar é a classe trabalhadora ou a classe média baixa. Eu participei de reuniões de pais de família e professores em algumas escolas particulares localizadas em zonas ricas e não encontrei nada disso. Tenho certeza de que existe um fundo ideológico elitista que funciona na cabeça ou no corpo do professor. Nos cursos de formação do magistério não se discutem a questão da ideologia, a relação entre ideologia e educação, o tema de como a ideologia nos cega, nos torna míopes e faz com que a realidade fique turva. Desta forma, meteu-se na cabeça dos professores, inclusive daqueles que compartilham a mesma condição de classe, que as famílias chamadas pobres são incompetentes.

RMT: — Entretanto, existem problemas e contradições reais que permeiam todos os setores sociais. Por exemplo, o tema da presença ou da ausência dos professores. Os pais de família exigem que os professores estejam presentes, que deem aula. Os professores, por sua vez, e sobretudo dadas as atuais condições, faltam, se ausentam, fazem greve.

PF: — Exato. Este é um problema que afeta as famílias, independentemente da classe social. As greves, por exemplo, as que os professores utilizam para defender a sua situação, afetam tanto as famílias de bom nível de vida quanto a família proletária.

Alguns anos atrás, três ou seis anos atrás, durante uma greve geral do professorado do estado, o presidente da Apeoesp (Associação dos Professores e Orientadores Educacionais do Estado de São Paulo) foi acusado, em um debate televisivo, de que os professores e professoras do Estado não estavam cumprindo com a sua tarefa fundamental que era ensinar, dar aulas. Então, ele deu uma resposta fantástica: "Não, isso não é verdade. Nós não deixamos de ensinar em nenhum momento. Nós estamos ensinando o que significa a luta democrática." Os pais de família ainda não entenderam essa luta e é por isso que, no livro antes mencionado, digo que, em lugar de colocar-se contra os professores, os pais de família deveriam reagir contra o Estado e lutar a favor dos professores, irmanar-se com eles.

RMT: — Por um lado, é preciso trabalhar nisso com os professores. Mas, o que fazer, como trabalhar com os pais de família?

PF: — Os órgãos do magistério deveriam assumir, como tarefa política, não só lutar contra o Estado, mas, sim, lutar política e pedagogicamente durante o ano todo para obter uma aliança com as famílias. Esta deveria ser uma tarefa da própria escola e dos partidos progressistas. Eles não deveriam falar de educação na época das eleições; deveriam ter departamentos vivos o tempo todo, manifestando-se através da imprensa, por exemplo. Como introduzir o tema nos chamados "meios de comunicação"? Meios de comunicação que estão sendo cada vez mais "meios de fazer comunicados", de ideologizar contra os interesses populares. Como interferir nos programas de televisão para esclarecer ideologicamente a nossa própria luta?

RMT: — As greves e as paralisações docentes multiplicaram-se nos últimos anos no mundo inteiro e sobretudo na América Latina, mas já não resolvem os problemas dos educadores. Que conclusão você tira a este respeito?

PF: — Esta é uma pergunta fundamental que todos nós deveríamos fazer a partir de uma perspectiva progressista. Atualmente, com a globalização da economia sendo um dos aspectos fundamentais da chamada pós-modernidade, as multinacionais hoje podem, com enorme facilidade, deslocar o centro de produção de um determinado produto da América do Sul para a Ásia em questão de quinze dias. E podem, deste modo, esvaziar a luta, esvaziar a greve dos operários envolvidos na produção deste produto. As multinacionais levam a produção para a Ásia, acabam com o emprego aqui e não se prejudicam, inclusive conseguem mão de obra mais barata.

Dou um exemplo para mostrar que a classe trabalhadora tem que acompanhar os novos tempos. Hoje, não é possível resolver com uma greve problemas que foram solucionados com outra greve vinte anos atrás. É uma questão de eficiência. Hoje em dia, a greve já não é eficiente como meio de luta; é preciso procurar um substituto.

Uma das minhas discrepâncias veementes com os analistas chamados pós-modernos, sejam filósofos ou sociólogos, é que eles, fazendo uma análise muito correta da situação concreta, concluem sobre a impossibilidade de mudar. Eu faço a mesma análise...! e concluo que é preciso continuar lutando! Ou seja, a diferença entre eu e eles é que eu não aceito de nenhuma maneira renunciar à luta. E, por isso, não caio no fatalismo que o neoliberalismo apresenta em seu discurso. Eu não acredito que a luta seja inviável. O que eu constato é que a luta à moda antiga não funciona mais.

Quando se apresenta a questão da greve em relação ao professorado, em primeiro lugar é preciso considerar que os grevistas educadores já partem de uma dificuldade política que é o fato de que a sua greve não altera a produção. Em outras palavras, como educadores que são, não trabalham no processo produtivo, mas, sim, no âmbito cultural. Isto diminui consideravelmente o seu poder. Daqui a pouco, a greve já não será eficaz, como já não está sendo. Em várias lutas o magistério terminou cansado, exausto e sem conquistar quase nada, voltando decepcionado às escolas.

Se eu pudesse ter mais influência através dos meus livros, através da minha postura e da minha posição, convidaria o magistério e seus dirigentes a reexaminar as táticas de luta. Não para abandoná-las. Eu seria o último a dizer aos professores "Não lutem". Eu gostaria de morrer deixando uma mensagem de luta. Agora, se você me pergunta: "Paulo, você tem alguma sugestão concreta?" Eu digo: "Não, não tenho." O que eu tenho é a certeza de que não é possível o fatalismo. Posso concluir que a greve já não tem o sentido que costumava ter, e por isso quero saber qual é o seu substituto. O que não podemos fazer é cruzar os braços.

RMT: — Vamos ao tema da formação docente. Hoje em dia, para muitos, a eficácia da formação e da capacitação docente é duvidosa. Não se veem resultados claros nem no nível do ensino nem no nível do aprendizado, nem entre os professores nem entre os seus alunos. Como você vê esta questão? Onde estão os problemas?

PF: — Eu não tenho dúvida de que uma formação bem feita continua sendo não somente eficaz, mas, sim, indispensável.

RMT: — Mas, o que quer dizer bem feita? Como isto pode ser feito?

PF: — Vou tentar explicar o que significa "bem feita" para mim. Para mim, a formação permanente só tem sentido, só é inteligível, quando envolve uma relação dialética, contraditória, entre prática e teoria. Ao examinar a experiência formadora ou capacitadora, o que interessa é ver exatamente como surgem nesta experiência as relações entre prática e teoria. Porque a formação está aí; a formação surge na relação entre teoria e prática, nem só na teoria nem só na prática. Desta forma, temos caminhos diferentes, métodos diferentes, para concretizar esta relação.

Quando fui secretário da Educação do município de São Paulo, planejamos e vivemos um processo de formação permanente com 35 mil professores.

RMT: — Conte-nos como foi esse processo.

PF: — Foi feito através de grupos de formação. O que cada grupo fazia? Precisamente, discutir a sua prática. Em

PEDAGOGIA DOS SONHOS POSSÍVEIS | 281

uma sala reúnem-se 25 ou 30 professores que trabalham em alfabetização infantil e conta-se com uma equipe de duas ou três pessoas para coordenar o encontro. As pessoas que coordenam devem ter, obviamente, um nível maior de conhecimentos teóricos e científicos do que o grupo. Em determinado momento da reunião, uma professora diz: "Eu queria expor ao grupo a minha prática e alguns obstáculos que venho encontrando e que não consegui resolver". E assim o faz. Nesse momento, ela concretiza o obstáculo que estava enfrentando. E então vem Vigotski, Emilia Ferreiro, os estudiosos que estudaram e continuam estudando esse problema e que apresentaram explicações teóricas para entendê-lo e enfrentá-lo. É assim que ensinamos Vigotski e não através de conferências sobre Vigotski. Isto é o que deve ser feito em todos os níveis da prática docente, com o professor de línguas, de história, geografia, matemática.

Nós fizemos isto com a ajuda de três universidades de São Paulo. Tínhamos uma equipe muito boa da Unicamp (Universidade de Campinas), da USP (Universidade de São Paulo) e da PUC (Pontifícia Universidade Católica), formada por filósofos, linguistas, cientistas políticos, professores de língua, de português, de sintaxe. Eles trabalhavam com os técnicos, com os educadores e educadoras que atuavam nas bases da Secretaria de Educação.

Agora, evidentemente, nesta tentativa de discutir prática e teoria, uma pessoa de fora pode ser chamada para falar especificamente com os professores de língua, por exemplo. Entretanto, essa exposição pode ter como alvo pessoas que estão acostumadas a fazer reflexão teórica unicamente em função da sua prática. Por isso, no meu entender, fazer formação somente a partir de conferências, em um determinado mês do ano, não é formação permanente.

RMT: — Qual foi a resposta dos professores ao plano de formação proposto pela Secretaria?

PF: — Eu assisti a alguns dos seminários de avaliação que foram realizados nas sub-regiões em que dividíamos a cidade de São Paulo sob o ponto de vista administrativo-pedagógico. Foi fantástico! Os dois seminários municipais de educação realizados em nossa administração atingiram toda a rede. Foram apresentadas mais de 375 teses, o que não é pouca coisa. Temos, pois, uma evidência de que o magistério, quando tratado decentemente, responde.

RMT: — A formação dos professores teve repercussão na sua maneira de relacionar-se com os alunos e de ensinar nas salas de aula?

PF: — O ensino melhorou muito. Em São Paulo, superamos dez anos de experiência pedagógica. Ao longo de quatro anos de administração, cada ano superou o anterior sob o ponto de vista da promoção dos alunos dentro da rede escolar.

No Brasil, o número de crianças fora da escola é um escândalo. O número dos que conseguem entrar é muito menor que o dos que não conseguem, e mais da metade dos que entram são expulsos da escola, ou seja, a mal denominada "evasão". Nós conseguimos diminuir drasticamente esta última. E comprovamos este fato estatisticamente.

RMT: — Você se referiu fundamentalmente à capacitação dos professores em serviço, o que foi feito em São Paulo. Mas, como fica a formação inicial dos professores? Que mudanças são necessárias para que ela seja eficaz?

PF: — Acredito que aqui também teria que ser feito um trabalho parecido. Inclusive, fiz sugestões neste sentido a pessoas vinculadas diretamente aos cursos de formação.

Com frequência, nos cursos de formação para o magistério, formula-se a pergunta: Como tirar os professores das escolas e levá-los a observar as aulas? Hoje, com a ajuda da tecnologia moderna, isto não é necessário. Precisamos de uma equipe que faça um bom vídeo e uma equipe que saiba discutir o vídeo, que o veja como um objeto cognoscível e não como um vídeo, mas como um elemento que imediatiza a prática gnosiológica do professor dentro da sua área.

Tomemos, por exemplo, uma escola da periferia, da favela. Vamos ali e nos apresentamos como representantes de uma instituição de formação de professores que quer fazer alguns vídeos para mostrar aos estudantes o contexto da escola e algumas atividades pedagógicas que ali acontecem. Primeiro, falamos com a diretora e depois com o corpo docente. Não deve ser a diretora quem selecione a professora cuja classe vamos filmar. Depois destas preliminares, filmam-se as atividades de um ou mais professores com seus alunos. A seguir, o vídeo é preparado sob o ponto de vista técnico. Antes de terminá-lo, uma equipe de professores estuda o vídeo. O vídeo assim produzido leva a favela à sala de aula, mostra como as crianças brincam e vivem, como o professor ensina, que problemas enfrenta etc.

O vídeo é passado aos estudantes do magistério, em seu programa de formação, sem dizer absolutamente nada. Depois eles devem analisá-lo, e nós vemos com o que estão de acordo ou não. Ao fazê-lo, os estudantes irão discutir o comportamento pedagógico e político da professora com os alunos. Eu, como professor, devo discutir a teoria dos erros e a teoria dos acertos da professora cujo vídeo foi apresentado na aula. Este é apenas um exemplo de como podemos dinamizar, de uma maneira fantástica, a formação docente.

Um dia, fui dar uma palestra em um colégio de formação de professores, convidado pelas alunas do último ano. Ao terminar, as alunas se aproximaram e me disseram: "Professor Paulo, estamos assustadas. Nós nos formamos como professoras e agora estamos com medo de que alguém nos chame para um emprego." Eu disse a elas: "Expliquem-me melhor a questão do medo. Vocês estão arrependidas de sua opção pela escola?" Elas responderam: "Não, queremos ensinar, mas nunca sequer ouvimos falar da periferia e estamos com medo de que alguém nos chame para trabalhar ali. Temos medo das crianças da periferia."

Pois bem, em um curso de formação de professores, e até onde for possível, é preciso mostrar o país a estes jovens. E mais ainda com a tecnologia disponível hoje! O vídeo era algo impossível alguns anos atrás. Hoje não. Só quem não quer não o utiliza.

PEDAGOGIA DOS SONHOS POSSÍVEIS | 285

RMT: — Um último tema, Paulo. Acaba de ser realizada a Conferência Nacional de Educação para Todos, em Brasília. O acordo firmado com os professores reconhece um piso salarial de 300 reais e a importância da formação permanente do professorado. É um bom sinal?

PF: — Minha primeira reação a qualquer notícia em torno da formação permanente como preocupação central de um encontro é elogiá-lo sem saber mais nada. Depois, eu quero saber exatamente do que se trata. Ou seja, minha primeira resposta é positiva. Como educador, eu sei o que significa a formação. É por isso que brigo tanto com os americanos, pois resisto a aceitar que *training* equivale a *formação*. *Formação* é muito mais que *training*. Então, a formação dos educadores e a análise sobre ela têm muita importância.

RMT: — O que você acha do piso salarial?

PF: — Acho que ainda é pouco. Talvez algumas pessoas digam que não é possível mais, que mais do que isso ultrapassaria todas as possibilidades. A questão é que, no momento em que alguém começa com um piso como esse, não pode deixar de preocupar-se em saber se na realidade a educação é uma prioridade.

A educação é prioritária porque, na análise geral que faço da vida e da existência humana, o fenômeno educacional é absolutamente fundamental. A educação não é a chave de tudo, mas sem ela nada é feito. Então, se isso é verdade, eu tenho que me preocupar diariamente com esse piso, com esse mínimo com o qual os professores não podem viver nem trabalhar decentemente.

RMT: — Hoje, todos falam da valorização do professor. O que você entende por valorização do professor?

PF: — Quando você veio aqui esta tarde para falar sobre isso você já estava valorizando o professor. Quando me propôs este tema é porque você já apostava que eu também valorizo o professor. Você veio aqui hoje não só como uma profissional, uma boa profissional da América Latina, mas, sim, representando uma tarefa política, indiscutivelmente em defesa da valorização.

O que é a valorização? É o respeito à dignidade do professor, de uma pessoa sem a qual a educação não é prioridade. Valorizo algo ou alguém na medida em que o considero fundamental em relação aos meus objetivos e sonhos. E os meus sonhos, aqueles pelos quais lutei, não podem estar dissociados da prática educativa. Então, valorizar o professor, no meu caso, não é só uma obrigação ética, mas sim uma obrigação política que se fundamenta na ética. Se nós não valorizarmos os educadores, teremos poucas possibilidades de fazer, deste, um país melhor. Agora, a valorização não pode ficar na teoria, não se trata apenas do discurso sobre a valorização, mas sim da prática deste discurso.

Tenho a alegria de dizer que fui secretário da Educação do município de São Paulo junto com Luiza Erundina.[36] O mérito é muito mais de Erundina que meu, mas o fato é que foram dois anos e meio sem nenhuma greve do magistério. Isto aconteceu porque valorizamos o professor.

---

36. Freire ocupou esse cargo entre 1989 e 1991.

CRÍTICO, RADICAL E OTIMISTA[*]

Apresentação

Avesso ao neoliberalismo e à chamada "pós-modernidade", Paulo Freire refuta a ideia de uma educação neutra e defende novos caminhos para a formação do professor.
Paulo Freire diz que não mudou muito nos últimos trinta anos. "Estou mais é me radicalizando", declara. O pai da "pedagogia do oprimido" reafirma que só pode ser "bom professor" o cidadão que tem clareza política e competência científica, que conhece a história do país e as raízes autoritárias da sociedade brasileira. Paulo Freire recebeu o editor da Presença Pedagógica, *Neidson Rodrigues, em sua casa, no bairro do Sumaré, em São Paulo, para uma conversa de três horas de duração. Bem-humorado, Paulo Freire não perdeu tempo em lembrar seu vasto currículo de militância na educação — que inclui a produção de obras traduzidas em dezoito idiomas, o trabalho em diversos países e a concessão de títulos de "doutor honoris causa" por mais de vinte das mais respeitadas universidades do mundo.[37] Preferiu falar do presente e do futuro. Criticou o conformismo intelectual da*

---

[*] Entrevista concedida a Neidson Rodrigues, publicada em *Presença Pedagógica*, ano 1, n. 1, jan./fev. 1995. Belo Horizonte: Dimensão. [AMAF]

37. Vejam os números atualizados na nota 32 desta obra. [AMAF]

esquerda e disse que, sem briga, educação e saúde jamais serão prioridades para os governos. A entrevista começou com uma provocação em relação à trajetória de Paulo Freire.

Neidson Rodrigues (NR): — O que permaneceu e o que se modificou no homem de ação e no intelectual Paulo Freire, ao longo dos últimos trinta anos?

Paulo Freire (PF): — Tenho medo de, ao responder a essa pergunta, ficar, aparentemente, pouco humilde, porque se eu disser: "Olha, eu venho mais é me radicalizando", parece que a gente fez tantas coisas mais ou menos boas, há trinta anos, que não achou que devesse mudá-las, apenas radicalizá-las, o que é uma forma de juntar algum tempero novo. Posso traduzir isso num discurso mais claro. Uma coisa que continua em mim, como pessoa e como educador, quer pensando a prática educativa quer fazendo a prática educativa, é um profundo respeito à figura do educando, ao gosto do educando e à formação do educando. Sou tão intransigente com isso que, toda vez que alguém usa a palavra *treinar*, eu critico e contraponho a palavra *formar*. Continua em mim o respeito intenso à experiência e à identidade cultural dos educandos. Isso implica uma identidade de classe dos educandos. E um grande respeito, também, pelo saber "só de experiências feito", como diz Camões, que é exatamente o saber do senso comum. Discordo dos pensadores que menosprezam o senso comum, como se o mundo tivesse partido da rigorosidade do conhecimento científico. De jeito nenhum! A rigorosidade chegou depois. A gente começa com uma curiosidade indiscutível diante do mundo e vai transformando essa curiosidade no que chamo de curiosidade epistemológica. Ao inventar a curiosidade epistemológica, obviamente são inventados métodos rigorosos de aproximação do sujeito ao objeto que ele busca conhecer.

NR: — E como fica a ação educativa? O professor respeita o saber do aluno. Mas o que ele faz a partir dessa posição de respeito?

PF: — Aí é que entra a compreensão democrática da educação, e até diria, antes dela, a compreensão democrática da interferência do intelectual. O intelectual interfere, o intelectual não se omite. A postura democrática difere da postura autoritária apenas porque a intervenção democrática envolve o outro também como sujeito da própria intervenção. Para mim, o que se coloca nesse aspecto não é o que alguns educadores e educadoras brasileiras dos anos 70 afirmavam — e espero que tenham revisto isso: que eu propunha uma espécie de volta paciente em torno do senso comum. Eu nunca disse isso. Sempre usei o verbo *partir*, que não implica *fixar-se*. Disse que o ponto de partida da prática educativa está, entre outras coisas, no senso comum, mas enquanto ponto de partida, e não ponto de chegada ou ponto de "ficada". Você perguntou o que fazer. Teríamos duas posições: uma autoritária, que é desrespeitar o senso comum e impor sobre ele a sua possível rigorosidade. Para mim, não: é preciso que o educando se assuma ingenuamente para, assumindo-se ingenuamente, ultrapassar a ingenuidade e alcançar maior rigorosidade.

NR: — Explique como fazer isso na prática. Como um professor de matemática, de história, de geografia pode partir da experiência do senso comum do educando e conduzi-lo para uma formação mais rigorosa. De outro lado, que objetivo tem essa formação?

PF: — Toda prática formativa tem como objetivo ir mais além de onde se está. É exatamente essa a possibilidade que a prática educativa tem: a de mover-se até. É isso que a gente chama de diretividade da educação. E essa diretividade — que faz parte da natureza do ser da educação — não permite que ela seja neutra.

NR: — Você, então, não admite a educação não diretiva?

PF: — Não, não admito. Mas há uma diferença entre diretividade e espontaneísmo. Eu não sou espontaneísta, mas sou diretivo. Sendo diretivo, porém, não significa que eu manipule o educando.

Sou diretivo na medida em que tenho um sonho, em que tenho uma utopia. E, se tenho um sonho, uma utopia, devo lutar por esse sonho. Você já imaginou um professor que pouco se interessa, diante de sua classe, com o sonho de uma sociedade menos injusta, e nada faz pela criação de uma sociedade menos injusta só porque o que ele ensina é a Biologia, como se fosse possível ensinar biologia, o fenômeno vital, sem considerar o social?

NR: — Fale um pouco mais sobre essa relação, porque, com muita frequência, os professores dizem mais ou menos assim: "O ensino da formação crítica é com o professor de história." O professor de Matemática, por exemplo, se julga o professor de uma ciência pura, que pouco tem a ver com as questões sociais ou políticas...

PF: — Isso é um absurdo! Em primeiro lugar, para mim, isso não existe. O professor de Matemática deve estar tão interessado na criticidade do aluno quanto o professor de Geografia, de História ou de Linguagem. Veja, por exemplo, o problema da linguagem. A linguagem não pode ser sonhada, pensada, estudada, refletida fora da ideologia. Quando fui secretário da Educação em São Paulo, discuti, entre outras coisas, o problema da sintaxe da classe trabalhadora e da nossa sintaxe. As pessoas me interpretaram erroneamente, não porque eu não fosse claro. Hoje, estou convencido de que a interpretação errada era mais um obstáculo ideológico do que um obstáculo de entendimento, ou do que um obstáculo epistemológico. Era ideológico... Eu dizia, por exemplo, que o menino ouve, em casa, o pai dizer "a gente chegamos", ouve o pai dizer "menas", ouve a mãe dizer "menas", "a gente fomos", e ele diz também. A vizinhança toda, que é uma classe social, diz "a gente fomos". Mas, quando ele escreve, na escola, "a gente fomos", leva zero e um lápis vermelho embaixo, inibindo-o mais ainda. O aprendizado desse menino está sendo obstaculizado por um problema estritamente ideológico com o nome de gramática. Dizem que isso é um problema de sintaxe, mas na realidade é ideológico.

PEDAGOGIA DOS SONHOS POSSÍVEIS | 293

NR: — E qual é a saída, nesse caso?

PF: — Aqui entra o "a partir de" de que eu falava. O menino proletário, o menino camponês tem que, em primeiro lugar, assumir a legitimidade da sua linguagem, do seu discurso, contra o qual há toda uma barreira de classe, e essa é a tarefa do educador e da educadora. Em segundo lugar, ele tem que assumir — uso muito o termo *assumir*, porque entendo que é assunção mesmo — a boniteza da sua linguagem. E até vou mais longe e digo: ele tem que assumir a própria gramática que está por trás do seu discurso. Não há discurso sem gramática. O que você não pode é exigir que um gramático burguês descubra a gramática do discurso do povo. Ele não vai descobrir nunca. Mas, que há uma gramática no "a gente fomos", há. É a mesma coisa que o inglês diz: "people are" e não "people is". Como fazer isso? É preciso que o professor sugira, concretamente, na prática docente, o respeito que tem pela linguagem do menino.

NR: — Mas, com isso, o professor não acaba por entrar em conflito com a família, com a sociedade e com a expectativa do sistema?

PF: — Do sistema social sim, pois é um sistema capitalista, reacionário. Da família proletária, não. Mas deixe que eu termine meu pensamento, antes que digam: "Está vendo? O Paulo Freire quer que os operários meninos continuem a vida toda dizendo 'a gente fomos'". Eu nunca disse nem escrevi isso. O que disse é que, em primeiro lugar, preciso revelar concretamente, testemunhalmente, que respeito o "a gente chegamos". Em segundo lugar, preciso revelar que "a gente chegamos" é tão bonito quanto "a gente chegou". Não o é possivelmente para os meus ouvidos, mas o é para os ouvidos do povo. Os ouvidos do povo ouvem outra coisa e não a minha fala. Em terceiro lugar, eu preciso, agora, sugerir ao menino operário que lute para aprender — tendo antes apreendido a função da linguagem — a sintaxe dominante, para melhor brigar contra o dominante. É isso que eu proponho. E não há problema para se fazer isso. Se as professoras e os professores fossem menos elitistas, se tivessem uma formação ideológica menos elitista e mais próxima dos interesses populares, poderiam, com facilidade, ensinar a sintaxe dominante. Não estou propondo que não se ensine a sintaxe dominante. Proponho que o ensino da sintaxe dominante parta do reconhecimento da validade da sintaxe popular.

NR: — É isso que você invoca como tomada de consciência? O menino toma consciência de sua linguagem e, ao tomar consciência de sua linguagem, toma consciência da linguagem do outro, e pode, portanto, se colocar nessa relação? Este é o caminho da formação da consciência?

PF: — Exato. Mas não basta o trabalho com a linguagem. Você já imaginou a formação de uma consciência crítica, política, legítima, aberta, que é testemunhada pelo geógrafo, pelo biólogo e pelo matemático que dão aula também assim? Quer dizer, o menino conviveria com um corpo docente que não se acha proprietário do saber, mas produtor do saber, reprodutor do saber e proponente da criação do saber por parte dos meninos. É outra coisa, entende? E, então, por que se gritou tanto contra mim? Por questões de classe, por questões ideológicas.

NR: — Mas agora vamos à segunda parte da pergunta inicial: o que mudou no Paulo Freire?

PF: — O que vem se aprofundando em Paulo Freire é uma maior radicalidade com relação às suas opções políticas e ideológicas; possivelmente, uma maior clareza diante do que chamo de leitura do mundo, mas nunca numa posição sectária. Hoje eu me sinto bem tolerante... Para mim, tolerância não é conivência. Eu não posso poluir meu sonho político, minha utopia, fazendo uma dialogicidade rigorosa, profunda com os neoliberais, mas também não posso, sectariamente, me fechar a uma conversa com um neoliberal. O que não posso é fazer acordo com ele.

NR: — Então permanece em você o mesmo Paulo Freire crítico, mas o interlocutor da crítica mudou. Na década de 1960, os progressistas não acreditavam no Estado porque o Estado era visto como comitê da burguesia. Hoje, é a própria burguesia que lança o Estado ao descrédito. Como você vê isso?

PF: — Hoje sou um homem radicalmente crítico do discurso neoliberal, e que se alonga em pós-moderno. Para mim, a pós-modernidade é reacionária ou progressista. Não acredito numa pós-modernidade como específica, exclusiva, ela mesma gritando "sou a pós-modernidade". O discurso liberal tem uma lógica de classe fantástica. Ele nega as classes, como se a história pudesse, de uma vez, acabar com a chamada continuidade de si mesma. Uma das características que faz a história ser a história é que ela tem continuidade, é que ela tem historicidade. Quer dizer, a história marcha, continua, a história é devir, não uma entidade sobre nós. Os liberais chegam e anunciam a morte da história, sem que os homens e as mulheres tenham morrido. Os liberais dizem que todo mundo se tornou igual. Então, uma das tragicidades do intelectual do Terceiro Mundo, como nós, é que damos aula de pós-modernidade e convivemos com trinta milhões de miseráveis, no Brasil, que não chegaram sequer à modernidade, não passaram da tradicionalidade, da consciência mágica que eu chamei de intransitiva... Então, eu nego a validade desse discurso.

NR: — Todas as propostas políticas para o futuro do Brasil dizem que a educação é prioritária. Os educadores progressistas e as propostas políticas progressistas dizem que a educação é fundamental. Os empresários também exigem educação para todos e estão empenhadíssimos, inclusive com projetos bastante dispendiosos, em dar escola a seus funcionários. De repente, todos falam a mesma coisa. Qual é a diferença?

PF: — Tenho falado muito, há muito tempo, que não há educação sem leitura de mundo e sem leitura de texto. Você sabe qual é o limite dos industriais, hoje? Leitura de texto, mas não leitura de mundo. O que quero dizer com isso? Quero dizer que o industrial aceita, bate palma e paga para o operário ser bem comportado, para o operário viver feliz. E viver feliz, para o industrial, é adaptar-se à realidade que está aí, mas não transformá-la. O que o industrial não pode aceitar é que, na educação que paga para o operário, haja qualquer possibilidade de criticar o sistema capitalista.

NR: — Mas o industrial também tem consciência da rapidez com que se operam as mudanças nos processos produtivos e quer que o trabalhador saiba acompanhar essas mudanças...

PF: — Olha, estive recentemente numa conferência na Espanha e um notável "pós-moderno" espanhol, professor na Califórnia, comentou que minhas propostas dos anos 70 eram mais atuais agora que antes. Concordo, mas por outras razões. A criticidade a que ele se referia, a criticidade necessária ao neoliberalismo, é uma criticidade vesga, que vai ao encontro da presteza, da resposta imediata e segura, mas sempre em favor da verdade do opressor. Quer um exemplo? Com o avanço das comunicações e com a globalização da economia, uma multinacional transfere a fabricação de um certo produto de São Paulo para Hong Kong em quinze dias. E a greve que estava se pensando em fazer aqui se esvazia, e a vulnerabilidade da classe trabalhadora a faz mais fraca.

Concordo com tudo isso. Do que discordo? É que os analistas — e muitos deles eram, antes, progressistas — caem numa postura fatalista, de que não há salvação, de que a vida tem que ser assim mesmo, porque o máximo que o neoliberalismo vai fazer é amaciar um pouco a fome dos trinta milhões de miseráveis do Brasil. Eu não aceito isso. Não posso compreender que o homem e a mulher, que inventaram a existência, a linguagem e a tecnologia, façam da tecnologia um instrumento de morte de si próprios. Isso me faz lembrar *O rinoceronte*, uma peça fantástica de Ionesco. O personagem principal, Berégère, insiste, durante toda a peça, em lutar contra a transformação de cada um de seus companheiros e companheiras em rinoceronte. Na última noite de sua luta, quando todos já haviam se transformado em rinocerontes, Berégère vai para a frente do palco e, de braços abertos, grita: *"Ma carabine, ma carabine*, lutarei contra o mundo inteiro. Eu restarei homem e não rinoceronte." Acho que, para contrapor ao discurso neoliberal da desistência de ser, teríamos que reencarnar Berégère e gritar: "Sou homem e, porque sou homem, não aceito minha transformação em puro objeto". E o neoliberalismo estaria fadado a morrer de frio antes de uma década.

NR: — Falemos um pouco, agora, da educação brasileira. O que mudou na escola e nas propostas dos educadores nos últimos anos?

PF: — Nos anos 60, tivemos aquela febre de que a educação resolveria tudo, que faria a revolução etc. Nos anos 70, com as teorias de Althusser sobretudo, mas não só dele, veio aquela visão radicalíssima de que a educação era apenas a reprodução da ideologia dominante. Caiu-se, então, na América Latina principalmente, numa espécie de desânimo pedagógico, numa desistência. Eu até faria uma exceção para o Brasil. Um dos raros educadores brasileiros que continuaram a afirmar o papel transformador da escola foi o Celso Vaz. Agora, a gente descobriu, finalmente, que, se a educação reproduz, ela não faz só reprodução. Essa é outra tarefa do educador progressista que não se converteu ao discurso neoliberal: desmitologizar a reprodução.

NR: — O nosso professor de escola fundamental está sendo formado para exercer essa tarefa transformadora, de ajudar a consciência do educando a se elevar para uma competência crítica face às transformações que se operam no mundo moderno?

PF: — Acho que isso deveria ser tarefa dos sindicatos progressistas, dos professores e dos órgãos de classe. Marx afirmou, certa vez, que a educação do trabalhador feita pelo patrão é, indiscutivelmente, a reprodução do operário em si mesmo. Evidentemente, não se pode esperar que o patrão desenvolva uma pedagogia para libertar o operário. E nem que o Estado, como uma totalidade, adira a essa postura, porque essa é uma questão política e, portanto, ideológica. Teríamos que ter governos progressistas...

NR: — Mas existe a ideia de que o educador não precisa ser um educador de consciência crítica. Basta que ele seja um educador, pois, à medida que se desenvolve uma pedagogia a partir do senso comum, a própria incorporação cultural permite ao indivíduo estabelecer uma relação crítica com o mundo.

PF: — Este é o trabalho pedagógico na perspectiva dos conteúdos... Os professores, às vezes, magicizam a força do conteúdo e acreditam que o educando se conscientiza à medida que engole as informações discutidas em sala e em páginas e mais páginas de livros. Acho que isso não acontece. E, como educadores progressistas, teríamos de lutar para que a formação do professor do ensino fundamental e do ensino médio tivesse outros caminhos. Como é possível a formação de um educador sem uma excelente base de linguagem — não digo língua, porque a linguagem é bem mais que isso — e sem uma excelente base do discurso? E sem o conhecimento de história? Como você pode ser um bom educador, se não tem noção da história do seu país, da história da sua cultura, se nunca teve informações sobre as raízes autoritárias do país?

NR: — Mas na sua concepção, e isso está presente em toda a sua obra, a formação se dá na prática. No entanto, os professores estão nas escolas há anos e não adquiriram essa consciência. Qual é a prática que pode ser transformada em consciência e em conhecimento? Que experiência pode ser transformada em móvel de ação?

PF: — Vou dar um exemplo. Imagine-se o diretor de uma escola de formação de profissionais para o magistério, que tenha três ou quatro bons professores, ou boas professoras, e que disponha de equipamento de vídeo. Aí, pode-se escolher uma escola de periferia, ir até lá e dizer para a diretora: "Olha, somos professores formadores de professores jovens e vimos aqui para discutir uma ideia com a senhora e, em seguida, com os professores da sua escola. A gente ensina isso, isso e isso, e pensou em conseguir a contribuição da senhora e de duas ou três professoras, para que fizéssemos pequenos vídeos em sala de aula." Além disso, pode-se fazer um vídeo sobre a região e o bairro onde a escola está situada. Por este meio simples, é possível trazer um pedaço da periferia para dentro da escola. Ao exibir cada vídeo na sala de aula, pode-se destacar a ação da professora: "Vamos repetir exatamente o momento em que a professora falou. Observem o jeito como ela disse tal coisa, a cara, a fisionomia, as mãos dela etc. Prestem atenção a isso." Colocaria de novo para funcionar e diria: "Vamos discutir isso agora. Comecemos do senso comum: o que entendemos que se devia fazer em um situação como essa?"

Creio que assim se pode introduzir Vigotski, Piaget, fulano, beltrano, sicrano, de modo muito melhor do que através de aulas sobre Vigotski e Piaget. Não é que não se possa dar uma aula sobre Vigotski. Mas é preciso garantir a inter-relação das formas com que você discute Vigotski. Uma coisa é você discutir Vigotski lá mesmo, através do acerto ou do erro da professora, e outra é ler um texto dele. Imagine, agora, o que poderia ser uma escola como essa com a orientação de universidades próximas, com pesquisadores de linguística, de matemática... O que os etnomatemáticos e etnofísicos da

Unicamp estão fazendo? Ensinando cálculo matemático a partir da vivência de empinar papagaio. É extraordinário. Isso é respeitar o senso comum e superá-lo.

NR: — Chegar à ciência a partir do senso comum...

PF: — Lógico, e foi exatamente assim que a humanidade fez. Nenhuma sociedade do mundo começou do cientista.

NR: — Isso permitiria unir a rigorosidade da ciência com a leveza do saber, me parece. Mas falemos um pouco mais dessa leveza. Em um de seus textos, você diz que a escola e a educação devem ser uma coisa leve. Mas a atividade do magistério, hoje, representa um peso, com o problema do salário, as pressões sociais... Como a escola e a atividade pedagógica podem ser leves?

PF: — Para ser leve, ela tem que brigar pesado contra as discriminações que sofre. Uma escola leve é uma escola que briga para ser alegre, mas que sabe que não é possível ser alegre se os professores são desprestigiados a partir do seu próprio salário. Eu não tenho a menor dúvida de que será preciso que, um dia, toda a sociedade brasileira resolva brigar contra o poder público deste país, em todos os níveis. Somos coloniais, e não se vê experiência colonial em que o educador seja respeitado.

NR: — É curioso: o aumento da consciência política do brasileiro se evidencia, hoje, nas lutas pelos direitos humanos, pelos direitos do consumidor, das minorias, das mulheres. Por que não cresceu a consciência em relação à educação?

PF: — Acho que cresceu também. Não tanto quanto a gente gostaria, mas cresceu. Sou otimista, mas mudança — e aqui vou usar um termo de que não gosto muito — não é gratuita. A mudança não cai do céu. É provocada pela luta. E, quando digo luta, é luta histórica.

NR: — Mas, quando se fala em luta social pelo direito à educação, ela cai numa abstração. Os pais julgam que os professores têm obrigação de estar na sala de aula, independentemente das condições materiais deles e das escolas.

PF: — Foi por isso que escrevi *Professora, sim; tia, não*. Exatamente para mostrar que a professora é um profissional como os demais. Como vinte mil "tias" vão fazer greve, atrapalhando a vida dos sobrinhos? Não é isso. A professora precisa ser profissional, precisa trabalhar profissionalmente, formar-se, ser cientificamente competente, ter posições políticas claras. A formação científica da professora "dá com os burros n'água" se ela não tiver uma opção, uma clareza política.

NR: — Queria que você falasse, agora, da questão do esquecimento do aprendizado, que culmina, inclusive, no chamado analfabetismo funcional. Segundo uma teoria psicanalítica, as pessoas esquecem tudo o que não é de seu interesse. Essa é uma dimensão do esquecimento, quem sabe, de grupos inteiros que, em algum momento, foram alfabetizados e perderam a capacidade de leitura.

Esse é um problema apenas psicológico ou é, também, da natureza incompleta ou inadequada do aprendizado? Ou é um problema político, isto é, o esquecimento ocorre porque o aprendido não importa àquele que o recebeu? Como você analisa isso?

PF: — A análise dessa questão deve ser, tanto quanto possível, global. Uma das perguntas fundamentais que um investigador teria de fazer seria a seguinte: a comunidade "Y" de que se fala precisava mesmo da alfabetização? Se você se encontra numa cultura chamada iletrada, cuja memória é, talvez, nem preponderante, mas totalmente oral, a escrita inexiste como necessidade. Mas, se a comunidade precisava ler e foi inserida numa experiência em que a necessidade da leitura se colocou, por que não aprendeu? Aí temos que ir para outras indagações, a epistemológica, por exemplo. Em 1960, eu disse que a alfabetização é um marco criador e não memorizador. Não é possível que o alfabetizando apreenda o mecanismo de sua língua por pura memorização. No fundo, a gente memoriza as coisas que sabe e é por isso que, antes de memorizar, a gente apreende o objeto. Essa é uma das minhas brigas com relação ao ensino tradicional, que insiste na transferência do conhecimento.

Como é que você alfabetizou? Como ajudou a pessoa a se alfabetizar? É preciso compreender o processo de produção da linguagem. A compreensão de como se produz a linguagem socialmente tem relação com a compreensão de como se ensina a linguagem. Isso tem muito a ver com as pesquisas mais recentes da Emília Ferrero. No meu último livro, *Cartas a Cristina*, citei a luta que enfrentei nos anos 50, quando trabalhava no Sesi. Tínhamos escolas primárias e os pais dos alunos viviam exigindo que a gente desse, para seus filhos aprenderem a ler e a escrever, a chamada "Carta do ABC" — uma cartilha adotada por várias gerações, naquela comunidade. Os pais tiravam os filhos da escola porque não dávamos a tal cartilha e porque não batíamos fisicamente nos alunos. Até que uma noite, depois de um estalo, eu perguntei a eles, durante uma reunião, se algum deles tinha visto o filho começar a falar dizendo letra: "ême", "éle", "ypsilon"... Lembrei que os meninos começam dizendo "papá", "mamã". E que os especialistas chamam isto de frases monopalábricas, isto é, que têm uma só palavra. O ser humano começa a falar com sentenças e não com letras. Esse foi o único argumento — que já não era senso comum, mas não era ainda uma explicação muito rigorosa — que os pais aceitaram.

NR: — Mas, num primeiro momento, o senhor disse que precisamos respeitar o senso comum e, agora, que eu tenho que lutar contra o senso comum...

PF: — Quando digo respeitar, não significa não lutar contra. Você respeita o seu inimigo, mas luta contra ele. Desrespeitar o senso comum significa não compreender sequer que ele existe.

NR: — Paulo, para fechar essa conversa com os nossos professores, diga-nos: o que o deixa mais contente e mais triste no Brasil de hoje?

PF: — O que me deixa mais contente é que, apesar de tudo, dos escândalos terríveis, da falta de ética na vida brasileira, sinto que a gente tem mudado, tem andado. E, respeitando muito rigorosamente o ponto de vista partidário dos que me lerão, não tenho dúvida de dizer, como alguém que pensa seu próprio país, que o Partido dos Trabalhadores, nesses seus doze ou quatorze anos de existência, tem sido um enorme fator de progresso. Não importa que não ganhou as eleições. Importa é perceber que a presença do PT levou a direita à escolha de um homem menos direitista para a Presidência da República. O professor Fernando Henrique não foi candidato porque a direita quis. Foi porque precisou. A direita nomeou Fernando Cardoso seu limite.

NR: — Que recado você mandaria aos dirigentes políticos do país, aos educadores que trabalham na formação de professores, nas universidades, e aos professores que estão nas escolas, nas mais diferentes regiões brasileiras?

PF: — Eu deveria mandar três recados, mas vou ver se mando um só. Acho que era preciso que homens e mulheres que fazem política neste país começassem a compreender, de forma diferente, a expressão "educação é minha prioridade". Não há prioridade que não se expresse em verbas. Não adianta o discurso da prioridade, para, no ano seguinte, dizer: "É prioridade, mas,

PEDAGOGIA DOS SONHOS POSSÍVEIS | 307

lamentavelmente, não tenho dinheiro." É preciso que este país alcance o nível em que isso não possa mais ser dito. Mas, para que isso nunca mais possa ser dito, é preciso que os professores não aceitem que se diga isso. Quer dizer, os professores precisam continuar brigando, e muito. É preciso, também, que a opinião pública entenda o direito e até o dever que os professores têm de lutar. Acho que eles têm até mais dever do que direito de lutar, ou têm tanto um quanto o outro. Finalmente, é preciso que decidamos, como um concerto da nação inteira, que é fundamental que a educação e a saúde sejam prioridades. Sem briga, não vão ser nunca. É preciso que haja luta, que haja protesto, que haja exigência e que os responsáveis, de maneira direta ou indireta, pela tarefa de formar entendam que formação é permanente. Não existe formação momentânea, formação do começo, formação do fim de carreira. Nada disso. Formação é uma experiência permanente, que não para nunca.

Não se pode *ser* sem rebeldia[*]

Aos 75 anos, reconhecido internacionalmente como a maior expressão da pedagogia brasileira, Paulo Freire continua atual e polêmico. Autor de mais de uma centena de obras, traduzidas em dezoito idiomas, Paulo Freire também é doutor honoris causa por 28 universidades no Brasil e no mundo,[38] tem uma estátua em sua homenagem numa praça de Estocolmo (Suécia) e é cidadão honorário de Los Angeles (EUA) e de nove cidades[39] brasileiras. Uma delas é Angicos, no Rio Grande do Norte, onde, em 1963, pela primeira vez o "Método Paulo Freire" foi levado à prática. Naquela ocasião, trezentos adultos foram alfabetizados em 45 dias. As propostas da "pedagogia do oprimido" — que ressaltava a criação da consciência crítica da realidade como o elemento básico da aprendizagem — foram abortadas pelo golpe militar de 1964. Paulo Freire viveu dezesseis anos no exílio, quando deu aulas em universidades na Europa e nos Estados Unidos, foi assessor da Unesco e orientou a implantação de diversos projetos de alfabetização pelo mundo.

---

[*] Entrevista concedida a Ana Cecília Sucupira, para a revista *Pais & Teens*, n. 3, p. 12-5, fev. 1997, Instituto Paulista de Adolescência. [AMAF]

38. Vejam este dado na nota 32, que atualiza este dado. [AMAF]

39. Em fevereiro de 2014, Paulo Freire conta com quinze títulos de cidadão — catorze cidades brasileiras e de um estado — e dois do exterior, incluindo o de Los Angeles. [AMAF]

Para Paulo Freire, suas ideias originais continuam mais atuais do que nunca. Avesso ao discurso neoliberal, cuja proposta pedagógica seria adequar o educando às necessidades do mercado, Freire defende uma educação que parta do senso comum, que respeite o universo social e cultural do aluno e que incentive a apreensão crítica da realidade e do conhecimento, ao invés da simples transferência do saber e da memorização. Para ele, os professores devem continuar brigando por melhores condições de trabalho, e a rebeldia do adolescente deve ser mais bem compreendida e canalizada para uma rebeldia criativa que ajude a transformar o mundo. Em novembro de 1996, Paulo Freire recebeu a Pais & Teens *para a seguinte entrevista.*

PAIS & TEENS: — Como o senhor entende a adolescência?

FREIRE (PF): — De modo geral, eu acho que o adolescente paga por uma série de problemas seus e de problemas que se dizem ser seus. Para mim, uma das preocupações do educador — e quando digo educador eu estou incluindo não apenas a professora, mas o pai e a mãe também — é lidar, na sua relação com o adolescente, com aquilo que o adolescente lida também. E sobretudo o seguinte: como é que o adolescente está se vendo como tal? Porque a maneira como o adolescente se vê como tal tem muito a ver com a maneira como o adolescente se revê como *ser*. O momento da adolescência é aquele em que a criança toma conhecimento do seu passado. A criança avalia o que ela vem sendo, o que ela foi como criança. Quanto mais o adolescente rompa com o projeto que foi enquanto criança, tanto mais problemática possivelmente será a sua adolescência.

Quanto menos ele gostou de ter sido o que foi, tanto mais ele tende a problematizar-se. Para mim, isso não é um desastre, isso é normal.

PAIS & TEENS: — Neste sentido, como foi a sua adolescência?

PF: — Os meus últimos livros têm tido muita memória. Isso significa que eu tenho me discutido um pouco, tocado na minha infância, na minha adolescência. E eu tenho observado que eu não tenho experimentado, nos diferentes momentos da minha presença no mundo, rupturas muito substantivas. Eu fui um adolescente problematizado por causa da situação difícil de família que eu tive de enfrentar. Mas eu fui um adolescente muito coerente com o menino anterior, e fui um homem muito coerente com o adolescente, e fui um homem amadurecendo muito coerente com o jovem anterior, e estou sendo um velho coerente com o moço que eu fui. Isto não significa que eu tenha sido muito inteiro — ninguém é —, mas em certo sentido explica a permanência de gostar da vida e gostar do mundo.

PAIS & TEENS: — O que essa questão da continuidade, da coerência, tem a ver com a tarefa educativa?

PF: — Eu acho que isso no mínimo devia ser uma advertência para o professor, a professora, pais e mães, de tanto quanto possível ser ou continuar sendo uma presença afetiva, carinhosa, asseguradora de paz junto ao adolescente-aluno ou ao adolescente-filho. Uma presença que permita ao adolescente, nas suas desconfianças legítimas, um dia se acercar para perguntar, por exemplo, "Que menino fui eu?" E o pai e a mãe discutirem o menino que também foram. Quer dizer, eu acho que em última análise a escola não deveria ser um espaço que pusesse sempre os adolescentes numa espécie de parênteses de contravenções. De modo geral, as escolas veem os adolescentes como rebeldes e, mais do que como rebeldes, veem os adolescentes como possíveis destruidores da ordem.

Pais & Teens: — Qual a atitude mais coerente do educador frente à rebeldia do adolescente?

PF: — Eu acho que a escola deveria entender melhor o adolescente. E a inteligência melhor do adolescente está na dependência de uma disponibilidade maior de amor por ele. Eu me lembro de quando fui secretário de Educação da cidade de São Paulo, fiz dois seminários com jovens de doze a treze anos, adolescentes de escolas da rede municipal. Em um destes seminários uma menina de doze anos me olhou e me disse: "Paulo, eu gostaria que minha escola fosse diferente de minha mãe." Eu disse "Muito bem, você acha que a escola parece com sua mãe, e em que é que você gostaria que a escola fosse diferente de sua mãe?" Ela disse "Eu gostaria que a escola acreditasse mais em mim, pois minha mãe não acredita. Quando eu saio de casa, ela já pensa coisas, ou ela já me vê assaltada por meninos da minha idade que estarão destruindo a minha pureza". Eu achei lindo isso, uma coisa maravilhosa, continuou "e o que eu queria era que ela acreditasse mais em mim, mais nos outros, acreditasse mais na vida, afinal". Eu achei este discurso da menina uma coisa linda, e que revela as razões por que também os adolescentes se tornam necessariamente rebeldes.

Eu acho que os adultos, pais e professores, deveriam compreender melhor que a rebeldia, afinal, faz parte do processo da autonomia, quer dizer, não é possível *ser* sem rebeldia. O grande problema está em como amorosamente dar sentido produtivo, dar sentido criador ao ato rebelde e de não acabar com a rebeldia. Tem professores que acham que a única saída para a rebelião, para a rebeldia, é a punição, é a castração. Eu confesso que tenho grandes dúvidas em torno da eficácia do castigo.

Eu acho que a liberdade não se autentica sem o limite da autoridade, mas o limite que a autoridade se deve propor a si mesma, para propor ao jovem a liberdade, é um limite que necessariamente não se explicita através de castigos. Eu acho que a liberdade precisa de limites, a autoridade inclusive tem a tarefa de propor os limites, mas o que é preciso, ao propor os limites, é propor à liberdade que ela interiorize a necessidade ética do limite, jamais através do medo.

A liberdade que não faz uma coisa porque teme o castigo não está "eticizando-se". É preciso que eu aceite a necessidade ética, aí o limite é compromisso e não mais imposição, é assunção. O castigo não faz isso. O castigo pode criar docilidade, silêncio. Mas os silenciados não mudam o mundo.

Pais & Teens: — Como o senhor vê a relação entre os problemas disciplinares e o rendimento escolar do adolescente?

PF: — Evidentemente, a questão da disciplina está relacionada ao balanço mais ou menos harmonioso entre a autoridade e as liberdades. Toda vez que este balanço se desfaz, ele se desfaz em favor de um lado ou de outro. Se o balanço se desfaz em favor da autoridade, não existe disciplina, o que há é autoritarismo. A experiência autoritária anula a liberdade, mas anula também a própria autoridade. Se o desequilíbrio se desfaz em favor da liberdade, também não existe disciplina, tem-se um clima licencioso, espontaneísta. A liberdade também não é liberdade, e a autoridade se esvazia como tal. Qualquer dessas duas hipóteses — do autoritarismo ou da licenciosidade — contribui, e contribui mal, para um bom processo de aprendizagem e de ensino.

Um professor, por exemplo, que não consegue afirmar sua presença pedagógica, séria, a sua autoridade na sala, compromete necessariamente o processo de ensino em que ele é um dos sujeitos. Mas ao comprometer o processo do ensino ele compromete o processo da aprendizagem dos alunos. A mesma coisa se dá então no caso do autoritarismo do professor, em que ele exacerba a sua autoridade. É possível, porém, que do ponto de vista do ensino em si a licenciosidade seja mais sacrificadora do que o autoritarismo. Eu digo isso com uma certa dor, porque eu defendo enormemente a liberdade. Eu tenho profundo amor pela liberdade. Mas o que eu quero dizer é que talvez seja menos prejudicial para o aluno a presença de professor autoritário, mas sério e competente, do que a presença de um professor irresponsável, incompetente e licencioso. Amanhã os ex-alunos daquele professor autoritário se lembrarão dele com respeito, enquanto os ex-alunos do professor licencioso, que nada ensinou, lembrarão desse professor com desrespeito. Isto não significa que eu esteja fazendo a defesa do autoritarismo, mas eu estou fazendo a crítica muito dura da licenciosidade.

Pais & Teens: — Por que às vezes se torna tão difícil a relação professor/adolescente?

PF: — Há uma série de descompassos dentro da atividade escolar por parte dos professores e por parte dos alunos. Na verdade, os descompassos nunca são apenas do professor ou do aluno, mas se acham sempre nas relações entre o professor e o aluno. Às vezes, o professor, de um lado, mal pago, cansado, desesperançado, caindo numa rotina em que espera ansiosamente a hora de voltar para casa, não se sente motivado para uma melhor compreensão da crise por que passam certos adolescentes. E quanto menos entendam a problemática da rebeldia do adolescente, por exemplo, tanto mais difícil será para eles lidarem com esta rebeldia.

O adolescente, por outro lado, não se acha ajudado para entender a sua própria rebeldia. No fundo o adolescente deve ter possibilidades, deve ter condições na própria atividade docente do professor, para perceber que sua rebeldia, sendo um direito, não pode ser, porém, um fim. Afinal de contas, ele não pode ser a vida toda um rebelde, ele deve ser a vida toda um ser disposto a rebelar-se contra as injustiças do mundo. Mas ele tem que orientar a própria rebeldia no sentido da construção, no sentido da reconstrução. E isto é uma tarefa precípua do educador e da educadora, do pai e da mãe. É lidar com a possibilidade de desafiar o educando para que ele perceba a necessidade de orientar num bom sentido sua própria rebeldia.

Eu confesso que não é fácil isso, não é fácil mas é possível fazer isso. Eu tenho a impressão de que um bom caminho para professores e pais que têm experiência com adolescentes rebeldes — aqueles que às vezes dão a impressão que não têm mais salvação — são os encontros fraternos em que os pais e os professores conversam sobre as suas dificuldades, com assessoria ou ajuda de algum psicólogo competente. Não "psicologista", isto é, que não reduza as explicações do mundo à psicologia. Para discutir como é que cada um, face ao problema que está vivendo, vem procurando saídas. Talvez seja melhor do que apenas ler livros ou revistas psicológicas de orientação. Como é que o pai numa situação A se saiu com relação ao seu filho, o outro pai tem uma situação parecida com aquela e tentou outro caminho e não deu certo ou se deu melhor. Essa troca de experiências possibilita muito o aprofundamento da teoria da própria prática.

PAIS & TEENS: — Como o senhor vê a questão da evasão escolar do adolescente?

PF: — Para mim, o problema não é evasão, é expulsão. As escolas expulsam muito mais do que delas se evadem os alunos. Esse é um problema que tem de ser discutido, criticado, analisado. Em um determinado momento o adolescente descobre — e descobre sofridamente — que a escola não bate com as dúvidas dele, que a escola não corresponde às suas ansiedades. E, tanto quanto ele possa, o adolescente deixa a escola. Até nesses casos eu acho que ele é deixado pela escola. No fundo a escola não se tornou capaz de evitar que o adolescente não encontrasse nada, nenhum sentido nela.

Essa é uma das razões, mas há outras razões de natureza pedagógica e de natureza política também. A discriminação de natureza de classe na questão da linguagem. A escola pretendendo impor a sintaxe branca, sintaxe da classe dominante, e o menino da classe trabalhadora sendo criticado, sendo diminuído nos seus textinhos, nos seus trabalhos, riscados com lápis vermelho, levando "três", levando "zero". Isto se deve à inabilidade política e à incompetência científica que alguns professores e algumas professoras têm para lidar com a complexidade da linguagem. Na 5ª série, por exemplo, a questão das disciplinas como História, Geografia, Matemática tem de ser pensada em termos de como melhor trabalhar esses conhecimentos para que eles não se constituam em bichos-papões dos adolescentes. Para que os jovens, afinal de contas, entrem num estado de boas relações com essas matérias e que, em última análise, a escola seja para eles uma razão de alegria e não um sinal de tristeza.

Pais & Teens: — Qual o papel da escola, hoje, na vida do adolescente? Qual a sua importância, qual o sentido que a escola tem para o adolescente?

PF: — Para que a escola tenha significação para o adolescente, ela precisa compreender esse momento do adolescente, da sua vida, essa inquietação. Ela tem que compreender não apenas o momento do adolescente, mas o momento histórico em que ela está, as condições históricas e sociais do contexto em que ela está situada. Nós estamos vivendo nos centros urbanos brasileiros mais dinâmicos, como São Paulo — uma experiência em que a tecnologia tem de estar presente. Você não pode, diante disso, simplesmente despejar magicamente tecnologia dentro dos prédios das escolas, nem tampouco pode negar a presença da tecnologia nas escolas.

A questão, portanto, que se coloca não é a de você comprar três computadores e distribuir pelas setecentas escolas da cidade, mas se você tem condições de preparar rigorosamente o magistério que vai mediar, ou que vai colaborar com as crianças para o uso do instrumento tecnológico. A questão, portanto, não é comprar televisores, vídeos e entupir as escolas. A questão que se coloca não é você pretender, por justaposição, a convivência dos alunos com a tecnologia, mas é como você capacita os seus educadores para que eles também se tornem educadores de seu tempo, quer dizer, à altura do seu tempo.

Eu acho que um adolescente que hoje está descrente de uma série de valores anteriores e que tem uma possibilidade de ver e saber que há instrumentos tecnológicos que não estão sendo usados pela escola dele, esse adolescente pode, na verdade, perder o interesse pela escola. Mas, sobretudo, eu acho que os adolescentes, principalmente das classes populares, precisam encontrar, na escola, propostas que avivem ou criem sonhos que eles tenham ou que eles não estejam podendo ter, sob pena de que a escola perca significado para eles.

PAIS & TEENS: — A escola que existe hoje no Brasil cumpre esse papel?

PF: — Não, eu acho que preponderantemente não cumpre. E a culpa não é dos professores e das professoras, a culpa é de nós todos, da sociedade civil brasileira, é nossa. Desde que se inventou a sociedade brasileira, há um desrespeito constante, com exceção de alguns momentos históricos da vida brasileira, à educação no Brasil, aos educadores e às educadoras, o qual se agravou muito nos últimos anos.

A culpa é também da sociedade política, do Estado. Hoje ainda se paga, no Nordeste brasileiro, quinze reais a uma professora. E as chamadas professoras leigas, naqueles recantos perdidos do Nordeste brasileiro, ainda pagam de seus quinze reais um giz, por exemplo. Eu acho, inclusive, que as professoras e os professores deste país vêm dando historicamente um testemunho extraordinário de um querer-bem enorme às crianças e à sua própria prática ensinante.

Às vezes, até eu me pergunto se os presidentes da República, os governadores de Estado, os prefeitos não tiveram mesmo uma professora primária um dia. Porque a impressão que eu tenho é que eles nunca tiveram uma professora, eles vieram de outro mundo, de outro planeta. Porque o descaso é total. Quando houve uma grande greve da rede estadual, 150 mil professores de pé ouviram o então governador Fleury dizer: "Os professores têm razão, ganham muito mal, mas eu não tenho dinheiro."

Um dos meus sonhos, que possivelmente eu não vou poder ver, é que dentro de alguns anos nenhum governador possa mais fazer esse discurso. Que esse discurso seja tão imoral quanto, por exemplo, o governador dizer: "Oh, meus senhores e minhas senhoras, que gosto enorme eu tenho de estar nu aqui diante de Vossas Excelências." Nenhum governador pode dizer uma coisa dessas no palácio do governo, porque é inviável esse discurso sobre sua nudez.

Pois bem, o meu sonho é que vire tão imoral quanto este aquele outro discurso de que "As professoras têm razão, mas eu não tenho dinheiro". O que eu quero com isso dizer é que tenho esperança de que os rearranjos do Estado, a reorientação política de gastos públicos nesse país seja de tal maneira seriamente conduzida que não seja mais possível pagar ofensivamente salários de duzentos reais, que é o pago por São Paulo a uma professora iniciante. É preciso que haja um dia uma dúzia de governantes que não tenham nenhum sonho de se reeleger, porque esses e essas terão coragem de fazer insanidades sanas.

Eu acredito muito na loucura sadia, como por exemplo, virar o salário de duzentos para oitocentos. Eu acho que policial, educador, médico precisam ter um salário a partir do qual se possa cobrar deles a sua eficácia e a sua decência. Acho que a gente precisa brigar, até os dez primeiros anos que vêm aí do outro milênio, para ver se respeita-se, nesse país, educação, saúde, ordem, disciplina e cultura. Porque do jeito que as coisas vão a gente corre o risco de se entregar à decepção e à desesperança.

OPRESSÃO, CLASSE E GÊNERO*

OS AUTORES QUE *colaboraram neste livro levantaram questões importantes e pertinentes que necessitam ser rigorosa e cuidadosamente tratadas. Para tanto, significaria escrever um ou dois livros a mais para se fazer justiça à complexidade dos problemas delineados por esses/essas autores/autoras. Obviamente, não seremos capazes de enfrentar tamanha tarefa ambiciosa devido às delimitações de tempo e espaço. O que gostaríamos de fazer é retomar o questionamento existente da pedagogia freireana com relação ao seu tratamento de* gênero.

DONALDO MACEDO: — Alguns/algumas educadores/educadoras, particularmente as feministas norte-americanas, argumentam que seu trabalho tende a universalizar a opressão enquanto ignora as especificidades de posições diversas e contraditórias que caracterizam os grupos subordinados juntamente às linhas de cultura, etnia, linguagem, raça e gênero. Em particular, algumas feministas apontam que sua falha para escrever essas especificidades históricas revelam "deficiência que emergem numa tentativa de estabelecer uma

---

* Entrevista concedida a Donaldo Macedo, publicada originalmente com o título "Um diálogo com Paulo Freire", in: McLaren, P. et al. (Org.) *Paulo Freire — Poder, desejo e memórias da libertação*. Porto Alegre: Artmed, 1998. [AMAF]

pedagogia que assume uma experiência universal e objetivos abstratos" (Weiler, no prelo, p. 11). Weiler argumenta que, "tal como a pedagogia freireana, a pedagogia feminista é fundamentada numa visão de mudança social. E, tal como a pedagogia freireana, a pedagogia feminista reside em reivindicações verdadeiras da primazia da experiência e consciência, que são fundamentadas em movimentos de mudança historicamente situados" (p. xx). Ela também afirma que algumas críticas feministas sentem, por exemplo, que você tem falhado em "tratar as várias formas de poder defendidas por professores dependendo de suas raças, gêneros e dos ambientes históricos e institucionais nos quais trabalham" (p. 18).

Paulo, você tem compartilhado comigo em várias conversas que, desde a publicação de *Pedagogia do oprimido*, você recebe periodicamente cartas de algumas feministas as quais afirmam que, embora seus livros e suas teorias lidem com a opressão e a necessidade de transformação social para terminar com formas de dominação, você tende a relegar essa questão do gênero a uma posição inferior. Algumas dessas feministas apontam que você não apenas dá menor importância à questão do gênero como também à própria linguagem que você utiliza, principalmente em *Pedagogia do oprimido*, que é sexista por natureza.

Elas também apontam que seus objetivos para libertação e transformação política e social são implantados em universalizações que, de certo modo, negam igualmente sua posição de privilégio como um homem intelectual e a especificidade de experiências que caracterizam conflitos entre grupos oprimidos em geral. Isso significa que, ao teorizar sobre opressão como verdade universal, você falha em apreciar diferentes localizações históricas de opressão. Por exemplo, um homem negro, embora oprimido, ainda aproveita uma posição privilegiada *via-a-vis* uma mulher negra. Por essa razão, você precisa levar em consideração que esses diferentes níveis de opressão necessitam de uma análise específica com um foco diferente, que chame a atenção para uma pedagogia diferente. Uma pedagogia feminista emancipatória deve também, como Gary Olson (1992) argumenta, rejeitar o tipo de feminismo popular defendido principalmente por mulheres brancas ocidentais — o tipo que aponta o patriarcado como a principal forma de dominação enquanto ignora raça e classe; o tipo que coloca relações de gênero numa relação simplista e binária nós/eles. Tal modernista, totalizando o conceito de relações de poder de gênero, não está de acordo com o tipo de pós-estruturalismo defendido especialmente por mulheres negras, lésbicas e mulheres pobres da classe de trabalhadores e que tenta desafiar o essencialismo, separatismo e etnocentrismo, que têm sido expressos na teoria feminista ao longo de várias décadas.

Você pode comentar essas questões?

PAULO FREIRE: — Acredito que a questão que as feministas nos Estados Unidos levantam, que se relaciona com meu trabalho de gênero em *Pedagogia do oprimido*, não é apenas válida, mas muito acurada. Dada a seriedade e a complexidade da questão de gênero, isso merece reflexão em conjunção com uma rigorosa análise com relação ao fenômeno de opressão. Isso também requer novas práticas pedagógicas, para que se alcance o sonho da luta para libertação e a vitória sobre todas as formas de opressão.

Muito cedo, em minha juventude, comecei a sentir a dor de opressão no meu país. Senti todas as formas de expressões discriminatórias, da opressão racial mais vulgar ao furto criminal que caracteriza a apropriação inconsciente dos recursos nacionais; da classe arruinada pelas regras da elite à discriminação de gênero. Desde o tempo em que eu era tocado por práticas discriminatórias que eram parte integrante da paisagem social na qual eu fui socializado, eu ficava aborrecido. Por exemplo, quando um empregado negro era ofendido verbalmente pelas normas do discurso da classe branca — um discurso que muitas vezes refletia violência psicológica enquanto classificava os negros como subumanos, quase criaturas animais. De fato, é seguro dizer que, em alguns casos, animais domésticos recebiam melhor tratamento pela sociedade do que os desprotegidos, subordinados negros.

Foi durante a carreira dos meus vinte anos que a violência verbal contra os negros alertou minha consciência a um nível que eu comecei não apenas a compreender que a sociedade brasileira era profundamente racista e injusta, mas essa injustiça provocou em mim um senso de revolta e desgosto. Essa compreensão, que começou a ter raízes, como eu disse, durante meus vinte anos, radicalizou-me para que eu tomasse uma posição muito crítica contra todas as formas de discriminação e expressões de opressão, incluindo a posição opressiva a que as mulheres brasileiras, particularmente as mulheres negras, tinham sido relegadas; mas, para ser honesto, naquela época eu era inicialmente golpeado e atingido pela opressão racial e de classe. Sendo um produto da região Nordeste brasileira, uma sociedade patriarcal e machista, também tornei-me, nos meus anos iniciais de desenvolvimento, uma vítima de um contexto cultural que discriminava sistematicamente as mulheres. Digo que era vítima porque, inserido nesse contexto de sexismo, minhas sensibilidades contra opressão eram mais predominantes com as linhas de classe e de raça. É precisamente através da raiva que a opressão de classe e de raça produz em mim que eu comecei a abrir meus olhos mais nitidamente em direção à subordinação total das mulheres nesse ambiente cultural altamente patriarcal que é o Nordeste do Brasil.

É com grande satisfação que eu admito que meu engajamento com movimentos feministas possibilitaram-me tomar um foco mais acurado das questões de gênero. Por isso, estou em débito com as feministas norte-americanas, que chamaram minha atenção por diversas ocasiões para a discriminação de gênero. Foi durante os anos 70, após a publicação de *Pedagogia do oprimido*, que comecei a refletir mais profundamente e a aprender mais sistematicamente sobre o trabalho das feministas. Após a publicação de *Pedagogia do oprimido*, recebi cartas das feministas norte-americanas criticando minha linguagem sexista. De fato, recebi há pouco tempo uma carta de uma jovem mulher que recentemente leu, pela primeira vez, *Pedagogia do oprimido*, criticando minha linguagem machista. Essa carta foi muito insultante e até um pouco vulgar, mas eu não estava chateado com isso. Não estava chateado pela carta que ela escreveu porque, certamente, ela leu *Pedagogia do oprimido* para apenas avaliar minha linguagem, como se o livro tivesse sido escrito no ano passado; isto é, ela não contextualizou *Pedagogia do oprimido* em seu contexto histórico; mas não me interprete mal: não estou me desculpando pela linguagem sexista desse livro. Estou apenas esclarecendo que, durante meus anos de formação, eu não escapei dos poderes envolventes de uma cultura altamente sexista no meu país. No entanto, desde a publicação de *Pedagogia do oprimido*, tenho tentado remover de minha linguagem todas essas características que são degradantes para as mulheres. Tenho insistido para que meus tradutores da língua inglesa prestem muita atenção e apresentem meu trabalho num inglês não sexista. Se essa mulher jovem pudesse ler, por exemplo, *A política da educação* que você, Donaldo, traduziu — você lembra minha insistência sobre evitar linguagem sexista — e *Alfabetização: leitura do mundo, leitura da palavra,* do qual nós fomos coautores, ela veria uma diferença marcante na linguagem utilizada.

Vamos agora nos voltar para a questão central do sexismo. Durante os anos 70, quando comecei a aprender com as feministas, principalmente com as feministas norte-americanas, devo dizer que eu era, naquela época, mais influenciado pela análise marxista, particularmente pela análise de classe. Quando escrevi *Pedagogia do oprimido*, estava muito influenciado pela análise de classe de Marx e, dada a cruel opressão de classe que caracterizou meus anos de desenvolvimento no Nordeste no Brasil, minha maior preocupação era, portanto, a opressão de classe. É irônico o fato de alguns marxistas terem me criticado por não ter prestado atenção suficiente à análise de classe social. Em *Pedagogia do oprimido*, se minha memória não falha, fiz aproximadamente 33 referências* à análise de classe social.

Foi exatamente minha preocupação com o processo de transformação do mundo, no qual incluo obviamente a luta das mulheres, a reivindicação das mulheres, que me levou a focalizar o que credito ser a questão central de classe. Eu acreditei que a palavra *transformação* implicava um interesse em classe maior do que o individual ou o interesse sexual. Em outras palavras, a libertação deveria ter lugar para homens e mulheres não apenas para homens ou para mulheres ou para as pessoas negras e de linhas étnicas.

DONALDO MACEDO: — Paulo, mas aqui reside o problema de generalizar opressão e libertação. Em outras palavras, uma pessoa teria que identificar a especificidade e a

---

* Com a facilidade e fidelidade de consultas a e-books, encontrei neste livro de Paulo Freire 59 vezes referências a "classes" e duas vezes a "classes sociais". [AMAF]

localização de opressão inseridas num momento histórico. Você deve perceber que tanto mulheres negras quanto homens negros são oprimidas/oprimidos pela classe branca, mas, dentro dessa estrutura opressiva, a posição do homem negro difere em certo ponto da posição da mulher negra; isto é, a mulher negra experimenta não apenas o racismo branco, mas também o domínio masculino.

PAULO FREIRE: — Mas não discordo dessa posição.

DONALDO MACEDO: — Sim, mas a crítica contra seu trabalho, particularmente sua posição no que se refere ao gênero em *Pedagogia* do *oprimido*, levanta a questão de que você universaliza a opressão sem levar em conta a multiplicidade de experiências opressivas que caracterizam as histórias vividas pelos indivíduos juntamente com raça, gênero, etnia e linhas religiosas. Por essa razão, A Pedagogia Crítica precisa tratar dessas especificidades de opressão tanto quanto criar as estruturas pedagógicas necessárias para libertação. Você não pode assumir que, erradicando-se o racismo, as mulheres negras vão terminar automaticamente ou magicamente com a opressão masculina. O triste fato que se mantém é que as posições assimétricas de poder, das quais a mulher negra é relegada por seu companheiro masculino, não são de forma alguma afetadas pelo apagamento das estruturas raciais.

PAULO FREIRE: — Sem evitar a questão de gênero, devo dizer que os(as) leitores(as) têm alguma responsabilidade em colocar meu trabalho inserido nesse contexto histórico e cultural; isto é, a pessoa, lendo *Pedagogia do oprimido* como se tivesse sido escrito ontem, de alguma forma descarta a historicidade do livro. O que eu acho absurdo é ler um livro como *Pedagogia do oprimido* e criticá-lo porque o autor não tratou de todos os temas de opressão potencial de forma igualitária. Acredito que o que uma pessoa precisa fazer é apreciar a contribuição do trabalho inserido em seu contexto histórico. Que eu não estava consciente das questões de gênero quando escrevi *Pedagogia do oprimido* é um fato absoluto. É igualmente um fato absoluto que a base do conhecimento com respeito à opressão de gênero que nós temos hoje — graças ao trabalho das feministas — não estava disponível para mim ou não estava disponível para muitas mulheres. Eu sinto que, se eu fosse escrever *Pedagogia do oprimido* hoje e ignorasse o imenso mundo de informação relacionado à discriminação sexual e o nível de consciência relacionado ao sexismo que homens e mulheres têm hoje, algumas das críticas levantadas para *Pedagogia do oprimido* seriam não apenas válidas, mas seriam também necessárias. O que eu gostaria de pensar é que, sem querer universalizar a opressão, eu fiz algumas contribuições positivas para a compreensão de estruturas opressivas e que essa compreensão também contribuiu para a luta de todas as mulheres em suas válidas questões por igualdade e libertação.

Acredito que, sem dúvida, há especificidade na opressão. Isso é interessante. Por exemplo, outro dia eu estava fazendo referência à prefeita[40] de São Paulo, uma mulher extraordinária que também é da região Nordeste do Brasil. Numa entrevista dada por ela à televisão, recentemente, disse: "Ser mulher no Brasil é muito difícil. Ser uma mulher prefeita de São Paulo é algo ainda mais difícil, particularmente se essa mulher for da região Nordeste do Brasil"; isto é, ela é primeiramente discriminada contra sua condição como mulher e, em segundo lugar, por sua posição de mulher da região Nordeste. Depois, ela complementou: "Minha dificuldade como prefeita seria correspondentemente pior se eu fosse negra e agricultora."

DONALDO MACEDO: — Esse exemplo que você acaba de citar resgata o espírito da crítica levantada contra seu trabalho. Isso é o mesmo que dizer que existe uma estrutura hierárquica de opressão que vai do fato de ser uma mulher branca de classe média até a uma mulher negra de classe baixa ou uma agricultora.

PAULO FREIRE: — Exatamente, não discordo.

DONALDO MACEDO: — Você deve apreciar o fato de que, como um homem da região Nordeste do Brasil, você experimentou menos discriminação do que a atual prefeita experimentou em sua capacidade como mulher de sua região. Sua posição masculina privilegia você a certas aceitações sociais que são negadas a ela.

---

40. Refere-se a Luiza Erundina, eleita prefeita de São Paulo em 1988, pelo Partido dos Trabalhadores (PT).

Paulo Freire: — Como eu disse, não discordo dessa posição. No entanto, deixe-me perguntar o seguinte: Em quais sentidos essas especificidades alteram a análise de opressão e suas relações em *Pedagogia do oprimido*?

Donaldo Macedo: — Não estou certo de que essas críticas requeiram que as especificidades de opressão alterem sua análise de opressão e suas relações. O que nós precisamos fazer é compreender o fato de que as diferentes localizações históricas de opressão necessitam de uma análise específica com um foco diferente e único que também busque uma pedagogia diferente.

Paulo Freire: — Se você considera homens e mulheres da região Nordeste do Brasil, é evidente que eles/elas são mais discriminados do que homens e mulheres de São Paulo. Uma mulher de São Paulo tem uma condição mais privilegiada do que uma mulher do Nordeste. Para mim, um dos problemas táticos fundamentais na luta pela transformação é ver como, mesmo numa visão das diferenças, os oprimidos assumem suas posições como oprimidos e juntam suas forças para efetivamente e, com sucesso, enfrentar seu maior inimigo. O que eu quero dizer é que nós precisamos criar estruturas de luta coletiva, nas quais as mulheres do Nordeste, que são mais discriminadas, aprendam a unir forças com as mulheres menos discriminadas de São Paulo, numa luta coletiva contra a maior opressão produzida contra todas as mulheres. Precisamos compreender a extensão para a qual o homem oprimido do Nordeste também irá aprender a unir forças com as mulheres da mesma região, para lutarem em favor da erradicação de todas essas estruturas sociopolíticas que têm relegado tanto homens quanto mulheres a uma posição altamente discriminatória.

Donaldo Macedo: — As forças unidas poderiam existir apenas quando as mulheres do Nordeste não tivessem mais experiência de subordinação em relação aos homens nos seus ambientes sociais e culturais.

Paulo Freire: — Para mim, a prática pedagógica correta para as feministas é compreender os diferentes níveis de opressão masculina e, ao mesmo tempo, criar estruturas pedagógicas nas quais os homens irão confrontar suas posições opressivas. Acredito que não é suficiente para as mulheres libertarem-se da opressão dos homens, que são, por sua vez, oprimidos pela sociedade como um todo, mas que juntos movam-se simultaneamente para cortar as correntes de opressão. Obviamente, homens precisam e mulheres oprimidas necessitam compreender suas diferentes posições nas estruturas opressivas para que, juntos, eles possam desenvolver estratégias efetivas e deixem de ser oprimidos.

Isso pode ser motivo pelo que algumas pessoas acusem-me de ingênuo. Não acredito que eu esteja sendo ingênuo. Eu acho que, quando possível, os pessimistas necessitam retificar o comportamento sexista de homens que são também oprimidos, fazendo com que eles assumam suas posições como oprimidos no processo e, portanto, esses homens também reconhecerão seus papéis como opressores de mulheres. E, em contrapartida, esses homens oprimidos, por manterem certa coerência em sua luta de libertação, terão que renunciar aos seus papéis de opressores de mulheres. Acredito que, através desse processo, a luta pela libertação envolverá uma guerra coletiva contra toda forma de opressão. Se as mulheres oprimidas escolhem lutar exclusivamente contra homens oprimidos, quando os dois grupos estão na categoria de oprimidos, talvez elas quebrem as relações opressor-oprimido específicas de homens e mulheres. Se isso for feito, a luta será apenas parcial e, talvez, taticamente incorreta.

É por essa razão que um dia, quando eu estava na Universidade de Londres, durante os anos 70, uma pessoa levantou a questão de gênero num debate para o qual eu dei uma resposta que chocou. Repeti essa mesma resposta anos depois no Brasil, onde choquei incrivelmente os egos machos que predominam em meu país. Eu disse: "Eu sou muito mulher." Quer dizer, essa afirmação não era sexual, mas era uma afirmação eminentemente política. O que eu gostaria de tornar muito claro, mesmo quando minhas amigas feministas não concordam, é que o conceito de luta de gênero é político, e não sexual. Não quero ter uma relação antagônica com as mulheres, mas é possível que eu precise ser reprimido por mulheres. Se esse for o caso, mereço e aceito isso. Eu reconheço as diferenças sexuais que colocam tanto homens quanto mulheres em localizações opressivas, mas para mim a questão fundamental é a visão política de sexo e não a visão sexista de sexo. O que está em questão é a libertação e a criação de estruturas libertadoras, a principal questão tanto para homens quanto para mulheres.

DONALDO MACEDO: — Mas, Paulo, você deve reconhecer que há vários níveis de libertação.

PAULO FREIRE: — Exatamente. Esses níveis requerem diferentes táticas. Na vida, você não estará apto a atingir muito sem estabelecer táticas com o olho em direção a estratégias. Para mim o problema é o seguinte: qual é a estratégia da luta do oprimido? É a utopia da liberdade que serve de corrente de opressão. Esse deveria ser o sonho da luta para libertação que nunca atinge a plenitude. Em outras palavras, quando você atinge alguma liberdade, você descobre, no processo, que você precisa de mais libertação. Depois, minha estratégia básica teria que ser essa utopia de liberdade, que envolve criatividade, riscos, compaixão, comprometimento político etc.

DONALDO MACEDO: — Mas utopia não deveria desvalorizar as especificidades de opressão.

PAULO FREIRE: — Obviamente. De fato, em certos momentos, essas diferenças terão que decretar táticas que talvez possam mesmo parecer nem tão libertadoras. Por exemplo, deixe-me contar como reconheci essas diferenças. Lembro-me de que, nos anos 70, eu estava num seminário sobre o direito que as mulheres têm, em suas lutas iniciais, de não aceitar a presença de homens durante seus debates. E por que essa tática? É precisamente por causa dessas especificidades; isto é, na luta inicial de um grupo de mulheres, para consolidarem-se como um movimento, a presença de homens não deveria ser permitida, precisamente por causa da ideologia machista que caracteriza a maioria das sociedades e que dá aos homens, no mínimo, o ar sarcástico e irônico com relação à posição das mulheres.

DONALDO MACEDO: — Não esqueça o privilégio de poder do qual os homens gostam.

PAULO FREIRE: — Sim. Precisamente. Por essa razão, elas deveriam proibir a presença de homens em seus debates iniciais. No entanto, conforme o movimento se desenvolvesse e, no processo de uma reflexão crítica, elas deveriam incorporar também os homens na luta. Esse é o processo irrefutável de maturidade da luta.

Veja você, durante os anos 70, os movimentos feministas não criticaram o tratamento de gênero no meu trabalho, mas os movimentos feministas dos anos 90 estão sendo muito críticos. Por quê? Porque as feministas dos anos 90 estão vendo agora o que elas, provavelmente, não tinham consciência nos anos 70. Eu acredito que o que está errado é criticar um autor ou uma autora usando mecanismos que a história não havia dado a ele ou a ela. Eu escrevi *Pedagogia do oprimido* há vinte anos.

Referências bibliográficas

FREIRE, P. *Pedagogy of the Oppressed*. Nova York: Seabury Press, 1970.

FREIRE, P. *The Politics of Education*. South Hadley; Massachusetts: Bergin & Garvey, 1985.

FREIRE, P., MACEDO, D. *Literacy: Reading the Word and World*. South Hardley; Massachusetts: Bergin & Garvey, 1987.

OLSON, G. "Postcolonial discourse and the border intellectual: Henry Giroux and the politics of hope", *Journal of Urban and Cultural Studies* 3, 1992.

WEILER, K. "Freire and a feminist pedagogy of difference". In: MCLAREN, P., LANKSHEAR, C. (Ed.) *Conscientization and Resistance*. London, New York: Routledge.

PARTE IV

Cartas

Amar é um ato de libertação

Santiago, 13.6.1968

Meu caro Paulo*

Recebi, há dias passados, sua carta amável e amiga, na qual se surpreende, facilmente, a sua alegria, a sua incontida satisfação de autenticamente servir.

Quando ainda não o conhecia, pessoalmente, no Recife, já havia aprendido, contudo, a admirar, não somente ao escritor sério, rigorosamente; ao deputado lutador, eficiente e honrado; ao promotor intocável, mas também ao homem indicotomizável, em quem o escritor, o promotor e o deputado se harmonizavam.

A sua apetência pela boa luta, a sua valentia de amar ao homem concreto: Pedro, Maria, João Francisco, quase sempre "sombras" de gente, mortos em vida; a sua compreensão do povo, o seu respeito por ele, o seu amor a ele, que em você não é um gesto banal, um "faz de conta" vazio e

---

* Paulo Cavalcanti solicitou a Antonio de Paula Montenegro e Antonio Modesto da Silveira que entrassem com pedido de *habeas-corpus* de Paulo Freire junto ao Superior Tribunal Militar (STM), o qual foi concedido em maio de 1968. [AMAF]

farisaico, mas uma condição de existir, tudo isto aprendi a ver em você, tudo isto sempre encontrei encarnado no seu testemunho existencial. Testemunho humanista. De humanismo que não se perde em frases feitas, quando muito sonoras, amontoado de palavras ocas, que fala de um homem abstrato, fora do mundo, fora do tempo; humanismo, pelo contrário — o seu — que é compromisso com o homem molhado de tempo, enraizado no mundo. Compromisso com os homens que *estão sendo* uma forma de *não ser.*

Para este humanismo radical, amar não é um gesto, é um ato e um ato de libertação, que implica a comunhão dos sujeitos que amam e se amam. Por isto é que não é possível amor entre antagônicos, como também aí está a razão pela qual se impõe a superação da contradição dominadores-dominados para que haja amor verdadeiro. E esta é a tarefa que este amor impõe aos segundos, uma vez que a libertação de uns e de outros não pode ser feita a não ser por estes.

A sua permanência aí, apesar de tudo, reflete esse ímpeto irrefreável de amar.

Ao escrever-lhe, no meu nome e no dos meus, quero dizer-lhe da satisfação de ser, entre outros brasileiros, mais um que lhe diz: muito obrigado.

Com as recomendações dos meus aos seus, receba o abraço fraterno do amigo

Paulo Freire

Saudades do Recife

Santiago, 2.8.1968

Prezado amigo
Deputado Dorany Sampayo*

Somente agora me é possível escrever-lhe para levar-lhe meus agradecimentos e os de minha família, incluídos os de minha velha e adorável mãe, que aí no Recife vive, pelo seu gesto solidário, na Câmara, quando do arquivamento do meu processo pelo STM (Superior Tribunal Militar).

No Chile, país ao qual sou imensamente grato pela maneira simpática e amiga como recebeu não apenas a mim, mas aos brasileiros todos que se viram forçados a deixar o Brasil, continuo o mesmo homem de sempre. O exílio, a saudade dos amigos, dos parentes, do sol tropical, da água morna do Atlântico; a saudade do doce de goiaba, do "bacalhau de coco", da feijoada, da cabidela de Otília; a recordação das ruas do Recife "Dos 7 pecados", "Das Creoulas", "Do chora menino", que não é rua, do "Encanta moça"; da "União", que Manuel Bandeira tinha medo que

---

* Deputado estadual por Pernambuco à época da carta.

se passasse a chamar rua de "Fulano de Tal"; saudade das livrarias, da Editora Nacional, onde a curiosidade intelectual de Amaro Quintas jamais o deixou dócil diante de um livro na mão de um amigo — ele tinha sempre de saber que livro era —; saudade do povo simples, da sua maneira fácil de dizer coisas difíceis, nada me abateu.

Sou o mesmo homem de sempre. Esperançoso. Confiante. Convencido, inabalavelmente convencido, de que a vocação dos homens não é coisificar-se, mas humanizar-se, o que, porém, não conseguirão fora da práxis verdadeira, transformadora do mundo desumanizante.

Receba o nosso fraternal abraço.

Paulo Freire

DOLORES, SEMPRE DOLORES

Genève, 8.10.1970

Querida Lourdes:*

Acabo de receber sua carta, com a notícia, para nós amarga, da morte de Dolores. Segurei sua carta alguns segundos, sem abri-la, sabendo o que nela havia. Depois, já frente a ela, comecei a lê-la, palavra por palavra, pausadamente, quase imóvel, enquanto pedaços de experiências comuns me assaltavam, me tomavam. Mais do que revê-las, como se fossem fotografias de idos tempos, vivi-as de novo. Nossas reuniões na Escola, às vezes em tardes úmidas, chuvosas, irritantes, cinzentas; outras, em claras tardes, brincalhonas tardes de verão. Entre risos de amigos, trabalhávamos amorosamente duas, três horas. Voltávamos para casa, não raro, juntos — ela, você e eu, conversando sempre, fraternalmente sempre.

Dolores grande, grande Dolores. Dolores amor — amor vivo, andando, falando, amor vestido. Amor de Dolores, nosso amor por ela. Dolores em toda parte — na Escola

---

* Lourdes e Dolores foram companheiras de trabalho no Sesi-PE. [AMAF]

como nas ruas; nas noites como nos dias. Dolores séria; Dolores triste; Dolores rezando. Dolores sempre Dolores — Presença forte no mundo, toda ela um mundo de presença nos nossos mundos particulares.

Dolores nunca *foi* apenas, porque sempre *esteve sendo*. Tinha a profunda compreensão do mistério da Passagem — morrer para renascer. Neste sentido, muito antes de morrer agora, tinha "morrido" e várias vezes renascido no seu verdadeiro amor aos "condenados da Terra", aos esfarrapados do mundo. Por isto mesmo, seu *partir* é uma forma misteriosa de *ficar* como um mundo de presença nos nossos mundos particulares.

A amargura que começara com a carta de Heloísa cede o seu lugar a uma paz que tem quase cor — uma paz azul — em que uma saudade mansa e calma se envolve.

Noutra oportunidade falarei de nós, de nosso "mundo" no mundo, de meu trabalho, de minhas experiências no Chile, nos Estados Unidos, aqui.

Quando esteja com Célia, diga-lhe e a Paulo que os abraçamos solidariamente pela morte de Antônio.

Com o profundo carinho de seu amigo,

Paulo Freire

Um relatório impressionista

Genève, 23.2.1973

Queridos Marcela, Sérgio e Zé Fiori:*

Não sei se serei capaz de escrever a carta que gostaria de escrever — uma espécie de relatório impressionista, nada mais que isto, em torno do que vimos e percebemos Elza e eu nos quarenta dias em que, percorrendo 15 mil quilômetros nos Estados Unidos, tivemos 60 reuniões e discutimos com aproximadamente 1000 pessoas. Seria muito melhor se estivéssemos juntos, mediatizados por um bom *pisco,* perguntando-nos a propósito desta ou daquela afirmação que eu fizesse, indo e voltando aos temas, no dinamismo natural da linguagem falada. De qualquer forma, tentarei a carta.

---

* Marcela Gajardo, socióloga chilena, casada com Sérgio, e José Maria Fiori, brasileiro, foram assistentes de Paulo Freire no Instituto de Capacitación e Investigación en Reforma Agraria (Icira), órgão misto da Organização das Nações Unidas (ONU) e do governo do Chile, nos anos 60. Em razão da amizade e do trabalho, tiveram participação nas discussões das ideias de *Pedagogia do oprimido.* José Maria, sociólogo com muitos trabalhos publicados, é filho de Ernani Maria Fiori, filósofo brasileiro que prefaciou *Pedagogia do oprimido.* A família Fiori também viveu o exílio no Chile. [AMAF]

A viagem foi patrocinada pelo Conselho Mundial de Igrejas e pelo Conselho Nacional dos Estados Unidos. Uma das preocupações principais dos organizadores era oferecer a mim a oportunidade de encontrar-me com grupos de base e não apenas com universitários. Até então, minhas viagens aos Estados Unidos decorriam, preponderantemente, de convites de Universidades, o que limitava minha audiência à esfera dos que podiam pagar. Desta vez, todos os encontros foram financiados pelo Conselho Nacional das Igrejas, com sede em New York. Ninguém teve de pagar sequer um dólar para participar das reuniões e vários grupos exigiram que nenhum representante das Igrejas estivesse presente às discussões comigo.

O programa constou de 5 *workshops* e, entre eles, de pequenos seminários, que os organizadores chamaram de *satelite meetings*.

Saímos de Genève no dia primeiro de janeiro. No dia dois, em New York, tivemos a primeira reunião, em que discutimos, com a equipe organizadora, pormenores do programa. No dia três, iniciamos a jornada, em New Jersey, com estudantes e professores de uma Universidade. Preponderantemente, estudantes e professores de Ciências Sociais, ligados ao Departamento de Estudos Latino-Americanos. Passamos todo o dia e tivemos reuniões com três grupos, em horas diferentes. Foi um excelente ponto de partida. A situação chilena; a luta de classes no Chile, o papel da consciência de classe no processo revolucionário; educação e consciência de classe; a situação brasileira; a experiência de Tanzânia foram alguns dos principais temas discutidos, obviamente, não em profundidade.

À tardinha, voltamos a New York. Desta vez para nos reunir com a equipe dirigente de uma instituição especializada em organização de comunidades. A sede desta instituição é em Washington mas, o que é muito comum nos Estados Unidos, seus dirigentes alugaram uma destas casas que se usam para conferências ou retiros, em New York, e tiveram um programa de uma semana em que buscavam avaliar suas atividades de 72 e programas de 73. Não havia propriamente algo especial para nós. Devíamos participar dos seus trabalhos durante uma noite e, no dia seguinte, até 4 da tarde, quando deveríamos deixar New York. É uma instituição negra, mantida com verbas das Igrejas. O aspecto mais importante desse encontro foi a presença de um jovem negro, especialista em administração, técnico de outra instituição, branca, e que estava dando um pequeno curso sobre técnicas de avaliação da eficiência. Era impressionante ver como colocava a questão da eficiência; dos métodos para obter eficiência, como definia a eficiência; como se punha diante de como medir a eficiência. Sua perspectiva era, na verdade, capitalista, o que não era de estranhar. Toda a ideologia subjacente à sua visão da eficiência e das técnicas era capitalista e, neste sentido, "branca". Em certo momento, perguntei se podia dizer algo. *"Of course"*, responderam. Chamei a atenção, então, do jovem professor e dos demais para o *"background"* ideológico de sua aula. Ainda quando minha intenção, disse-lhe, não seja ofendê-lo, você é um negro *"with a white mind"*.[41] A partir daí se abriu um debate realmente interes-

---

41. "com uma mente branca." Tradução livre de AMAF. [AMAF]

sante em torno do condicionamento ideológico, debate que se estendeu às relações entre racismo e capitalismo. Na última parte desta carta, farei algumas considerações em torno deste assunto, em função das observações gerais recolhidas dos 40 dias de *meetings*.

Depois de um momento em silêncio, o jovem negro disse, mais ou menos: "For the first time I am being challenged with regard to the impossibility for the methods to be neutral."[42] Naturalmente que as discussões a propósito deste aspecto foram bem vivas e se estenderam pelo outro dia, quando, às 4 da tarde, fomos para o aeroporto. Destino: Georgia. No dia seguinte, numa cidade chamada Savannah, tivemos, pela manhã e à tarde, uma interessante reunião com uma equipe diretora — *church people* — para discutir um projeto de educação na área indígena dos *appalaches*. Fiz uma ligeira introdução ao grupo, como desafio para nosso debate. Desenvolvi o seguinte roteiro:

a) todo *quefazer* educativo é sempre um *quefazer* político;

b) a questão é saber que política é esta, a serviço de que interesses se faz esta política; a serviço de quem se faz essa política e, obviamente, contra quem se faz essa política.

Isso coloca aos educadores, acrescentei, a necessidade de clareza ideológica e política para que assumam coerentemente sua opção. O que não é possível é uma ação educativa desenvolvida em nome de uma fraternidade abstrata. Minha

---

42. "Pela primeira vez estou sendo desafiado quanto à impossibilidade de os métodos serem neutros." Tradução livre de AMAF. [AMAF]

tarefa aqui, disse eu, não é impor-lhes minha opção, mas desafiá-los para que percebam a necessidade de clarificar a de vocês. Os debates foram, na verdade, excelentes. Havia alguns já lúcidos, com relação às implicações políticas da educação.

Às 5 da tarde, deixamos Savannah e, em carro, fomos para uma das ilhas que há na Carolina do Sul. Lá, na sede de uma instituição negra, cujo objetivo principal é investigar e atualizar certas expressões culturais da *"black soul"*, tivemos o primeiro *workshop*. Mais ou menos 100 pessoas de diferentes estados, negros, alguns chicanos e brancos, estiveram discutindo durante todo um fim de semana. Houve frustrações inúmeras no *workshop*:

— diferentes expectativas por parte dos diferentes grupos presentes;

— concepção ingênua em torno dos objetivos de um *workshop*. A grande maioria vinha ao *workshop* esperando receber nele as receitas técnicas — o mito das técnicas — que, aplicadas em seu regresso, resolveriam os problemas;

— a ânsia de ouvir o "guru" etc. etc.

Creio que salvamos, em parte, pelo menos, o trabalho, quando, na véspera do encerramento, fiz uma análise desses três pontos, ao mesmo tempo que os problematizei a propósito da falta de clareza ideológica e política durante as discussões dos grupos. No último dia, o nível das discussões mudou.

Tive aí uma dramática reunião com um líder negro do movimento chamado "New Africa". Constatei, não apenas em nossa conversa particular, mas também nas discussões

PEDAGOGIA DOS SONHOS POSSÍVEIS | 351

com os diferentes grupos que se organizaram durante os dias do *workshop*, o fenômeno que, num relatório sobre a minha primeira visita à África, eu havia chamado de "cansaço existencial", associado diretamente ao que chamei de "anestesia histórica". Em certo momento de nossa conversa particular, me disse ele: *"Listen, we are not interested in changing the system of this country. What we want is to have the right to have a piece of land to rest. We are tired, really tired. We have nothing to do here but escape from this diabolic world".[43] I became silent for some moments. I was confronting not only an impossible dream but also the tragic expression of a deep pain.[44]*

Depois, com respeito e tato, discuti a ilusão que não apenas ele, mas muitos outros homens e mulheres, existencialmente cansados e historicamente anestesiados, nutrem num universo de violência incalculável. *"It is not necessary another reason*, disse ele, *for me to be put in jail — without time to leave it — than being a black man".[45]* O presidente do movimento New Africa está no cárcere há um ano...[46]

---

43. "Veja, não estamos interessados em mudar o sistema deste país. O que queremos é o direito de ter um pedaço de terra para *descansar*. Estamos cansados, muito cansados. Não temos nada a fazer aqui a não ser escapar desse mundo diabólico." Tradução livre de AMAF. [AMAF]

44. "Fiquei calado por alguns momentos. Eu estava encarando não só um sonho impossível mas também uma trágica expressão de profunda dor." Tradução livre de AMAF. [AMAF]

45. "Não é necessária outra razão para que eu seja preso — e sem data para sair —, além de eu ser negro." Tradução livre de AMAF. [AMAF]

46. De acordo com informação do Prof. Carlos Machili, doutor em História da África e reitor da Universidade Pedagógica de Moçambique, obtida por intermédio do Prof. Dr. Alípio Casali, em 1967, a meu pedido três "New Africa leaders" estavam presos: Amilcar Cabral, Eduardo Mondlane e Nelson Mandela. [AMAF]

De lá, partimos para Jackson-Mississipi. Dormimos em Jackson e, no dia seguinte, em carro, fomos a uma pequena cidade — uma vila — chamada Green Ville, a umas 80 milhas. O amigo americano preferiu, na ida, evitar a estrada principal, como sempre, imponente, para que pudéssemos conhecer algo "por dentro". Atravessamos toda uma zona rural — camponeses negros — com um mínimo de condições materiais para sobreviver. É algo incrível. Os camponeses, não só aí, mas em outras áreas do sul dos Estados Unidos, não conhecem, de modo geral, dinheiro (Latino América não tem a exclusividade desta fórmula). O patrão anota num livro quantos dólares o camponês tem na parcela do haver. O camponês é obrigado a comprar seus mantimentos no armazém do patrão, que vende, necessariamente, mais caro. No fim da estação, o camponês deve ao patrão...

Durante a viagem, vimos um prédio (edifício) destruído, numa vilazinha. Perguntamos o que era. "Isto era uma escola primária — a única, nesta povoação, disse-nos o amigo americano. Quando da lei antissegregação, as autoridades brancas, com raiva, fecharam a escola. As crianças negras — a população é toda negra — tiveram de andar, como ainda hoje, 10 milhas para alcançar a escola mais próxima. No ano passado, continuou ele, a povoação soube que o governo estaria por vender o edifício a uns brancos. A meninada negra, enfurecida, arrebentou o edifício."

No estado de Mississipi há 150 Conselhos de Educação. Somente três estão sob a maioria dos negros; enquanto isso, dos 3.000 presos sentenciados ou não que há nas prisões do Estado, 80% são negros...

Tivemos quatro reuniões no Estado; duas em Green Ville e duas em Jackson, três das quais com grupos negros — a última, com um grupo de brancos, talvez dos mais lúcidos com os quais conversamos em toda a viagem. Coincidência: estão estudando seriamente Marx...

Uma das reuniões com negros, em Jackson, foi bem difícil. Uma vez mais, se recusavam, como outros anteriormente, a perceber as relações entre capitalismo e racismo. Um deles chegou a dizer, secamente: *"In spite of your book, you are a white man."*[47]

De Jackson, fomos para Arizona, onde tivemos, em Phoenix, o segundo *workshop*. Como no anterior, uns 100 participantes. Índios, chicanos e brancos — com exceção de um angolano, nenhum negro. Baseado na primeira experiência, o *workshop* de Carolina do Sul, fiz uma exposição na abertura dos trabalhos em que tentei definir as possibilidades de um *workshop* para evitar frustrações semelhantes às que houve no primeiro. Foi realmente importante tal introdução que ofereceu, inclusive, material para discussão durante os trabalhos. A primeira reação dos grupos foi a de exigirem a sua compartimentação. Chicanos com chicanos; índios com índios; brancos com brancos. Estes, de modo geral, como estão cheios de sentimento de culpa, não fazem outra coisa senão aceitar a decisão dos demais. Eram chamados de *"the group of the others"*[48] em oposição a Chicanos and Indians. Foi possível, contudo, fazer uma ou duas reuniões com todos.

---

47. "Apesar de seu livro, você é um homem branco." Tradução livre de AMAF. [AMAF]

48. "o grupo dos outros." Tradução livre de AMAF. [AMAF]

De Phoenix fomos para New Mexico. Chegamos a Albuquerque às 10 da noite e partimos, em carro, para um rancho, a 120 milhas de Albuquerque, chamado Ghost Ranch. Tinha realmente a pinta de fantasma...

Ali participamos de reuniões durante dois dias com chicanos american-mexican — que estão ligados a uma instituição deles, chamada Academia. Tratam de valorar, às vezes de forma bem ingênua, as tradições culturais *aztecas* e mexicanas. De modo geral, carentes de uma visão do político e do ideológico. Um deles, um compositor excepcional, respondendo a uma afirmação que eu havia feito de que não há arte neutra, disse: "Escribo mi música porque me gusta. Mi música no está en favor de nadie como no está en contra de nadie. Si está en favor de algo, es en favor de la belleza, de la alegria de vivir." E eu lhe disse: "Meu amigo, tu és um grande músico mas um péssimo filósofo." Apesar de tudo, porém, fazem algo bem interessante, juntando pintura, poesia, música e educação popular.

De New Mexico, fomos para Texas — San Antonio. Visitamos rapidamente o bairro chicano ou um dos bairros, onde 40% da população não tem emprego e sobrevive em difíceis condições. Tanto quanto entre os negros, a percentagem de chicanos no cárcere é enorme. Em San Antonio passamos uma noite e um dia, que usamos em reunião com lideranças chicanas, incluindo um jovem líder do que chamam a *nueva raza*. Foi um dia bastante ativo, com momentos igualmente duros, sobretudo quando eu os desafiava a definir, em termos políticos, seu projeto. Como em outras localidades (antes e depois) em San Antonio alguns grupos aceitaram pela primeira vez encontrar-se

PEDAGOGIA DOS SONHOS POSSÍVEIS | 355

para discutir. Esta foi uma das pequenas vantagens de nossa viagem.

O próximo passo foi Califórnia. Descemos do avião em Los Angeles e fomos, em seguida, de carro, até San Diego. Quatro reuniões em San Diego com chicanos; de San Diego, voltamos a Los Angeles, de avião, onde, depois de um jantar, nos encontramos com um grupo de bispos católicos e protestantes, alguns teólogos também. Foi algo bem interessante. Falando da dimensão política da Black Theology nos Estados Unidos e da Teologia da Libertação na América Latina, defendia a posição dos cristãos para o socialismo no Chile. Houve uma curiosidade grande em torno do Chile que eu aproveitei para explicar a luta de classes aí.

No dia seguinte, de carro, fomos até La Paz, onde está o quartel-general do líder camponês Cesar Chavez. Além de uma entrevista privada com ele, tive duas reuniões bastante boas na sede da organização; uma delas, com professores e estudantes da Universidade de Califórnia. Chavez é um líder carismático; um homem bom e dedicado; fadado a morrer cedo de "morte matada", como se diz no nordeste brasileiro. Reformista? Revolucionário? São coisas que poderíamos discutir à luz de sua viabilidade histórica. Até o momento talvez seja mais reformista.

De La Paz, onde passamos uma noite sob o risco de ter o edifício onde estávamos incendiado, fomos a San José, onde tivemos um muito bom encontro com chicanos também. De San José, Berkeley. Ali, fomos hospedados na casa de um professor da Universidade. Na mesma noite, nos reunimos com um grupo de professores e estudantes de ciência política. No dia seguinte, outro grupo de professores veio pela manhã. Debatemos duas horas. Em seguida, visitamos o campus da Universidade, em que os bancos substituíram suas grandes e majestosas "paredes" de vidro por tijolos. A cada manifestação estudantil correspondia a destruição das vidraças dos bancos... Não sei se continuarão tão ativos agora, depois da calma no Vietnã. Temo que entremos num retorno rápido, entre a juventude, às posições conservadoras, nos Estados Unidos. É possível que a geração de 19 e 20 anos hoje se faça reacionária.

Da Califórnia, fomos para Portland, em Oregon, onde tivemos o terceiro *workshop*. Mais ou menos a mesma coisa dos demais.

De Portland, em carro, fomos para Seattle, estado de Washington. Em Seattle, tivemos cinco reuniões, de que as mais importantes foram uma com um grupo de líderes de operários negros e a outra com professores e estudantes de ciência política da Universidade de Washington — não no Distrito Federal.

Em Seattle, em 1969, havia 200.000.000 de dólares postos na indústria de construção; 18.000 operários, dos quais apenas 12 negros. A luta fundamental dos negros vem sendo abrir as portas para entrar no "mercado de trabalho". Hoje, há 400 operários negros. A cada greve que fazem para ampliar o número de negros na indústria, como operários, corresponde 60 na prisão... A reunião com eles foi quase dramática. Recusavam-se a ver a dimensão político-ideológica de sua luta. Chegaram quase a espantar-se quando lhes sugeri que deviam aproveitar as greves que faziam para clarificar a consciência de classe. (Falarei sobre isto no fim da carta.) No fim da reunião, o líder me disse: "Aprendi muito nesta noite. Descobri que, no fundo, estava engajado numa luta apenas reformista. Há algo mais além de obter mais empregos para os negros. Tentarei mudar."

A reunião na Universidade foi também bastante boa. Obviamente, o assunto central foi Chile-Luta de classes e conscientização terminou por ser a tônica da reunião.

Deixamos Seattle e fomos para Chicago, onde tivemos o penúltimo *workshop*. Negros, chicanos, latino-americanos e brancos. Um pandemônio ideológico. Um parto difícil, doloroso, mas frutífero.

O último passo, em New York, um *workshop* para avaliação da jornada com líderes das Igrejas, foi melhor do que eu esperava. Algumas posições reacionárias, em face de minhas análises e de minhas opções socialistas, abafadas, porém, pela maioria que, pelo menos em nível de reunião, se expressava em favor das teses que defendi.

No dia 9 de fevereiro, "caindo aos pedaços", como dizemos no Recife, tomamos um avião em New York, às 7 da tarde, chegando a Genève no dia seguinte pela manhã. Até hoje não nos foi possível ainda uma "restauração" completa.

Algumas considerações finais

a) Impactou-nos a falta de clareza ideológica e política entre todos os grupos com os quais discutimos, feitas exceções individuais. Nos Estados Unidos, ideologicamente, se decretou a morte das ideologias. Falar em ideologia, qualquer que seja a origem social da pessoa com quem se discute, provoca, inicialmente, uma reação negativa.

b) Tal falta de claridade ideológica e política leva os grupos a atividades que, embora "tecnicamente" programadas, são no fundo espontaneístas.

c) Tal falta de claridade incrementa o que chamei lá de "gueticização" das chamadas minorias. Isto é, cada minoria étnico-cultural se vê a si mesma como absoluta; pensa na solução de seus problemas a partir dela e com ela, sem nenhuma análise dos estratos sociais que se formam no seu interior. Desta forma, tendem a pensar-se como se fossem categorias metafísicas, com uma essência imutável. Chicano é chicano; negro é negro; índio é índio. Nenhuma relação entre eles e o capitalismo.

d) Daí que a "contradição principal" seja encoberta e, em seu lugar, apareçam "aspectos principais" da contradição principal, como se fossem esta. Blackness and whiteness, para os negros; chicanos e brancos para os chicanos e já há até chicanos que consideram os negros como seus opressores.

e) Em adição, uma percepção paroquial ou focalista dos problemas e não uma visão da totalidade. As chamadas minorias ainda não perceberam, de modo geral — pelo menos é o que sentimos, na experiência de nossa viagem —, que a única minoria real é a classe dominante. Daí que lhes pareça estranho que o seu único caminho seja a unidade na diversidade.

f) A nada disto porém é possível chegar fora de uma real práxis revolucionária — não importa qual seja o nível desta práxis e como ela se dê em função da realidade histórica do país — e esta práxis me parece estar ainda no começo do começo.

g) A complexidade a que o capitalismo chegou nos Estados Unidos está a exigir que se "afinem", que se aprimorem, os instrumentos de análise marxista, no que diz respeito à análise de classe, sem o que me parece inviável compreender a sociedade como está sendo. Uma coisa é fazer uma análise marxista de classe na América Latina; outra coisa é fazê-la nos Estados Unidos. Não que me pareça que a análise marxista não seja válida, pelo contrário — o que eu digo é que há que "afinar" os instrumentos de análise marxista. O problema é que os estudos marxistas são recentes. Wright Mills, que os iniciou, morreu há anos...

h) Me parece importante que se dê ênfase a um forte empenho no campo da educação política, enquanto é tempo. Tal esforço, porém, demandaria um nível ideológico e político das diferentes lideranças, que me parece não haver ainda.

i) Um outro problema a ser estudado na etapa atual do capitalismo nos Estados Unidos é o poder manipulador da classe dominante incidindo na consciência individual e social e provocando um dos mais extraordinários exemplos de alienação. Neste sentido, não apenas Marcuse mas Lukács (em sua última entrevista) têm razão quando insistem sobre o fato. O uso da ciência e da tecnologia a serviço da dominação é algo terrível. Quando se lê a obra de Skinner, sobretudo seu último *best-seller Beyond Freedom and Dignity* se tem a medida exata desse perigo.

j) O racismo é uma ou vem sendo uma das melhores "trampas" de que se serve o capitalismo para encobrir o seu caráter de classe. Não é fácil, na verdade, para os grupos negros perceberem a diferença entre cor da pele e "cor da ideologia". Triste ironia: a discriminação terrível, incrível, que os negros sofrem há 300 anos termina por "trabalhar" em favor do sistema em que ela se nutre. Vocês não imaginam as lutas que tive, os ataques que recebi, quando dizia: Dentro do sistema capitalista, não vejo solução para o problema racial; só uma estrutura socialista é possível pensar em tal solução. Isto não significa, porém, que, feita uma revolução socialista numa sociedade intensamente racista como a norte-americana, tenhamos a superação do racismo no dia seguinte. Precisamente porque estas soluções não são mecânicas. A chegada ao poder não significa o termo da luta de classes em termos automáticos. Houve negros que disseram, em tom irritado: "This is a white statement."*

Disse, em todas as oportunidades desta maratona de 40 dias: cedo ou tarde, através de sua práxis, as minorias deste país terão de descobrir que só na unidade dentro da diversidade é possível confrontar a única minoria — a classe dominante deste país.

Tivemos satisfações também — incansáveis no ato de desafiá-los, sentimos que os abalamos ao máximo. Muitos grupos de negros, chicanos, índios e brancos aceitaram seguir reunindo-se, pelo menos, em nível de suas lideranças, para estudar estratégias e táticas de ação. Creio, no fundo, que algo ficou de tudo isto.

E agora, Marcelita, umas palavras poucas — as últimas, em torno de seu trabalho. Gostei. Tenho contudo uma observação a fazer, lamentavelmente, não hoje. Escreverei

---

* "Esta é uma declaração branca." Tradução livre de AMAF. [AMAF]

a você assim que tenha um tempinho discutindo um único ponto. No mais, se você me perdoa a imodéstia, lhe diria que, na entrevista que lhe mandei, há certos fundamentos teóricos que se aplicam à análise da experiência que você estudou de forma bastante lúcida.

Para finalizar, quero dizer-lhes duas coisas:

a) minha solidariedade total com a luta de vocês aí;
b) minha saudade enorme de vocês, a quem tanto quero.

Paulo
Escrevam!!

NÃO HÁ UNIVERSALIDADE SEM LOCALIDADE

Genève, 29.3.1978

Querida amiga Heloísa*

Acabo de receber sua cartinha e os dois cartões com a assinatura de velhos e novos amigos a quem na verdade tanto quero. E eu, que cheguei a meu escritório, hoje, meia hora antes do horário normal para terminar um texto a ser enviado aos Estados Unidos, me sinto incapaz de retomá-lo. Li e reli sua carta, as mensagens dos amigos, e era como se estivesse aí com vocês, há vinte anos. Por isso mesmo é que deixei o texto de lado e comecei a escrever-lhe, a escrever-lhes esta carta, tomado de emoção e de saudade. É bom saber que a distância, no espaço e no tempo, não mata na gente o gosto de querer bem.

Como poderia eu esquecer as minhas fontes, renunciar às minhas raízes, se são elas as que dão real significação à minha andarilhagem pelo mundo? E vocês fazem parte

---

* Heloísa Bezerra, companheira de trabalho de Paulo Freire no Sesi-PE. [AMAF]

destas fontes. Sem elas, a minha andarilhagem se converteria num vagar sem sentido, enfadonho, pelo mundo. É a minha brasilidade, *molhada*, *ensopada*, da cabeça aos pés, de nordestinidade recifense, que me faz hoje um ser do mundo, um ser multicultural. Não há universalidade sem localidade. Mas, na medida em que as marcas que carrego comigo e das quais cuido com especial carinho dão significação à minha andarilhagem, esta dá sentido à minha ausência. Sem as marcas, não poderia caminhar autenticamente, mas somente com elas não poderia sobreviver.

Um tempo virá, quem sabe, em que, um dia pelo menos, possamos "gastar" juntos numa conversa sem fim, cheia de ontem e de hoje, à beira do mar. Uma conversa sem hora marcada, sem esquemas, sem fronteiras, em que falaremos de Casa Amarela, Água Fria, Timbaúba, Pesqueira, Caruaru; de Londres, Genève, Bombaim ou Bissau, Santiago, Bogotá, New York ou Calcutá. Um tempo virá, quem sabe, para esta conversa de amigos. Os tempos de ausência — já muitos — me ensinaram a viver sabiamente a relação entre a paciência e a impaciência. Por isso espero, impacientemente paciente, o dia desta conversa. Chegarei o mesmo de sempre, falando "cantando", tão nordestinamente quanto vocês. Com a mesma curiosidade, com o mesmo encanto pela vida. Chegarei com 25 anos, apesar dos outros que juntarei aos 56 que agora tenho.

Recebam todos, sem exceção, o bem enorme de nós todos.

Paulo

Esta é uma carta de puro querer bem

Genève, 14.6.1978

Queridíssimos Marcela e Sérgio*

Que tempão, meus velhos e queridos amigos, sem vê-los, sem ouvi-los e que vontade grande de escutá-los.

Meu silêncio? Nosso silêncio? Este silêncio que me, que nos faz mal tem resultado apenas das precauções que o exílio me ensinou. Um dia, não sei quando, não sei onde, nos encontraremos de novo. Vai ser um dia de festas.

Primeiro, nos olharemos, nos abraçaremos, falaremos de mil coisas desconexas, mas com sentido. Falaremos da Cordilheira, do pôr-do-sol, do ICIRA [Instituto de Capacitación y Investigación en Reforma Agraria], do INDAP [Instituto de Desarrollo Agropecuario], do Mapoche, o rio menos rio que conheço. Riremos juntos, relembrando tantas coisas. Tem de ter *pisco* neste encontro, tão desmarcado quanto marcado, tão incerto quanto certo. Tem de ter riso de criança, flores de muitas cores, um arco-íris bem bonito

---

* Destinatários já identificados na carta de 23.2.1973. [AMAF]

e passarinhos cantadores. Só depois deste momento necessário falaremos lentamente, mas nunca friamente, do que temos feito, do que estamos fazendo e do que pensamos fazer. No primeiro momento ainda vocês dirão da alegria de ser mãe, de ser pai, falarão um do outro. De novo de Elza falarei, das filhas, dos filhos, das netas, do neto.

Não sei quando nem onde este encontro se dará. Só sei que se dará.

Esta é uma carta de puro querer bem. Paz falará dos trabalhos que fazemos Elza e eu na África.

Abraços mil,

Paulo

Myrian "dorme profundamente"

Genève, 8.4.1972

Querido Denis*

A você e, através de você, a todos os amigos do Centro, escrevo agora esta carta de tristeza, de saudade e de dor, mas não de desespero. Myrian foi morta no Recife. Olhos negros, cabelos escuros, sorriso leve e bonito, 25 anos, Myrian foi morta e seu marido também. Foi morta porque amava a vida, mas, sobretudo, porque testemunhou o seu amor. A voz da violência decretou que eles morreram em um acidente de automóvel. A mesma violência, no dia seguinte, levou ao cárcere Maria Adozinda, arrancando-a, brutalmente, de casa, na presença assustada de seus oito filhos menores para, dias depois, fazer o mesmo com seu marido. Vocês não sabem quem foi Myrian; vocês não sabem quem é Maria Adozinda.

Myrian, filha de uma família amiga, do extremo Norte do Brasil, veio para o Recife aos 7 anos, passar algum tem-

---

* Denis Fortin, professor titular da Faculté de Sciences Sociales da Université Laval, de Quebec, Canadá. [AMAF]

po em casa de minha tia, mãe de Adozinda. Foi ficando e ficando, amando-nos e sendo amada e, assim, cresceu ao lado de nossas três Marias, como se fosse uma quarta filha nossa. Jamais comprei três vestidos, mas sempre quatro; jamais comprei três bonecas, mas sempre quatro; jamais beijei três faces sorridentes no retorno de minhas viagens ao Rio, mas sempre quatro. Tanto quanto as três Marias ela também corria até mim, braços abertos, olhinhos brilhantes, sorriso leve e bonito e me dizia, faceiramente: "Padrinho Paulo, beija aqui" e apontava uma das faces. Já não beijarei sua face; já não escutarei sua voz; já não verei seu sorriso leve e bonito. Myrian "dorme profundamente". Já não abrirá seus olhos ao mundo que ela tanto quis; já não terá insônia pensando nos que não comem, nos que não vestem, nos maltratados, nos ofendidos. Myrian "dorme profundamente" o sono pesado que lhe impuseram, mas outras Myrians estão, estarão e virão a estar despertas, lá e em toda parte.

A você e, através de você, a todos os amigos do Centro, escrevo agora esta carta de tristeza, de saudade e de dor, mas não de desespero.

Myrian "dorme profundamente", em paz, profundamente.

Love,

Paulo

P.S. Por motivos óbvios, esta carta não pode ter nenhuma publicidade que, sem dúvida, agravaria a situação atual de Adozinda e de seu marido.

Posfácio

Assim como ocorreu na ocasião em que Paulo Freire me convidou para fazer parte de sua equipe ao assumir, como secretário, a Secretaria de Educação do Município de São Paulo, o convite de Nita para escrever este posfácio me comoveu e assustou. Leitora, admiradora, estudiosa e permanentemente aprendendo e recriando-o na minha prática de educadora, de repente, até por tudo isso, eis-me aqui, ousadamente, fechando este livro comemorativo de seus oitenta anos.

Começarei recordando um momento em que, junto com professores e professoras do ensino médio, após a leitura de uma das cartas do livro *Professora, sim; tia, não*, enquanto discutíamos as provocações que o texto nos fazia, uma professora comentou que para ser educador ou educadora da forma como estava sendo considerado precisávamos "ser santos". Pode-se dizer que até então nada excepcional havia acontecido e tudo transcorria dentro do previsível. No entanto, com aquela fala, uma questão fundamental havia sido tocada e nela nos detivemos, ultrapassando os limites daquele encontro para os subsequentes, em um clima de discussão às vezes bastante acalorado e gerador de incômodos, ironias, agressões, inquietação, mas também de esperança, sonho, beleza, conforto. Tudo isso porque havíamos tangenciado a difícil questão de assumir, ao mesmo tempo, o reconhecimento de nossa *inconclusão* e, de outro lado, a necessidade permanente da busca de *coerência* em nossas ações.

A relação inconclusão-coerência, presente em quase todos os textos de Paulo Freire, se pelo discurso se torna até fácil de ser explicada e comunicada, quando encaminhada para o terreno da prática docente começa a desvelar o imenso fosso de nossas contradições. E é precisamente neste ponto que, ou assumimos de fato compartilhar e testemunhar, com nosso modo de nos constituirmos educadores e educadoras, sua teoria de educação, ou se decide apenas fazer parte do grupo daqueles que só conseguem repetir e transcrever suas frases ricas de sentido e significado e que, lamentavelmente, acabam fazendo mau uso delas por não ultrapassarem a primeira impressão de beleza que provocam.

Muito mais que gostar e de admirar Paulo Freire, ser freireano significa, sobretudo, reconhecer e assumir o alto grau de exigência presente na opção pela docência. E, neste sentido, em tudo o que escreveu e disse, as exigências sobre a docência são sempre muito claras, transparentes e rigorosas. Não é certamente necessário "ser santo" para ser um bom professor; é necessário, sim, ser simples, humilde (sem ser ingênuo), tolerante, paciente, curioso, solidário, crítico, criativo, ousado. Além disso, se admitimos que somos inconclusos, uma saída melhor que dizer "precisa ser santo", talvez fosse começar a indagar como somos e estamos sendo como pessoas; e aí não cabem escapismos ingênuos ou piegas.

Penso que uma das coisas que podemos aprender com Paulo Freire consiste em tomar a dimensão *inconclusão-coerência* e, pelas exigências e saberes que nos aponta, procurar, através da reflexão e da análise permanente de nossa prática de educadores e educadoras, ir nos apropriando dos saberes que nos constituirão realmente como professores e professoras conscientes e críticos de nosso fazer cotidiano.

A publicação oportuna deste livro, sem sombra de dúvida resultante do empenho trabalhoso de Nita, ressoa como um afago gostoso para os que acreditam na possibilidade de uma educação que não esteja a serviço da opressão, da discriminação e da domesticação. Neste sentido, é preciso destacar o quanto é de certa forma saboroso e pleno de beleza soltar-se através da leitura dos textos, por vezes bastante densos e carregados de legítima emoção, que compõem esta *Pedagogia dos sonhos possíveis*. São cartas, reflexões, entrevistas que, talvez até pelo despojamento e fluidez com que o sentir e o pensar vão sendo revelados, nos colocam diante de um homem que, como ele mesmo disse inúmeras vezes, gostava muito de ser gente.

Um educador que gostava de ser gente, com gente e como gente.

Talvez este seja um ponto onde todos os que gostam de gente e de ser gente se encontram *em* e *com* Paulo Freire. E é também o ponto onde nasce a inspiração para o educador-sujeito de sua prática se formar cotidianamente e o desejo de recriá-lo permanentemente na diversidade dos contextos da ação educadora.

O encontro vivificante com o seu modo de pensar e olhar a vida e o mundo através da educação certamente nos faz educadores e educadoras diferentes, mas não excepcionais. Fazendo da reflexão sobre a prática o grande mote para se aprender a ser educador, coloca na curiosidade, no jeito de ser curioso diante do mundo e das coisas do mundo e da vida, a possibilidade de conhecer, compreender, entender, criticar e transformar. Sem nos dar um caminho pronto, no entanto nos delineia uma dimensão para a ação consciente e crítica, pela superação de uma curiosidade puramente ingênua a qual denomina curiosidade epistemológica.

A *Pedagogia dos sonhos possíveis* revela-se, hoje, em muitos espaços e não se constitui apenas como probabilidade. Apresenta-se como uma expressão visível do movimento dialético nela contido, manifestando-se em modos muito criativos e ousados que vão se fazendo e refazendo, desvelando e escancarando, bem ao gosto de Paulo Freire, o que está envolto em equívocos, contradições e mau uso do poder.

A escola pública é um bom exemplo para se olhar a corporificação do sonho freireano. Não foram em vão o convite e a proposta que publicamente fez às escolas da rede municipal de São Paulo para se engajarem num movimento para "mudar a cara da escola". Se antes era bastante generalizado o jeito de considerar a escola como um espaço onde se oferecia educação ruim como "um favor" para as crianças e jovens pobres, esse significado paternalista, preconceituoso e discriminatório, através de projetos de formação permanente para os educadores e educadoras, foi sendo substituído por um outro que restitui a significação da escola pública como direito do homem e, portanto, como um espaço de viver digno e respeitoso, onde se aprende e se ensina na convivência de uns com os outros, sejam eles crianças, jovens e adultos.

Pode-se dizer que a escola dos sonhos de Paulo Freire hoje é uma conquista e construção de muitos educandos e educadores. Pelo menos é o que um garoto respondeu quando lhe pediram para completar o que a escola onde estuda precisava para se tornar a escola de seus sonhos: "Ela já é a escola dos meus sonhos". Provavelmente assim se expressou porque, no seu viver, a escola não tem se apresentado como algo penoso e triste. A escola alegre e bonita de Paulo Freire bem pode ser muito parecida com a do garoto e, sendo assim, o sonho é possível e necessário.

Mais que isso, ao reafirmar a importância do sonho como forma de tirar a escola da inércia, a insere definitivamente no próprio movimento da vida, ressignificando-a permanentemente e humanizando-a.

Assim, ao finalizar minha participação neste livro, o que de fato me mobilizou e mobiliza é a certeza de que a *Pedagogia dos sonhos possíveis* é um projeto que, na minha prática de educadora e de muitos mais educadores e educadoras, muitos no anonimato, a partir de Paulo Freire e *com* ele muito vivo entre nós, talvez morosamente vai deixando de ser sonho e se tornando concretude. Ao se mostrar no plano das realizações efetivas, por ser processual, vai descortinando novas dimensões para a sua pedagogia dos sonhos possíveis se mostrar consistente e vigorosa como alternativa viável para uma sociedade justa e com menos desigualdade.

Olgair Gomes Garcia

PARTE V

BIBLIOGRAFIA

Bibliografia de Paulo Freire

Seus livros*

Educação e atualidade brasileira. Recife, 1959. Tese (Concurso para a Cadeira de História e Filosofia da Educação) — Escola de Belas Artes de Pernambuco.
Educação e atualidade brasileira. Organização e contextualização de José Eustáquio Romão; Prefácios dos Fundadores do Instituto Paulo Freire. São Paulo: Cortez/IPF, 2001.
Educación y actualidad brasileña. Org. y contextualización de José Eustáquio Romão; Prefácio Carlos Torres y outros. México: Siglo XXI; Buenos Aires: Siglo XXI Editores Argentina, 2001.

Educação como prática da liberdade. Introdução de Francisco Weffort. Rio de Janeiro: Paz e Terra, 1967.
Educación como práctica de la libertad. Introd. de Julio Barreiro. 1ª ed. Montevideo: Tierra Nueva, 1969; México: Siglo XXI, 1973.
Education as the practice of liberty. Nova York: McGraw-Hill, 1973.

---

* São citadas também as referidas edições internacionais.

Pedagogia dos Sonhos Possíveis | 377

Education for critical consciousness. Introd. by Denis Goulet. Preface by Jacques Chonchol. Nova York: Continuum, 1973. *Erziehung als Praxis der Freiheit.* Stuttgart: Kreuz Verlag, 1974.

Pedagogia do oprimido. Prefácio de Ernani Maria Fiori. Rio de Janeiro: Paz e Terra, 1974.

Pedagogy of the opressed. Translated by Myra Bergman Ramos. Nova York: Herder and Herder, 1970.

La pedagogia degli oppressi. Prefazione all'edizione italian di Linda Bimbi. Imparare a parlare dei Ernani Maria Fiori. Milão: Arnoldo Mondadori Editore, 1971.

Pädagogik der Unterdrükten. Stuttgart: Kreuz Verlag, 1971.

Pedagogia del oprimido. Buenos Aires: Siglo XXI, Tierra Nueva, 1973

Ezilenlerin Pedagojisi. Tradução de Dilek Hattatoglu e Erol Özbek. Istambul: Ayrinti Yayinlari, 1991.

Pedagogy of the opressed. Translated by Myra Bergman Ramos. 30th Anniversary Edition. Introduction by Donaldo Macedo. Nova York: Continuum, 2000.

Extensão ou comunicação? Prefácio de Jacques Chanchol. Tradução de Rosisca Darcy de Oliveira. Rio de Janeiro: Paz e Terra, 1971; 15ª ed., São Paulo: Paz e Terra, 2011.

Extensión o comunicación? La conscientización en el medio rural. Prefacio de Jacques Chanchol. Montevidéu: Tierra Nueva; Buenos Aires: Siglo XXI, 1973.

Extension or communication? Preface by Jacques Chanchol. Tradução de Louse Bigwood and Margaret Marshal. Nova York: McGraw-Hill, 1973.

Pädagogik der Solidarität. Wuppertal: Peter-Hanmmer Verlag, 1974.

Ação cultural para a liberdade e outros escritos. Rio de Janeiro: Paz e Terra, 1976; 14ª ed. São Paulo: Paz e Terra, 2011.
Cultural action for freedom. Translated by Loretta Slover. Cambridge: Harvard Educational Review, 1970.
Acción cultural para la libertad. Buenos Aires: Tierra Nueva, 1975.

Cartas a Guiné-Bissau: registros de uma experiência em processo. Rio de Janeiro: Paz e Terra, 1977; 5ª ed. São Paulo: Paz e Terra, 2011.
Cartas a Guinea-Bissau: apuntes de uma experiência pedagógica en proceso. México: Siglo XXI, 1977.
Pedagogy in process. The letters to Guinea-Bissau. Preface by Jonathan Kosol. Translated by Carmem Hunter. Nova York: Seabury Press, 1978.

Educação e mudança. Prefácio de Moacir Gadotti. Tradução de Moacir Gadotti e Lílian Lopes Martin. Rio de Janeiro: Paz e Terra, 1979; 34ª ed. revista e ampliada. São Paulo: Paz e Terra, 2011.
Educación y cambio. Buenos Aires: Búsqueda, 1976.

Conscientização: teoria e prática da libertação. Uma introdução ao pensamento de Paulo Freire. Apresentação de Cecílio de Lora, SM. Prólogo da Equipe INODEP. São Paulo: Moraes, 1980.

A importância do ato de ler em três artigos que se completam. Prefácio de Antonio Joaquim Severino. São Paulo: Cortez; Autores Associados, 1982.
The importance of the act of reading. Translated by Loretta Slover. Boston: Boston University Journal of Education, 1983.
La importancia de leer y el proceso de liberación. México: Siglo XXI, 1984.

A educação na cidade.[49] Prefácio de Moacir Gadotti e Carlos Alberto Torres São Paulo: Cortez, 1991.[50] (Esgotado)
L'éducation dans la ville. Paris: Polynôme, 1991.
Pedagogy of the city. Translated by Donaldo Macedo. New York: Continuum, 1993. (Esgotado)
La educación en la ciudad. Prologo de Moacir Gadotti y Carlos Alberto Torres. Traducción Stella Araujo Olivera. México: Siglo XXI, 1997.
L'educació a la ciutat. Traducció i correcció di Vicent Berenguer. Estudi preliminar de Marina Subirats. Xátiva: Edicions del Crec i Denes Editorial, 2003.

Pedagogia da esperança: um reencontro com a Pedagogia do oprimido. Notas de Ana Maria Araújo Freire. Rio de Janeiro: Paz e Terra, 1992; 12ª ed., Notas de Ana Maria Araújo Freire e Prefácio de Leonardo Boff. Rio de Janeiro: Paz e Terra,

---

49. Atualmente em processo de revisão e ampliação para posterior publicação com o título de *Direitos Humanos e educação libertadora*: a gestão democrática da SMED/SP (1989-1991), com organização de Ana Maria Araújo Freire e Erasto Fortes.
50. A partir de Educação na cidade, a bibliografia está completa em todas as suas publicações.

2005; 17ª ed. Notas de Ana Maria Araújo Freire, Prefácio de Leonardo Boff e Orelha de Antonio Chizzotti e Mario Sergio Cortella. São Paulo: Paz e Terra, 2011.

Pedagogia de la esperanza. Notas de Ana Maria Araújo Freire. México: Siglo XXI, 1993.

Pedagogia de la esperanza. Notas de Ana Maria Araújo Freire. 2ª ed. con Prólogo de Carlos Núñez Hurtado. México: Siglo XXI, 1994.

Pedagogy of hope: Reliving *Pedagogy of the Opressed.* Notes by Ana Maria Araújo Freire. Translated by Robert R. Barr. Nova York: Continuum, 1994.

Habets Paedagogik. Bogen er forynet med al Ana Maria Araújo Freire. Kopenhagen: Fremad, 1994.

Pedagogi pengharapan. Catatan Ana Maria Araújo Freire. Yogyakarta: Penerbit Kanisius, 2001.

Pedagogia da esperança: um reencontro com a Pedagogia do oprimido.[51] Notas de Ana Maria Araújo Freire. Tókio: Taro Jiro Sha, 2001.

Pedagogia da esperança: um reencontro com a Pedagogia do oprimido. Notas de Ana Maria Araújo Freire. Seoul: Achimysul, 2001.

Pedagogia de l`esperança, Traducció di Eduard Marco i Maria Teresa Reus. Note de Ana Maria Araújo Freire. Estudi preliminar de Miquel Martí. Xátiva: Edicions del Crec i Denes Editorial, 2004.

---

51. As edições em japonês, coreano, russo, ucraniano, chinês e árabe são listadas aqui com os títulos e a imprenta em português em razão da dificuldade de transcrição dos caracteres referentes a cada língua.

Política e educação. São Paulo: Cortez, 1993. (Coleção Questões de Nossa Época, v. 23); 8ª ed., Prefácio de Venício A. de Lima. Indaiatuba: Vila das Letras, 2007; Organização, Notas e Orelha de Ana Maria Araújo Freire. Prefácio de Venício A. de Lima. Rio de Janeiro: Editora Paz e Terra, 2014. *Política y educación*. México: Siglo XXI, 1996.

Professora, sim; tia, não: cartas a quem ousa ensinar. São Paulo: Olho D'Água, 1993; 1ª ed., revista e ampliada. Rio de Janeiro: Civilização Brasileira, 2011; 24ª ed. Prefácio de Jefferson Ildefonso da Silva. Apresentação e Orelha de Ana Maria Araújo Freire. Rio de Janeiro: Editora Paz e Terra, 2013.

Cartas a quien pretende enseñar. Prólogo por Rosa Maria Torres. Traducción de Stella Mastrangelo. México: Siglo XXI, 1994.

Teacher as Cultural Workes: letters to those who dare teach. Foreword by Donaldo Macedo and Ana Maria Araújo Freire. Translated by Donaldo Macedo, Dale Koike and Alexandre Oliveira. Boulder: Westview Press, 1998.

Cartas a quien pretende enseñar. Prólogo por Rosa Maria Torres. Traducción de Stella Mastrangelo. Buenos Aires: Siglo XXI, 2002.

Professora, sim; tia, não: cartas a quem ousa ensinar. Nanjing: Peoples's Publishing House, 2006. (Em língua chinesa)

Professora, sim; tia, não: cartas a quem ousa ensinar Al-Dar-Masriah Al-Lubnania, *2007*. (Egito, edição em língua árabe)

Cartas a Cristina. Prefácio de Adriano S. Nogueira. Notas de Ana Maria Araújo Freire. Rio de Janeiro: Paz e Terra, 1994.

Cartas a Cristina: reflexões sobre minha vida e minha práxis. Prefácio de Adriano S. Nogueira. Direção, Organização e Notas de Ana Maria Araújo Freire. 2ª ed. São Paulo: Editora Unesp, 2003. (Série Paulo Freire); 3ª ed. Prefácio de Adriano S. Nogueira. Organização e Notas de Ana Maria Araújo Freire. Rio de Janeiro: Paz e Terra, 2013.

Cartas a Cristina: reflexiones sobre mi vida y mi trabajo. Prefacio de Adriano S. Nogueira Notas por Ana Maria Araújo Freire. México: Siglo XXI, 1996.

Letters to Cristina: Reflections on my life and work. Notes by Ana Maria Araújo Freire. Translated by Donaldo Macedo, Quilda Macedo and Alexandre Oliveira. Nova York: Routledge; Londres: Routledge, 1996.

Cartas a Cristina. Prefácio de Peter Park. Notas de Ana Maria Araújo Freire. Coreia: Achimyisul Publishing (no prelo).

À sombra desta mangueira. Prefácio de Ladislau Dowbor. Notas de Ana Maria Araújo Freire. São Paulo: Olho D'Água, 1995; 1ª ed. revista e ampliada. Prefácio de Ladislau Dowbor. Organização e Notas de Ana Maria Araújo Freire. Rio de Janeiro: Civilização Brasileira, 2012; Prefácio de Ladislau Dowbor. Organização e Notas de Ana Maria Araújo Freire. Rio de Janeiro: Paz e Terra, 2013.

A la sombra de este arbol. Introducción de Ramón Flecha. Notas por Ana Maria Araújo Freire. Barcelona: El Roure, 1997.

Pedagogy of the heart. Translated by Donaldo Macedo and Alexandre Oliveira. Foreword by Martin Carnoy. Preface by Ladislau Dowbor. Notes by Ana Maria Araújo Freire. Nova York: Continuum, 2000.

Pedagogy Hati. Catatan Ana Maria Araújo Freire. Yogyakarta: Kanisius, 2001.

À sombra desta mangueira. Prefácio de Ladislau Dowbor. Notas de Ana Maria Araújo Freire. Moscou: KNIB Beceslka, 2003.

Pedagogia da autonomia — saberes necessários à prática educativa. Prefácio de Edna Castro de Oliveira. São Paulo: Paz e Terra, 1996. (Coleção Leitura); 29ª ed. Orelha de Ana Maria Araújo Freire. Prefácio de Edna Castro de Oliveira. Quarta capa de Frei Betto. São Paulo: Paz e Terra, 2004; 36ª ed. Comemorativa de 1.000.000 exemplares. Orelha de Ana Maria Araújo Freire. Prefácio de Edna Castro de Oliveira. Quarta capa de Frei Betto. São Paulo: Paz e Terra, 2007; Prefácio de Edna Castro de Oliveira, Orelha de Ana Maria Araújo Freire. São Paulo: Paz e Terra, 2011; 46ª ed., Prefácio de Edna Castro de Oliveira, Orelha de Ana Maria Araújo Freire. Rio de Janeiro: Paz e Terra, 2013.

Pedagogia da autonomia — saberes necessários à prática educativa. Orelha e apresentação por Ana Maria Araújo Freire. Prefácio de Edna Castro de Oliveira. São Paulo: ANCA/ MST, 2004.

Pedagogía de la autonomía. Prefacio de Edna Castro de Oliveira. Traducción de Guillermo Palacios. Buenos Aires: Siglo XXI, 2003.

Pedagogía de la autonomía. Prefacio de Edna Castro de Oliveira. Traducción de Guillermo Palacios. México: Siglo XXI, 1997.

Pedagogy of freedom: Ethics, Democracy, and Civic Courage. Translated by Patrick Clark. Foreword by Donaldo Macedo.

Indroduction by Stanley Aronowitz. Lanham: Rowman & Littlefield Publishers Inc., 1998.

Autonomiaren Pedagogia. Hezkuntzan jarduteko beharrezko. Introduction di Itziar Idiazabal. Donostia: Eusko Ikaskuntza, 1999.

Pedagogia de l'autonomia. Traducció i revisió Eduardo J. Verger. Estudi preliminar de Fernando Hernández. Xátiva: Edicions del Crec i Denes Editorial, 2003.

Pedagogia da autonomia. Kief: Publishing House of the National University of Kyiv Mohyla Academy, 2004.

Pedagogia dell'autonomia — saperi necessari per la pratica eductiva. Traduzione Gabriele Colleoni i Gian Pietro Canossi. Prefazione di Edna Castro de Oliveira, Postfazione di Ana Maria Araújo Freire, Nota concluisiva di Frei Betto. Torino: EGA Editore, 2004.

Pédagogie de láutonomie — savoirs nécessaires à la pratique éducative . Tradução de Jean-Claude Régnier. Abertura de André Lefeuvre e Fátima Morais. Prefácio de Ana Maria Araújo Freire. França: Éditions Érès, 2006; 2ª ed. Tradução de Jean-Claude Régnier. Abertura de André Lefeuvre e Fátima Morais. Prefácio de Ana Maria Araújo Freire. França: Éditions Érès, 2013.

Pedagogia da autonomia. Seoul: Ahchimyisul Publishing, 2007.

Pädagogik der autonomie; Notwendiges Wissen für die Bildungspraxis. Apesentação de Ana Maria Araújo Freire. Tradução de Peter Schreiner e outros, Vol. 3. Münster/Nova York/München/Berlim: Waxmann, 2008.

Pedagogia da indignação: Cartas pedagógicas e outros escritos. Apresentação e Organização de Ana Maria Araújo Freire. Carta-Prefácio de Balduíno A. Andreola. São Paulo: Editora Unesp, 2000; 1ª ed. da Paz e Terra, Organização e Participação de Ana Maria Araújo Freire, Carta-Prefácio de Balduíno A. Andreola. Rio de Janeiro: Paz e Terra, 2014. *Pedagogia de la indignación*. Prólogo por Jurjo Torres Santomé. Presentación por Ana Maria Araújo Freire. Carta-Prefacio a Balduíno A. Andreola. Madrid: Morata, 2001. *Pedagogy of indignation*. Foreword by Donaldo Macedo. Prologue by Ana Maria Araújo Freire. Letter to Paulo Freire by Balduíno A Andreola. Boulder: Paradigm Publishers, 2004. *Pedagogia de la indignación: cartas pedagógicas en un mundo revuelto*. Presentación por Ana Maria Araújo Freire. Carta-Prefacio por Balduíno A. Andreola. Buenos Aires: Siglo XXI, 2012.

Pedagogia dos sonhos possíveis. Organização, Apresentação e Notas de Ana Maria Araújo Freire. Prefácio de Ana Lúcia Souza de Freitas. Posfácio de Olgair Gomes Garcia. Orelha Carlos Nuñez Hurtado. São Paulo: Editora Unesp, 2001. (Série Paulo Freire); Organização, Apresentação e Notas de Ana Maria Araújo Freire. Prefácio de Ana Lúcia Souza de Freitas. Posfácio de Olgair Gomes Garcia. Orelha Carlos Nuñez Hurtado. Rio de Janeiro: Paz e Terra, 2014.
Daring to dream: toward a pedagogy of the unfinished. Organized and Presented by Ana Maria Araújo Freire. Forewords by Peter Park and Ana Lúcia Souza de Freitas. Boulder: Paradigm Publishers, 2007.

Pedagogia da tolerância — Prêmio Jabuti 2006 — Categoria Educação, 2º lugar concedido a Paulo Freire e Ana Maria

Araújo Freire.Organização, Apresentação e Notas de Ana Maria Araújo Freire. Prefácio de Lisete R. G. Arelaro. Orelha Luiz Oswaldo Sant'Iago Moreira de Souza. São Paulo: Editora Unesp, 2005. (Série Paulo Freire); 2ª ed. Organização, Apresentação e Notas de Ana Maria Araújo Freire. Prefácio de Lisete R. G. Arelaro. Rio de Janeiro: Paz e Terra, 2013.

Pedagogia de la tolerância. Presentación, Organización y Notas de Ana Maria Araújo Freire. Trad. de Mario Morales Castro. México: FCE, CREFAL, 2006. (Colec. Educación y Pedagogia)

Pedagogia do compromisso: América Latina e Educação Popular, Prefácio de Pedro Pontual. Organização, Notas e Supervisão das traduções de Ana Maria Araújo Freire; Tradução de Lílian Contreira e Miriam Xavier de Oliveira. Coleção Dizer a Palavra, vol. 2. Indaiatuba: Villa das Letras, 2008. *Pedagogia del compromiso: América Latina y Educación Popular.* Prefacio de Pedro Pontual. Presentación, Organización y Notas de Ana Maria Araújo Freire. Tradução de Miquel Fort. Barcelona: Hipatia Editorial, 2009.

Unterdruckung und befreiung. vol. 1. Münster/Nova York/München/Berlin Waxmann, 2007. (Coletânea de textos dos anos 1970 a 1989)

Bildung und Hoffnung. Apresentação de Heinz-Peter Gerhardt. vol. 2. Münster/Nova York/München/Berlim Waxmann, 2007. (Coletânea de textos do ano 1991 a 1997)

Livros em parceria ou coautoria

Com Sérgio Guimarães. *Partir da infância: diálogos sobre educação*. São Paulo: Paz e Terra, 2011.[52]

Com Aldo Vannucchi e Wlademir Santos. *Paulo Freire ao vivo*. São Paulo: Loyola, 1983.

Com Sérgio Guimarães. *Educar com a mídia*. São Paulo: Paz e Terra, 2012.[53]

Com Frei Betto e Ricardo Kotscho. *Essa Escola chamada vida*. São Paulo: Ática, 1985.

Com Frei Betto e Ricardo Kotscho. *Schule Die Leben Heisst*: *Befreiungstheologie konket Ein Gespräch*. Müchen: Kösel, 1986.

Com Antonio Faundez. *Por uma pedagogia da pergunta*. Rio de Janeiro: Paz e Terra, 1985; 7ª ed. revista e ampliada. São Paulo: Paz e Terra, 2011.

Com Antonio Faundez. *Learning to Question: A Pedagogy of Liberation*. Translated by Tony Coates. Nova York: Continuum, 1989.

Com Moacir Gadotti e Sérgio Guimarães. *Pedagogia: diálogo e conflito*. São Paulo: Cortez, 1985.

---

52. Este livro vinha sendo publicado como *Sobre educação,* vol. I. Rio de Janeiro: Paz e Terra, 1982.

53. Este livro vinha sendo publicado como *Sobre educação* (diálogos) vol. II. Rio de Janeiro: Paz e Terra, 1984.

Com Ira Shor. *Medo e ousadia: o cotidiano do professor.* Rio de Janeiro: Paz e Terra, 1987; 13ª ed. São Paulo: Paz e Terra, 2011.

Com Ira Shor. *A pedagogy for liberation.* Hadley: Bergin & Garvey, 1987.

Com Sérgio Guimarães. *Aprendendo com a própria história.*[54] São Paulo: Paz e Terra, 2011.

Com Arlete D'Antola (org) e outros. *Disciplina na Escola: Autoridade versus autoritarismo.* São Paulo: EPU, 1989.

Com Donaldo Macedo. *Alfabetização: leitura do mundo, leitura da palavra.* Prefácio de Ann E. Berthoff, Introdução de Henry A. Giroux. Rio de Janeiro: Paz e Terra, 1990; 2ª ed. Prefácio de Ann E. Berthoff, Introdução de Henry A. Giroux. Rio de Janeiro: Paz e Terra, 2011; 6ª ed. Prefácio de Ann E. Berthoff, Introdução de Henry A. Giroux. Rio de Janeiro: Paz e Terra, 2013.

Com Donaldo Macedo. *Literacy: Reading the Word and the World.* Foreword by Ann E. Berthoff. Introduction by Henry A Giroux. Westport: Bergin & Garvey, 1987.

Com Adriano Nogueira. *Que fazer: teoria e prática em educação popular.* Petrópolis: Vozes, 1989; 11ª ed., 2011.

---

54. Este livro vinha sendo publicado como *Aprendendo com a própria história,* vol. I, desde o ano de 1987.

Com Sérgio Guimarães. *Dialogando com a própria história*. Apresentação de Ana Maria Araújo Freire. Orelha de Marcos Reigota. São Paulo: Paz e Terra, 2011.[55]

Com Myles Horton. *O caminho se faz caminhando*: conversas *sobre educação e mudança social*. Tradução de Vera Lúcia Mello Josceline. Prefácio e Notas de Ana Maria Araújo Freire. Petrópolis: Vozes, 2002.

Com Myles Horton. *O caminho se faz caminhando*: conversas *sobre educação e mudança social*. Tradução de Vera Lúcia Mello Josceline. Prefácio e notas de Ana Maria Araújo Freire. Petrópolis: Vozes, 2002.

Com Myles Horton. *We make the road by walking: Conversation on Education and Social Change*. Edited by Brenda Bell, Jonh Gaventa and John Peters. Philadelphia: Temple University Press, 1990.

Com Myles Horton. *Caminant fem el camí*. Traducció i revisió Elvira Penya-roja. Pròleg José Manuel Asún. Xátiva: Ediciones Del CREC, 2003.

Com Myles Horton. *O caminho se faz caminhando*: conversas *sobre educação e mudança social*. Notas de Ana Maria Araújo Freire. Seoul: Achimysul Publishing, 2003.

Com Roberto Iglesias. Ilustração de Claudius Ceccon. *El grito manso*. Buenos Aires: Siglo XXI, 2003; 2ª ed., 3ª reimp., Buenos Aires: Siglo XXI, 2009.

---

55. Este livro vinha sendo publicado como *Aprendendo com a própria história*, vol. II, desde o ano de 2002.

Com Donaldo Macedo. *Cultura, lingua, razza. Un diálogo.* Udine: Forum, 2008.

Com Sérgio Guimarães. *A África ensinando a gente: Angola, Guiné-Bissau, São Tomé e Príncipe.* Prefácio de Ana Maria Araújo Freire. São Paulo: Paz e Terra, 2003; 2ª ed. Prefácio de Ana Maria Araújo Freire. Orelha de Marcius Cortez. São Paulo: Paz e Terra, 2011.

Com Sérgio Guimarães. *Lições de casa: últimos diálogos sobre educação.* São Paulo: Editora Paz e Terra, 2011.[56]

Com Nita Freire e Walter Ferreira de Oliveira. *Pedagogia da solidariedade.* Prefácio de Henri A. Giroux, Posfácio de Donaldo Macedo, Coleção Dizer a palavra, vol. 3. Indaiatuba: Editora Villa das Letras, 2009.

---

56. Este livro vinha sendo publicado como *Sobre educação: lições de casa*, desde 2008.

BIBLIOGRAFIA CITADA

AZEVEDO, José Clovis. (Org.) *Utopia e democracia na educação cidadã*. Porto Alegre: Ed. Universidade/UFRGS/ Secretaria Municipal de Educação, 2000.

BHARUCHA, Rustom. *Chandralekha mulher dança resistência*. Nova Delhi: Harper Collins Publishers, 1995.

BRANDÃO, Carlos R. *Paulo Freire: o menino que lia o mundo*. São Paulo: Editora Unesp, 2003. (Série Paulo Freire)

CÂMARA, Helder. *Palavras e reflexões*. Recife: Editora Universitária da UFPE, 1995.

CIRIGLIANO, Gustavo F. J. *Tangología*. Buenos Aires: Fundación Octubre, 2001.

DUSSEL, Enrique. *Ética da libertação: na idade da globalização e da exclusão*. Petrópolis: Vozes, 2000.

FRASER, James W. et al. *Mentoring the mentor: a critical dialogue with Paulo Freire*. Nova York: Peter Lang, 1997.

FREIRE, Ana Maria Araújo. *Analfabetismo no Brasil: da ideologia da interdição do corpo à ideologia nacionalista, ou de como deixar sem ler e escrever desde as Catarinas (Paraguaçu), Filipas, Madalenas, Anas, Genebras, Apolônias e Gracias até os Severinos*. 3.ed. São Paulo: INEP; Cortez, 2001.

_____. *Nita e Paulo: crônicas de amor*. Prefácio de Marta Suplicy. São Paulo: Olho D'Água, 1998.

_____ . (Org.) *A pedagogia da libertação em Paulo Freire*. São Paulo: Editora Unesp, 2001. (Série Paulo Freire)

GADOTTI, Moacir, et al. *Paulo Freire: uma biobibliografia*. São Paulo: Cortez; Instituto Paulo Freire; Brasília: Unesco, 1996.

GIROUX, Henry. *Teacher as intellectuals*. South Hadley: Bergin and Garvey, 1988.

GOLDFELD, Zélia. *Encontros de vida*. São Paulo: Record, 1997.

NICOL, Eduardo. *Los principios de la ciencia*. México: Fondo de Cultura Económica, 1965.

OLIVEIRA, Ivanilde Apoluceno de. *Leituras freireanas sobre educação*. São Paulo: Editora Unesp, 2003. (Série Paulo Freire)

RIBEIRO, Marcos. *Mamãe, como eu nasci?* São Paulo: Salamandra, 1988.

RIBEIRO, Marcos. et al. *O prazer e o pensar: orientação sexual para educadores e profissionais da saúde*. São Paulo: Gente, 1999. v.1 e 2.

RICCO, Gaetana M. Jovino di. *Educação de adultos: uma contribuição para seu estudo no Brasil*. São Paulo: Loyola, 1979.

RIVA, Fernando de la. Seis paisajes con Paulo Freire al fondo. In: NÚÑEZ, Carlos Hurtado. et al. *Educación y transformacion social, homenaje a Paulo Freire*. Caracas: Editorial Laboratorio Educativo, 1998.

ROSAS, Paulo. *Papéis avulsos sobre Paulo Freire*, 1. Recife: Editora Universitária, 2003.

SANTOS Lima, Maria Nayde dos; ROSAS, Argentina. (Org.) *Paulo Freire: quando as ideias e os afetos se cruzam*. Recife: Ed. Universitária UFPE/Prefeitura da Cidade do Recife, 2001.

SEVINSON, Jerome; ONIS, Juan de. *The Alliance that lost its way. A critical report on the Alliance for Progress*. Chicago: Quadrangue Book, 1970.

SILVESTRE, Edney. *Contestadores*. São Paulo: Francis, 2003.

SOUZA, Luiza Erundina. *Exercício da paixão política*. São Paulo: Cortez, 1991.

SUPLICY, Marta. *Sexo se aprende na escola*. São Paulo: Olho d'Água, 1995.

SNYDERS, George. *Alunos felizes: reflexões sobre a alegria na escola a partir de textos literários*. 2ª ed. São Paulo: Paz e Terra, 1996.

STRECK, Danilo R. *Pedagogia no encontro de tempos: ensaios inspirados em Paulo Freire*. Petrópolis: Vozes, 2001.

ZIEGLER, Jean. *A Suíça acima de qualquer suspeita*. São Paulo: Paz e Terra, 1977.

_____. *Suíça, o ouro e as mortes*. São Paulo: Record, 1997.

_____. *A fome no mundo explicada a meu filho*. Petrópolis: Vozes, 2002.

ZIEGLER, Jean; DEBRAY, Regis. *Trata-se de não entregar os pontos: conversas radiofônicas*. São Paulo: Paz e Terra, 1999.

Títulos de Paulo Freire editados pela Paz e Terra

À sombra desta mangueira

Ação cultural para a liberdade — e outros escritos

A África ensinando a gente — Angola, Guiné-Bissau, São Tomé e Príncipe (Paulo Freire e Sérgio Guimarães)

Alfabetização: leitura do mundo, leitura da palavra (Paulo Freire e Donaldo Macedo)

Aprendendo com a própria história (Paulo Freire e Sérgio Guimarães)

Cartas a Cristina — reflexões sobre minha vida e minha práxis

Cartas à Guiné-Bissau — registros de uma experiência em processo

Dialogando com a própria história (Paulo Freire e Sérgio Guimarães)

Educação como prática da liberdade

Educação e mudança

Educar com a mídia — novos diálogos sobre educação (Paulo Freire e Sérgio Guimarães)

Extensão ou comunicação?

Lições de casa — *últimos diálogos sobre educação* (Paulo Freire e Sérgio Guimarães) (título anterior: *Sobre educação*: Lições de casa)

Medo e ousadia — o cotidiano do professor (Paulo Freire e Ira Shor)

Nós dois (Paulo Freire e Nita Freire)

Partir da Infância — diálogos sobre educação (Paulo Freire e Sérgio Guimarães)

Pedagogia da autonomia — saberes necessários à prática educativa

Pedagogia da esperança — um reencontro com a *Pedagogia do oprimido*

Pedagogia da indignação — cartas pedagógicas e outros escritos

Pedagogia da libertação em Paulo Freire (Nita Freire *et al.*)
Pedagogia da solidariedade (Paulo Freire, Nita Freire e Walter Ferreira de Oliveira)
Pedagogia da tolerância
Pedagogia do compromisso — América Latina e Educação Popular
Pedagogia do oprimido
Pedagogia dos sonhos possíveis
Política e educação
Por uma pedagogia da pergunta (Paulo Freire e Antonio Faundez)
Professora, sim; tia, não
Sobre educação vol. 2 (Paulo Freire e Sérgio Guimarães)

Este livro foi composto na tipografia Dante MT Std, em corpo 12/15, e impresso em papel off-white no Sistema Digital Instant Duplex da Divisão Gráfica da Distribuidora Record.